人民币实际汇率研究

王 凯 著

［基金项目］教育部人文社会科学青年项目"人民币实际汇率波动：测度、效应及矫正机制（项目号：11YJC790179）"资助、"中央高校基本科研业务费专项资金资助（项目号：K50511080002）"和中国博士后科学基金资助（资助编号：2011M501460）

西北工业大学出版社

图书在版编目(CIP)数据

人民币实际汇率研究/王凯著．—西安：西北工业大学出版社，2012.1
ISBN 978-7-5612-3304-7

Ⅰ.①人… Ⅱ.①王… Ⅲ.①人民币汇率—研究 Ⅳ.①F832.63

中国版本图书馆 CIP 数据核字(2012)第 009822 号

出版发行：西北工业大学出版社
通信地址：西安市友谊西路 127 号　　邮编：710072
电　　话：(029)88493844　88491757
网　　址：www.nwpup.com
印 刷 者：陕西宝石兰印务有限责任公司
开　　本：727 mm×960 mm　　1/16
印　　张：16.125
字　　数：269 千字
版　　次：2012 年 1 月第 1 版　　2012 年 1 月第 1 次印刷
定　　价：40.00 元

前　言

　　中国经济增长的成就举世瞩目,中国崛起的道路是通过不断摸索走出的一条具有中国特色的经济发展之路。自改革开放以来,中国的外汇管理体制不断地探索着改革之路。1981 年到 1984 年实行双重汇率制度,1985 年到1993 年实行汇率双轨制并对汇率进行了多次调整,1994 年以后实行管理浮动但是这种管理浮动 1997 年后演变成了实际的钉住美元制。2005 年 7 月,我国开始实行"以市场供求为基础、参考一篮子货币进行调节、有管理的浮动汇率制度"。2010 年 6 月,根据国内外经济金融形势和我国国际收支状况,中国人民银行决定进一步推进人民币汇率形成机制改革,坚持以市场供求为基础,参考一篮子货币进行调节,增强人民币汇率弹性。人民币汇率保持了在合理均衡水平上的基本稳定,并实现了在一定区间上的正常浮动。截至到 2011 年9 月末,人民币对美元汇率中间价为 6.354 9 元,比 6 月末升值 1 167 个基点,升值幅度为 1.84%,比上年末升值 4.21%。2005 年人民币汇率形成机制改革以来至 2011 年 9 月末,人民币对美元汇率累计升值 30.24%。根据国际清算银行的计算,2011 年前三季度,人民币名义有效汇率升值 1.58%,实际有效汇率升值 4.24%;2005 年人民币汇率形成机制改革以来至 2011 年 9 月,人民币名义有效汇率升值 16.59%,实际有效汇率升值 27.81%。

　　进入 21 世纪,中国经济崛起开始成为世界关注的话题。中国经济崛起体现在对外经济领域的重要变化之一是我国贸易顺差的快速增长。因此,世界对中国经济问题的关注焦点从经济增长速度转移到了中国贸易收支顺差和人民币汇率问题,我国开始面临一个前所未有的重要挑战:人民币汇率出现强劲的升值压力。在这一背景下,人民币汇率制度改革、汇率变动趋势以及人民币升值影响成为全球瞩目的重要经济问题。Frankel(1999)得出了这样的结论:"没有任何一种汇率制度对所有的国家在任何时候都是合适的"。具体对中国而言,又是什么决定或制约着人民币汇率制度的演变,人民币汇率制度今后又将如何变化? 深入了解我国汇率制度的变迁过程及与我国经济增长之间的互动关系,通过总结历史经验探寻一条适合我国国情和未来发展的汇率制度改革道路,是本文的主旨,具有一定的理论和现实意义。

本书在规范分析和实证分析相结合的基础上,对人民币实际汇率与中国经济增长之间相互影响机制进行深入分析,为人民币汇率变动的判断和决策提供了一般意义上的总体分析框架。重点在实证研究方面,利用季度时间序列数据和年度时间序列数据,在向量自回归模型的基础上,运用单位根检验、协整分析、格兰杰因果检验、脉冲响应函数和方差分解等计量经济学技术从汇率影响经济增长和经济增长影响汇率两个角度系统分析了人民币实际汇率和中国经济增长的关系。首先,研究中国经济增长对人民币实际汇率的影响,传导机制为基于供给角度的巴拉萨-萨缪尔森效应。其次,研究人民币实际汇率对中国经济增长的影响。包括三条线索:人民币实际汇率→进出口贸易→中国经济增长;人民币实际汇率→外商直接投资→中国经济增长;人民币实际汇率错位→中国经济增长。最后,针对以上理论分析和实证研究,从确定合适的人民币汇率目标水平和完善人民币汇率形成机制入手,提出改进和完善人民币汇率的对策建议。

本书主体部分的内容主要如下五部分构成:

第一部分是"中国经济增长对人民币实际汇率的影响:基于巴拉萨-萨缪尔森效应的分析"。经济崛起中本币面临升值压力,理论上"巴拉萨-萨缪尔森"效应对此提供了深入的解释;实践中德国、日本等国家在经济高速成长阶段有过相似经历。人民币升值压力是否是经济发展规律的必然?巴拉萨-萨缪尔森效应理论主要是从供给面来说明实际汇率的变动,阐述了国内外相对生产率走势影响实际汇率变动的传导机制,巴拉萨-萨缪尔森效应提出以后,很快成为了国外经济学者研究经济增长与实际汇率之间关系的重要分析框架。本部分重点分析在经济崛起过程中人民币升值压力的来源,探索来自供给面的人民币升值压力。

第二部分是"人民币实际汇率对中国经济增长影响的贸易机制分析"。传统宏观经济学认为,汇率作为价格信号,其自由波动能够有效调节一国国际收支失衡,在满足马歇尔-勒纳条件下,一国汇率贬值往往能够改善一国贸易收支状况。本部分主要探索了人民币汇率影响中国经济增长的贸易传导机制,国际贸易是人民币实际汇率影响中国经济增长重要路径之一。一方面,人民币实际汇率作为中国进出口商品价格的决定因素直接影响构成国内生产总值的净出口项,另一方面通过贸易的"扩散效应"或"溢出效应"对资本、劳动、技术等直接影响中国经济增长的要素产生作用,从而最终影响中国经济增长。本部分的研究对于正确认识中国贸易账户在国别间的分布格局及其动态调整机制,并有针对性地采取措施以纠正中国的贸易失衡和当前人民币汇率制度改革等都有具有极为重要的意义。

第三部分是"人民币实际汇率对中国经济增长影响的投资机制分析"。随着当前人民币汇率的升值预期，会抑制外商直接投资流入中国，在中国的外商直接投资大多数是"成本导向型"的外商直接投资，而非"市场导向型"的外商直接投资。投资机制是人民币实际汇率影响中国经济增长的重要机制之一，大量的外商直接投资（FDI）流入中国，有效地提高中国的技术水平，对中国的经济增长具有积极意义。

第四部分是"人民币实际汇率错位的经济增长效应分析"，人民币实际汇率错位是指人民币实际汇率与人民币均衡实际汇率的偏离。人民币实际汇率影响中国经济增长的贸易机制和投资机制从本质上讲，就是人民币实际汇率错位的经济增长效应。人民币实际汇率低估有利于中国经济增长，而人民币实际汇率高估则阻碍中国经济增长。原因在于，一方面人民币实际汇率低估会降低外商直接投资企业在中国的投资成本，进而有利于中国的资本积累，推动中国的经济增长。另一方面，人民币实际汇率低估的成本效应会出口贸易快速增长。反之，人民币实际汇率高估将会使得经常项目和资本项目的状况恶化，不利于中国的经济增长。

第五部分是"人民币汇率改革的思考"。人民币汇率制度选择的关键并不是确定一个最优解，而是要明确到底依据何种标准确定适合我国国情，符合经济发展需要的汇率制度动态转换路径。在经济全球化的背景下，对于中国而言，人民币汇率制度的改革要根据国内外环境进行综合考虑。人民币汇率改革的近期目标为保持人民币汇率在合理均衡水平上的基本稳定；中期目标为实行人民币的钉住篮子货币的目标区汇率制；长期目标为实行完全由市场决定的浮动汇率。

与同类书籍相比，本书有如下的特色：

第一，研究视角上的创新。本书从"实际汇率影响经济增长"和"经济增长影响实际汇率"两个角度系统分析了两者的关系。以往的研究大多数是分析其中的一个方面，没有对两者的关系进行双向系统的分析。

第二，全面分析了人民币实际汇率影响中国经济增长的路径。本书全面阐述人民币实际汇率影响中国经济增长的途径：经常项目的途径、资本项目的途径和汇率错位机制的途径。以往的实证分析中，国内的研究主要是集中在汇率变动对进出口贸易的影响，从而影响中国经济的增长。

第三，构建了人民币均衡汇率的决定模型。为开放的中国经济构建了人民币均衡汇率的决定模型，并通过这个模型分析人民币均衡汇率决定过程中对中国经济增长的效应。开放的增长经济体面临的困境是多重的,既有开放所造成的内外均衡的冲突,又有经济增长所面临的约束,还必须充分考虑制度安排的约束。本书构建的人民币行为均衡汇率模型力图将这些因素结合起来,这样得出的结论才能够比较符合中国现实情况并为人民币汇率政策选择提供指南。

第四,人民币实际有效汇率变量的运用。现实中我们常常接触到的是名义汇率,人民币名义汇率长期保持相对稳定,然而随着国际经济的日趋多元化,人们已经很难依据双边名义汇率来准确描述一个国家的汇率变动情况。实际有效汇率是对本国和其贸易伙伴国及竞争国的双边实际汇率的一种加权平均,它能够清晰地反映一国货币的总体价值,并且反映了一国货币在国际贸易中的总体竞争力和实际购买力。随着中国经济开放程度的不断放大,人民币实际有效汇率的变化对中国国民经济增长的影响也会越来越明显,因此,本文选择人民币实际有效汇率变量来探讨它和中国经济增长的内在联系具有较强的实践意义。

在大量前期成果的基础上,笔者成功申报了教育部人文社会科学青年项目:"人民币实际汇率波动:测度、效应及矫正机制(项目号:11YJC790179)、中央高校基本科研业务费专项资金资助(项目号:K50511080002)和中国博士后科学基金(资助编号:2011M501460),本书就是这三个课题的最终研究成果。这部著作是笔者对人民币汇率问题的阶段性成果,同时也是一个新的研究起点。今后笔者会继续在此方面进行深入的研究。本书在写作的过程中,参阅了大量中外学者及前人的研究成果,但由于本人学识粗浅,书中撰写难免在疏漏和错误,敬请各位读者朋友一一批评指正。

王　凯

2012 年 1 月

目　录

第1章 导 论

1.1 选题背景和意义

1.1.1 选题背景

汇率变动的经济效应分析一直是国际经济学和宏观经济学中重要的研究课题之一。为了达到内外均衡的目标,促进经济增长,各国大力推进国际金融经济政策,其中一个核心的方面是合理的汇率制度安排。汇率简单地说是一国货币相对于它国货币的价格。一方面,在开放经济中,汇率是居于核心地位的变量,汇率会对经济增长产生重要的影响。另一方面,从国际经验来看,一国经济在长期高速发展的过程中,一般会使得本币实际汇率升值。随着中国经济的对外开放度和依存度越来越高,以及对世界经济的影响力越来越大,作为联系国内外经济"桥梁"的人民币汇率越来越成为关注的焦点(李未无,2005)。

20世纪90年代以来,人民币汇率经过三次重大改革。第一次重大改革:为了"改革外汇管理体制,建立以市场供求为基础的有管理的浮动汇率制度和统一规范的外汇市场,逐步使人民币成为可兑换货币",1994年1月1日,人民币官方汇率与外汇调剂市场汇率并轨,实行银行结售汇,建立统一的银行间外汇市场,实行以市场供求为基础的单一汇率。这个改革结束了之前的转型调整阶段,解决了长期以来的外汇市场分割问题,本质上属于外汇市场的完善范畴。第二次重大改革:2005年7月21日,人民币汇率实行"以市场供求为基础的、有管理的浮动汇率制度",标志着人民币汇率不再盯住单一美元,形成更富弹性的人民币汇率机制。第三次重大改革:2010年初至6月中旬,为应对全球金融危机,人民币汇率继续保持基本稳定。2010年6月19日,根据国内外经济金融形势和我国国际收支状况,中国人民银行决定进一步推进人民币汇率形成机制改革,增强人民币汇率弹性。进一步推进人民币汇率形成机制改革以来,人民币小幅升值,双向浮动特征明显,汇率弹性显著增强。第一次改革将官方汇率与外汇调剂市场汇率合二为一,统一了外汇市场,确定了统一的研究对象,消除了由于市场分割造成的市场扭曲和由此造成的混乱;第二次改革和第三次改革将人民币汇率制度改革进一步推向市场化,完善了人民币汇率形成机制,增强了人民币名义汇率的弹性。2011 年以来,人民币小幅升值,双向浮动特征明显,汇率弹性明显增强,人民币汇率预期总体平稳;2011年 6 月末,人民币对美元汇率中间价为 6.471 6 元,比 2010 年末升值 1 511 个基点,升值幅度为 2.33%。2005 年人民币汇率形成机制改革以来至 2011 年6 月末,人民币对美元汇率累计升值 27.89%。根据国际清算银行的计算,2011 年上半年,人民币名义有效汇率贬值 1.50%,实际有效汇率贬值3.02%;2005 年人民币汇率形成机制改革以来至 2011 年 6 月,人民币名义有效汇率升值 13.05%,实际有效汇率升值 18.91%。

自 1994 年外汇体制改革以来,在 1994—2010 年的 17 年里,中国国际收支状况的一个典型特征,就是保持经常项目和资本与金融项目持续"双顺差"(1998 年资本和金融项目出现逆差除外)。2009 年为全球经济运行的低谷,世界贸易和投资水平均呈下降态势,我国经常项目顺差也大幅回落,与同期GDP 之比为 5.2%,较 2008 年下降 3.9 个百分点。2009 年经常项目顺差2 841 亿美元,较 2008 年下降 35%;资本和金融项目顺差(含净误差与遗漏)1 091 亿美元;2009 年中国的进出口贸易差额为 1 960.7 亿美元,同比下降34.23%。2010 年,我国国际收支交易呈现恢复性增长,全年国际收支交易总规模为 5.6 万亿美元,创历史新高,较 2009 年增长 36%;与同期国内生产总值(GDP)之比为 95%,较 2009 年增长 13%;贸易、直接投资、外债等主要项目交易规模均达到历史高峰。按国际收支统计口径,2010 年货物贸易总额 29 087亿美元,较 2009 年增长 35%;服务贸易总额 3 645 亿美元,增长 26%;外国在华直接投资流入 2 068 亿美元,增长 42%;我国对外直接投资流出 678 亿美元,增长 41%。2010 年我国经常项目交易规模达到 3.6 万亿美元的年度最高值,经常项目顺差依然低于 2007 年和 2008 年的历史高峰时期。2010 年,随着国内外经济平稳回升,我国经常项目顺差较 2009 年增长 17%,与 GDP 之比为 5.2%,与 2009 年持平。其中,2010 年国际收支统计口径的货物贸易顺差与 GDP 之比为 4.3%,较 2009 年下降 0.7 个百分点(见图 1-1 和图1-2)。

高额外汇储备和经常项目与资本项目的"双顺差"给中行的汇率政策以及维持人民币汇率稳定带来了巨大压力。当前,在人民币升值的幅度上仍然存在着较大分歧,主要的担心是人民币汇率升值是否会影响中国的经济增长,是否会像 20 世纪七八十年代的日本一样,由于汇率升值而造成经济长达十年之久的衰退。一般而言,经济增长理论强调资本、劳动、技术等直接影响经济增长的因素,但在开放经济条件下,汇率就是影响经济增长的核心因素之一。如果人民币汇率安排不当,往往会给中国的经济增长埋下巨大隐患,因为汇率失调会直接影响中国的国际竞争力,从而间接地对经济增长产生重大影响。目前,人民币升值压力并没有完全缓解,人民币该不该继续升值?持续的贸易顺差和巨大的外汇储备是否可作为人民币汇率升值的标准?为何会出现人民币汇率升值压力?人民币汇率的变动是促进中国经济增长,还是抑制中国经济增长?人民币实际汇率的变动主要是由哪些冲击因素引起的?人民币实际汇率是否存在失调和错位?人民币实际汇率的变动趋势是否符合国际发展经验?人民币汇率制度改革到底怎么走?这些问题需要我们进一步地研究。

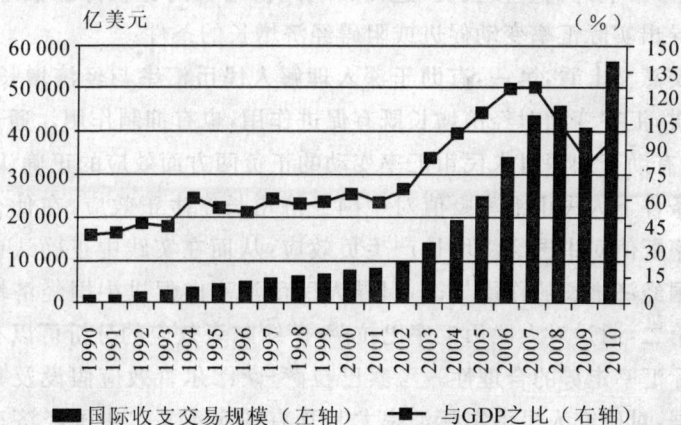

图 1-1 中国国际收支交易规模及其与 GDP 之比

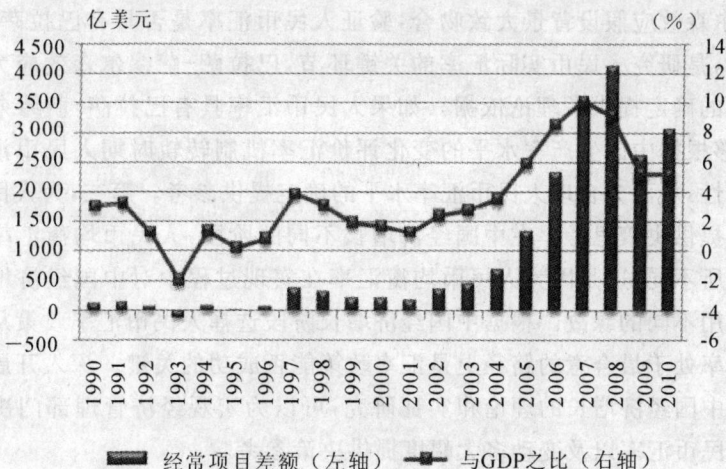

图 1-2 中国国际收支经常项目差额及其与 GDP 之比

1.1.2　选题意义

对人民币实际汇率与中国经济增长关系的研究不仅具有重要的理论意义,而且也具有显著的现实意义。

从理论意义上看,第一,对实际汇率与经济增长之间相互影响机制进行深入和系统的理论分析,不仅分析了汇率影响经济增长的理论机制,同时也分析了经济增长影响汇率的理论机制。第二,构建了一般的实际汇率影响国际贸易、实际汇率影响外商直接投资,进而影响经济增长的比较静态数理模型,从理论上推导出实际汇率变动促进或阻碍经济增长的条件。

从现实意义上看,第一,有助于深入理解人民币汇率与经济增长的关系。从理论上讲,汇率变动对经济增长既有促进作用,也有抑制作用。通过本书的实证分析,有助于加深对人民币汇率变动的正负两方面效应的正确认识,弄清楚在什么条件下人民币汇率贬值对中国经济增长产生正效应,在什么条件下人民币汇率贬值对中国经济增长产生负效应,从而在实践中正确认识人民币汇率对中国经济增长的作用规律,引导人民币汇率向促进中国经济增长的方向发展。第二,通过对人民币汇率巴拉萨-萨缪尔森效应的分析可以有效评价人民币实际汇率走势的合理性。考察巴拉萨-萨缪尔森效应假设及其在中国的经验证据,对研究人民币实际汇率尤其具有现实意义。中国经济正经历快速成长和结构变动时期,同时与全球经济融合程度不断深化,现实条件与巴拉萨-萨缪尔森效应假设背景大致吻合,验证人民币汇率是否具有巴拉萨-萨缪尔森效应,是研究人民币实际汇率的关键环节,巴拉萨-萨缪尔森效应为长期汇率水平的确定提供了理论依据。如果人民币汇率具有巴拉萨-萨缪尔森效应,即能够根据中国生产率水平的变化评价汇率机制转轨时期人民币汇率走势的合理性,从而为合理人民币汇率水平的确定提供参考。第三,为人民币汇率的变动提供决策思考。在中国经济增长不同的阶段,人民币均衡汇率的路径应该有所不同,这是因为人民币均衡汇率在实现过程中对中国经济增长的效应和作用不同的缘故。根据中国经济增长阶段选择人民币汇率政策从而使人民币汇率处于最合意的路径上是汇率政策能否成功的关键。深入开展人民币汇率与中国经济增长的理论和实证研究,可以为宏观经济管理部门决定是否变动人民币汇率以及变动多大幅度提供决策参考。

1.2　研究对象和研究方法

1.2.1　研究对象

1. 名义汇率和名义有效汇率

名义汇率(Nominal Exchange Rate,简称 NER)是一种货币兑换另一种货币的价格。以本币表示单位外币的价格叫直接标价法(The Direct Quotation),简称为直接汇率。在直接标价法下,名义汇率上升,意味着本币升值,但名义汇率数值变小;相反,名义汇率下跌,意味着本币贬值,但名义汇率数值变大。以外币表示单位本币的价格叫间接标价法(The Indirect Quotation),简称为间接汇率。在间接标价法下,名义汇率上升,意味着本币升值,名义汇率数值变大;相反,名义汇率下跌,意味着本币贬值,名义汇率数值变小。在理论研究和实务中,常用的是直接标价法;中国人民币汇率采用的是直接标价法。

在布雷顿森林体系解体后,主要国家实行了浮动汇率制。在汇率变动中,经常出现某种货币在对一种货币升值的同时对另一种货币贬值,因此,从货币的一种双边名义汇率难以评价其总的价值。自 20 世纪 70 年代以来,人们开始使用名义有效汇率(Nominal Effective Exchange Rate,简称 NEER;或称多边名义汇率(Multiple Nominal Exchange Rate,简称 MNER)来考察某种货币的总体变动程度及其在国际贸易和国际金融中的地位。

名义有效汇率是指双边名义汇率的某种加权平均。一般地,以贸易比重为权数。计算公式为

$$NEER_t = \sum_{j=1}^{n} s_{jt} \times w_{jt} \tag{1.1}$$

式中,$NEER_t$ 为 i 国 t 时期名义有效汇率,n 为 i 国贸易伙伴数,s_{jt} 为 t 期 i 国对 j 国间接标价的名义汇率,w_{jt} 为 i 国对 j 国货币权数。

为了反映一国各种货币汇率的总的变化趋势,国际货币基金组织(IMF)计算出世界各国的名义有效汇率指数,并在《国际金融统计》(International Fanancial Statistics,简称 IFS)中定期公布出来。指数的计算公式为

$$INEER_t = \sum_{j=1}^{n} \frac{s_{jt}}{s_{jo}} \times 100 \times w_{jt} \tag{1.2}$$

式中,$INEER_t$ 为 i 国 t 期名义有效汇率指数,s_{jt} 为 t 期 i 国对 j 国间接标价的名义汇率,s_{j0} 为基期 i 国对 j 国间接标价的名义汇率,$\frac{s_{jt}}{s_{j0}} \times 100$ 为 t 期 i 国对 j 国货币双边汇率指数。名义有效汇率指数上升,货币升值;名义有效汇率指数下降,货币贬值。名义有效汇率指数大于 100,货币相对基期升值;名义有效汇率指数小于 100,货币相对基期贬值。

2. 实际汇率

在国际经济学的文献中,有几个实际汇率(Real Exchange Rate,简称 EER)的定义。

第一种实际汇率的定义与购买力平价(Purchasing Power Parity,简称 PPP)方法有关。根据购买力平价所定义的实际汇率等于名义汇率乘以国外价格水平与本国价格水平的比率。即

$$e_1 = s\frac{p^*}{p} \tag{1.3}$$

式中,e_1 表示实际汇率;s 表示直接标价法双边名义汇率;p^* 表示国外价格水平;p 表示国内价格水平。

也有文献将这种实际汇率叫做外部实际汇率。这样定义的实际汇率体现了两国居民购买商品的成本,影响两国居民的消费选择。当实际汇率的值升高时,本国的实际汇率贬值,国外商品的价格相对于本国商品变高,本国商品变得更有竞争力;反之,当实际汇率的值降低时,本国的实际汇率升值,国外商品的价格相对于本国商品变低,外国商品变得更有竞争力。

外部实际汇率有三种常见的测度方法:相对支出购买力平价实际汇率,国内外价格都用消费价格指数;加总生产成本实际汇率,国内外价格都用 GDP 缩减指数;贸易品实际汇率,国内外价格指数都用制造业单位劳动成本、批发价格指数、制造业缩减指数或出口单位值。

第二种实际汇率定义为国内贸易品对国内非贸易品的相对价格,即

$$e_2 = \frac{P_T}{P_N} \tag{1.4}$$

式中,e_2 表示实际汇率;P_T 表示国内贸易品价格;P_N 表示国内非贸易品的价格。

也有文献将这种实际汇率叫做内部实际汇率或两商品内部实际汇率。

这样定义实际汇率有三个优点:第一,能够反映资源在贸易品和非贸易品之间的配置情况。实际汇率增加,贸易品相对价格上升,生产贸易品变得更有利,资源流出非贸易品部门,流入贸易品部门。第二,能够反映贸易部门国际

竞争力。实际汇率反映了生产贸易品的国内成本。实际汇率下降,或实际汇率升值,意味着生产贸易品的国内成本上升,效率下降。如果世界上其他国家的实际汇率不变,则实际汇率下降国家的国际竞争力恶化。相反,实际汇率上升,或实际汇率贬值,意味着生产贸易品的国内成本下降,效率提高。如果世界上其他国家的实际汇率不变,则实际汇率上升国家的国际竞争力改善。第三,有助于直观地分析一国内外均衡与实际汇率之间的关系。就小国而言,贸易品的价格由世界确定,可表示为名义汇率与贸易品国外价格的乘积。贸易品与非贸易品的相对比价决定了消费者对两种产品的边际选择,当实际汇率处于均衡时,两种产品市场同时实现均衡。

3. 实际有效汇率

实际有效汇率(Real Effective Exchange Rate,简称 REER)是指双边实际汇率的某种加权平均,一般地,以贸易为权重。其计算公式为

$$REER_t = \sum_{j=1}^{n} e_{jt} \times w_{jt} \tag{1.5}$$

式中,$REER_t$ 为 i 国 t 期实际有效汇率,e_{jt} 为 t 期 i 国对 j 国货币国际货币基金组织所定义的双边实际汇率。为了反映一国货币的总的竞争力,IMF 计算出世界各国的实际有效汇率指数,并在 IFS 中定期公布出来。指数的计算公式为

$$IREER_t = \sum_{j=1}^{n} \frac{e_{jt}}{e_{jo}} \times 100 \times w_{jt} \tag{1.6}$$

式中,$IREER_t$ 为 i 国 t 期实际有效汇率指数,e_{jo} 为基期 i 国对 j 国国际货币基金组织所定义的双边实际汇率。$\frac{e_{jt}}{e_{jo}} \times 100$ 为 t 期 i 国对 j 国货币双边实际汇率指数。实际有效汇率指数上升,货币升值;实际有效汇率指数下降,货币贬值。实际有效汇率指数大于 100,货币相对升值,该国竞争力恶化;实际有效汇率指数小于 100,货币相对基期贬值,该国竞争力改善。

4. 实际汇率错位

实际汇率错位(Real Exchange Rate Misalignment)是指现实中的实际汇率对其长期均衡水平的持续性偏离。这里提到的实际汇率均衡水平指的就是均衡实际汇率。均衡实际汇率指的是与宏观经济内外均衡相一致的实际汇率。宏观经济均衡是指经常账户的可维持性(外部均衡)——即经常账户余额与潜在的、意愿的净资本流动相匹配和低通货膨胀下的充分就业(内部均衡)(Williamson,1985)。

图 1-3 描述了经济均衡与均衡实际汇率的关系。其中 E 是实际汇率(上升表示本币贬值), D 是国内实际需求, Y 是实际产出, Y^* 是潜在产出,当 $Y=Y^*$ 时经济实现内部均衡,此时直线 Y 表示充分就业水平下实际汇率和国内实际需求的组合。当实际汇率下降时,本币升值,更多的国内需求从国内产品转向进口产品,同时国外对本国出口产品需求也减少,为了维持产出水平不变,就需要更多的国内需求支持,所以直线 Y 向右下倾斜。直线 Y 右边的区域表示实际产出超出了潜在产出,国内将出现通货膨胀;直线 Y 左边的区域表示实际产出低于潜在产出,国内的实际失业率将超过自然失业率。直接 CA 是经常项目差额,当直线 CA 保持在一个可持续的合理的水平(A)时,经济就实现外部均衡,直线 CA 表示经常项目均衡时实际汇率和国内实际需求的组合。当国内实际需求上升时,经常项目恶化,为了保持外部均衡就需要本币贬值,所以实际汇率将上升,因此直线 CA 向右上倾斜。CA 右边的区域表示现实中的本币币值高于外部均衡时的本币币值,即本币被高估,经常项目将出现赤字;CA 左边的区域表示现实中的本币币值低于外部均衡时的本币币值,即本币被低估,经常项目将出现盈余。E^* 是 CA 与 Y 交点处的实际汇率,此时经济同时实现了内部均衡和外部均衡,因此 E^* 就是均衡实际汇率。

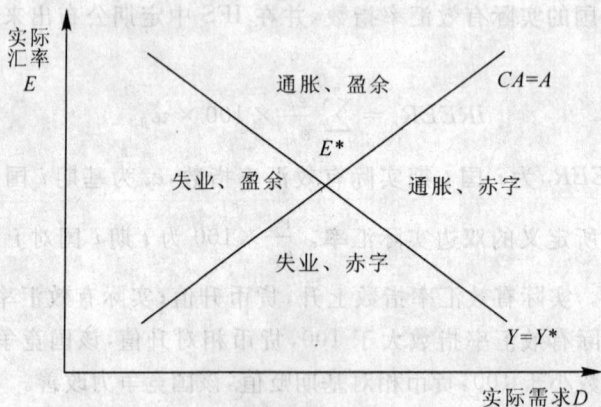

图 1-3　经济均衡与均衡实际汇率

图 1-3 中还显示了四种类型的非均衡状态:右象限是通货膨胀和经常项目赤字并存,如果是由扩张性的财政政策引起的,则恢复均衡的措施是实行本币贬值和财政紧缩政策;左象限是失业和经常项目盈余并存,其对策是刺激国内需求;上象限是通货膨胀和经常项目顺差并存,这种状况不会持续存在,本币的未来升值将使国内需求从本国产品转向进口产品;下象限是失业和经常

项目赤字并存,其对策是实行本币贬值和扩张的货币政策。可见,均衡实际汇率是在中长期内与基本经济变量的变化趋势保持一致的、使本国经济发展保持可持续的、使宏观经济保持稳定的实际汇率水平(程延炜,2007)。

5.经济增长

经济增长是现代经济学中一个非常重要的概念,但国内外学术界对经济增长的含义并不一致。通常国内外学者们对经济增长概念的理解主要有如下三种观点。第一种定义:经济增长是指一个经济体中生产能力的提高。萨缪尔森认为:"经济增长是指一个国家潜在的国民产量,或者潜在的国民总产值(GNP)的扩展,我们可以把经济增长看作是生产可能性边界随着生产向外推"。根据萨缪尔森对经济增长的定义,经济增长在图形上主要表现为生产可能性曲线的向外扩张,在数量上主要表现为一国潜在总产出的提高。第二种定义:经济增长主要是指一个经济体中所生产的物质产品和劳务在相当长时间内的连续增长,也就是一个经济体实际总产出的连续增长。代表人物库兹涅茨认为"一个国家的经济增长可以定义为给本国居民提供种类日益繁多商品的能力的长期上升,这个增长的能力,主要是基于改进技术以及它要求的制度和形态的调整"。第三种定义:经济增长主要是指一个经济体中按人口计算的平均实际产出,或人均实际产出的持续增长。主要代表人物刘易斯认为:"一国的经济增长是按人口平均的产出的增长"。从经济学理论上说,萨缪尔森对经济增长的定义是最科学的,然而由于这一定义在实际中缺乏可操作性,所以在实践中一般很少应用。本书主要讨论较长时期内人民币实际汇率和中国经济增长的关系,所指经济增长主要是指国内生产总值 GDP 总量的增长。

改革开放以来,中国经济保持高速增长的趋势。尤其是 2003 年至 2007 年,中国 GDP 保持在 10% 以上的增长速度,被誉为"金砖五国"之一。尽管受国际金融危机和我国经济自身调整的影响,2008 年、2009 年我国的经济走势出现了波动,但总体来看我国的宏观经济仍处在一个大的上升周期的后半阶段。"十一五"期间,2006 年我国 GDP 增长 10.6%,2007 年我国 GDP 增长 13%,2008 年我国 GDP 增长 9%。2009 年,在我国一系列宏观调控措施的作用下,GDP 总值现价总量为 340 507 亿元,按不变价格计算的增长速度为 9.1%,超过了"十五"时期 8.8% 的增速平均值,超额完成了"保八"的目标。我国经济实现 V 型反转后,宏观经济平稳回升的趋势基本确立,市场信心也逐渐恢复。2010 年全年国内生产总值为 397 983 亿元,比 2009 年增长 10.3%,增速比 2009 年加快 1.1 个百分点。分产业看,第一产业增加值为 40 497 亿元,增长 4.3%,增幅与 2009 年基本持平;第二产业增加值为 186 481

亿元,增长 12.2%,增幅比 2009 年提高 2 个百分点以上;第三产业增加值
171 005亿元,增长 9.5%,增幅比 2009 年略有提高。"十一五"期间,我国
GDP 年均增长 11% 以上,物价年均涨幅 2.9%,2011 年第一季度,中国经济开
局良好,继续朝宏观调控的预期方向发展。消费需求保持稳定,固定资产投资
和进出口增长较快,农业生产形势向好,工业企业效益改善,居民收入稳定增
加,但物价上涨较快;2011 年第一季度,实现国内生产总值 9.6 万亿元,同比
增长9.7%,增速比 2010 年同期低 2.2 个百分点(见图 1-4 和图 1-5)。

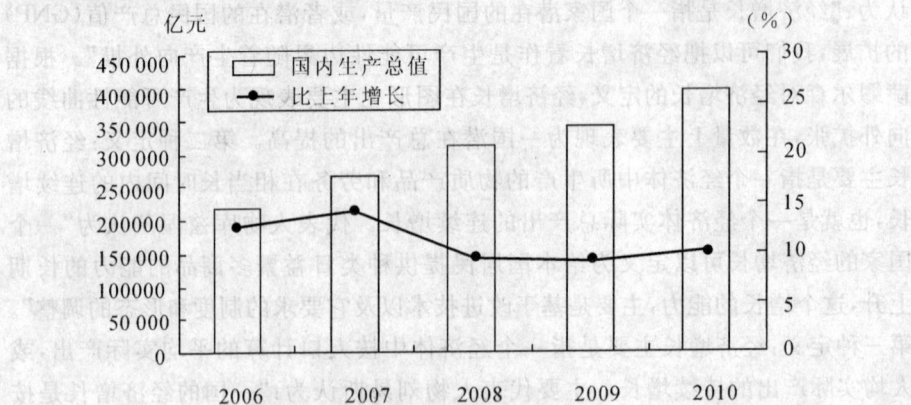

图 1-4 2006—2010 年中国年度 GDP

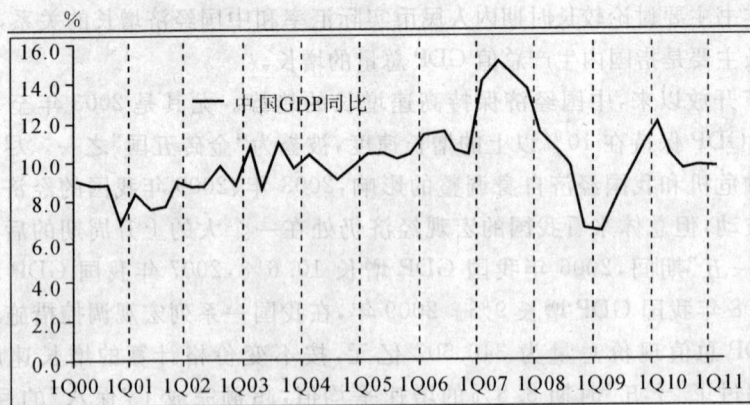

图 1-5 中国季度 GDP 走势

1.2.2 研究方法

本书将采取从客观经济事实出发,定性与定量分析相结合,更偏重于定量分析;规范分析与实证分析相结合,但以实证分析为主的研究方法。

1.规范分析与实证分析相结合。在规范研究部分,以文献综述为基础,借鉴相关理论研究,从理论层面分析汇率与经济增长内在联系机制,为实证分析提供理论基础。在实证研究部分,强调数据可靠、方法实用、手段先进的原则,运用前沿的计量经济学方法。在向量自回归 VAR 模型的基础上,运用单位根检验、协整分析、格兰杰因果检验、脉冲响应函数、方差分解等方法分析变量之间的长期协整关系和短期动态关系,并运用 HP 滤波和季节调整对相应数据变量进行处理。

2.定性分析与定量分析相结合。定性分析部分主要集中在:一是对实际汇率、实际有效汇率、实际汇率错位和经济增长的相关概念进行界定;二是分析汇率影响经济增长的途径和经济增长影响汇率的途径;三是运用逻辑分析的方法,在理性思维中把握人民币汇率变动的演变规律,分析了人民币汇率改革面临的困境,并提出相应的对策建议。定量分析部分主要集中在运用统计分析方法,以图形和表格对人民币实际汇率、中国两部门的相对生产率、中国进出口贸易的现状、中国 FDI 的现状等进行了描述,力图揭示这些宏观经济变量变动的规律和趋势。

3.模型分析法。一方面,对巴拉萨-萨缪尔森效应的数理模型、汇率和进出口贸易的数理模型、汇率和外商直接投资的数理模型和行为均衡汇率模型进行推导,主要包括动态优化模型、比较静态数理模型等。另一方面,考虑了实际汇率与经济增长相互作用建立内生结构模型和向量自回归模型(VAR),将变量内生化,避免了单方程模型存在的变量的内生性问题。

4.纵向比较和横向比较相结合。运用纵向比较分析方法对 1978 2008年人民币实际汇率变动和中国经济增长趋势特征进行分析比较。运用横向比较法,在第 3 章分析比较中美两部门的相对劳动生产率;在第 4 章分析比较人民币实际汇率波动对中美、中日双边贸易影响因素的差异。

1.3 研究思路、主要内容和研究框架

1.3.1 研究思路

本书研究了人民币实际汇率与中国经济增长的关系。首先,研究中国经济增长对人民币实际汇率的影响,传导机制为基于供给角度的巴拉萨-萨缪尔森效应。其次,研究人民币实际汇率对中国经济增长的影响,主要从三条线索展开:人民币实际汇率→进出口贸易→中国经济增长;人民币实际汇率→外商直接投资→中国经济增长;人民币实际汇率错位→中国经济增长。最后,针对理论和实证分析结果,提出了人民币汇率改革的对策建议(见图1-6)。

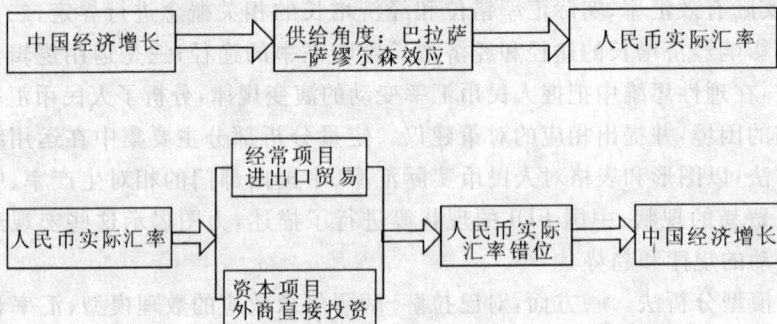

图 1-6　本书的研究思路

1.3.2 主要内容

第1章是"导论",介绍了本书的研究背景和研究意义、研究思路和主要内容、研究方法和创新之处等。

第2章是"汇率与经济增长研究的文献综述",首先回顾汇率与经济增长的理论研究,其次回顾了国内外实际汇率影响经济增长的实证文献,再次回顾了国内外经济增长影响实际汇率的实证文献,最后对已有的文献进行了总结评价。

第3章是"中国经济增长对人民币实际汇率的影响:基于巴拉萨-萨缪尔森效应的分析",主要是研究中国经济增长对人民币实际汇率的影响,探索来自供给面的人民币升值压力。首先,对巴拉萨-萨缪尔森效应假说的基本内容

与数理模型进行了分析,其次考察了中国两部门劳动生产率和中美两部门相对劳动生产率,再次对巴拉萨-萨缪尔森效应在中国是否成立进行实证分析,最后是利用国别数据对巴拉萨-萨缪尔森效应进行国别验证。

第4章是"人民币实际汇率对中国经济增长影响的贸易机制分析",主要是研究了人民币汇率影响中国经济增长的贸易传导机制,一方面,从中国贸易总量上分析了人民币实际汇率、进出口贸易与中国经济增长的关系;另一方面,为克服总量分析可能带来的偏差,以中国的两个最大贸易伙伴国美国和日本作为中国双边贸易收支的分析对象国,分析了人民币实际汇率对中美、中日双边贸易的不同影响。

第5章是"人民币实际汇率对中国经济增长影响的投资机制分析",首先是对中国外商直接投资的状态进行了描述,其次是分析汇率影响经济增长的投资传导机制,最后对人民币实际汇率、外商直接投资与中国经济增长之间的长期均衡关系和短期动态关系进行实证分析。

第6章是"人民币实际汇率错位的经济增长效应分析",首先,在行为均衡汇率模型的基础上对人民币均衡汇率进行协整方程估计;其次对人民币实际汇率错位的程度进行测算;最后,分析人民币实际汇率错位的经济增长效应。

第7章是"人民币汇率改革的思考"。本章在前六章人民币实际汇率与中国经济增长的理论和实证研究分析的基础上,首先,归纳总结人民币汇率制度的历史演变过程;其次,分析了人民币汇率制度改革的困境;最后,从确定合适的人民币汇率目标水平和完善人民币汇率形成机制入手,提出改进和完善人民币汇率的对策建议。

第8章是"研究结论以及展望",对全书进行了总结,并提出了有待进一步研究的问题。

1.3.3　研究框架

本书的研究框架如图1-7所示。

导论
（第1章）　　　　　→　提出问题

汇率与经济增长研究的文献综述
（第2章）　　　　　　→　理论基础

中国经济增长对人民币汇率的影响：
基于巴拉萨－萨缪尔森效应的分析
（第3章）

人民币实际汇率对中国　　　　人民币实际汇率对中国
经济增长影响的贸易机　　　　经济增长影响的投资机　　　分析
制分析（第4章）　　　　　　　制分析（第5章）　　　　　　问题

人民币实际汇率错位
的经济增长效应分析
（第6章）

人民币汇率改革的思考
（第7章）　　　　　→　解决问题

研究结论以及展望
（第8章）

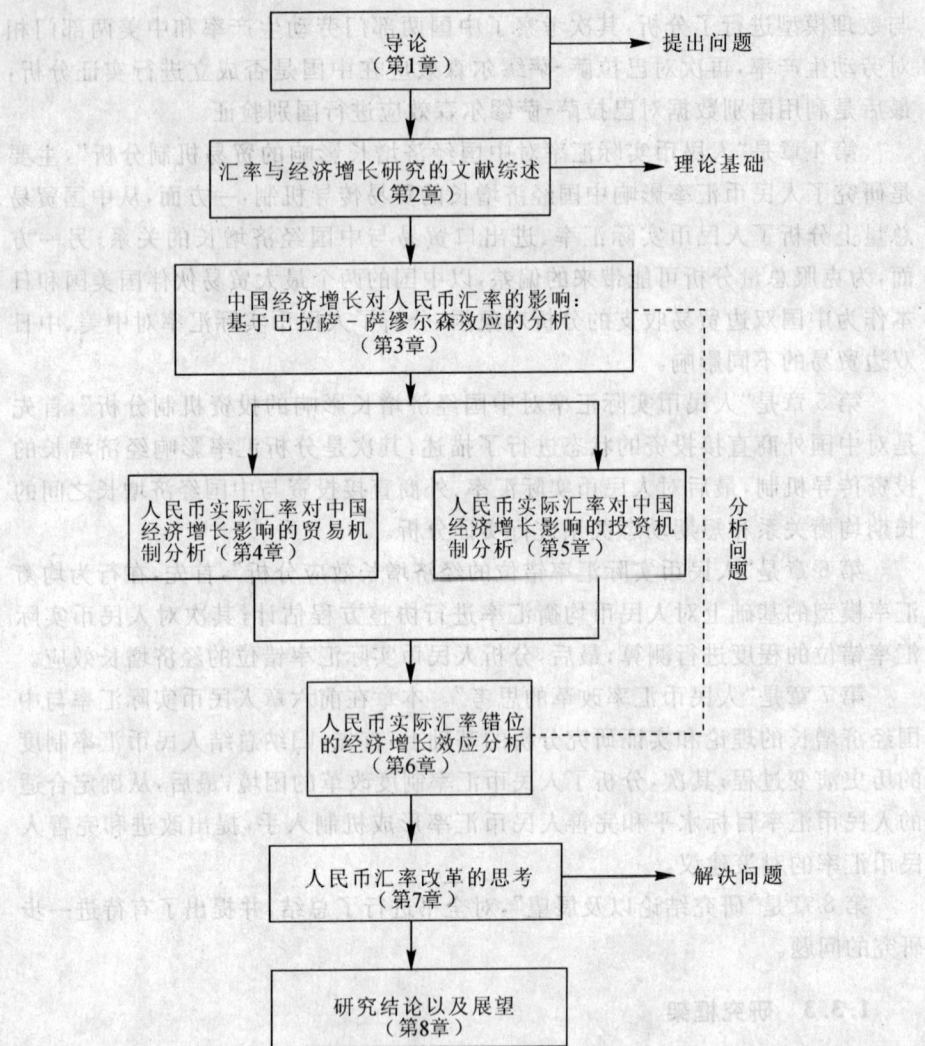

图 1 - 7　本书的研究框架

1.4　可能的创新之处

　　1.研究视角上的创新。实际汇率与经济增长有密切的关系,这种关系是双向的:一方面,实际汇率的变动影响经济增长;另一方面,经济增长也反作用于汇率。以往的研究大多数是分析其中的一个方面,没有对两者的关系进行双向系统的分析。而本书从"实际汇率影响经济增长"和"经济增长影响实际汇率"两个角度系统分析了两者的关系。

2. 全面分析了人民币实际汇率影响中国经济增长的途径。在以往的实证分析中,国内的研究主要是集中在汇率变动对进出口贸易的影响,从而影响中国经济的增长。汇率影响进出口贸易,从而影响经济增长的途径毋庸置疑,但是,汇率的变动绝不仅限于对进出口贸易的影响,还有可能从资本项目的影响来影响经济增长。本书全面阐述了人民币实际汇率影响中国经济增长的途径:经常项目的途径、资本项目的途径和汇率错位机制的途径。

3. 构建了人民币均衡汇率的决定模型。为开放的中国经济构建了人民币均衡汇率的决定模型,并通过这个模型分析了人民币均衡汇率决定过程中对中国经济增长的效应。开放的增长经济体面临的困境是多重的,既有开放所造成的内外均衡的冲突,又有经济增长所面临的约束,还必须充分考虑制度安排的约束。本书构建的人民币行为均衡汇率模型力图将这些因素结合起来,这样得出的结论才能够比较符合中国现实情况并为人民币汇率政策选择提供指南。

4. 人民币实际有效汇率变量的运用。现实中我们常常接触到的是名义汇率,人民币名义汇率长期保持相对稳定,然而随着国际经济的日趋多元化,人们已经很难依据双边名义汇率来准确描述一个国家的汇率变动情况。实际有效汇率是对本国和其贸易伙伴国及竞争国的双边实际汇率的一种加权平均,它能够清晰地反映一国货币的总体价值,并且反映了一国货币在国际贸易中的总体竞争力和实际购买力。随着中国经济开放程度的不断放大,人民币实际有效汇率的变化对中国国民经济增长的影响也会越来越明显,因此,本书选择人民币实际有效汇率变量来探讨它和中国经济增长的内在联系具有较强的实践意义。

第2章 汇率与经济增长
研究的文献综述

本章主要是对汇率与经济增长的理论研究文献和实证研究文献进行综述,首先回顾汇率相关理论,其次回顾经济增长影响汇率的实证研究文献,再次回顾汇率影响经济增长的实证研究文献,最后对已有文献进行总结和评价。

2.1 汇率决定理论

汇率决定理论是国际金融理论中发展较早、影响较大、在实际中运用较广的理论,在国际金融学中占有重要地位。各种汇率决定理论从不同的角度或不同的层面,探讨了决定与影响汇率水平高低及起伏变化的宏观因素和微观变量。

2.1.1 汇率制度的分类

汇率制度(Exchange Rate Regime)是一国货币当局对本国汇率形成和变动机制所作出的一系列安排或规定。汇率制度作为汇率的一种基本原则,通常具有普遍适用和相对稳定的特点。根据汇率波动的剧烈程度和频繁程度,可以将汇率制度分为固定汇率制(Fixed Exchange Rate System)和浮动汇率制(Floating Exchange Rate System)两种典型类型。前者指汇率决定于黄金平价,汇率的波动幅度被限制在一定范围内;后者指汇率不受黄金平价限制,取决于外汇市场的供求关系。从历史发展来看,从 19 世纪末(约 1880 年)至1973 年,世界主要国家采取的是固定汇率制;从 1973 年以后,则主要采用浮动汇率制。

汇率制度的选择受到众多因素影响,各国根据本国国情和发展阶段采取不同的形式,见表 2-1。

表 2 – 1 目前世界各国的汇率制度分类①

汇率制度	国家或地区数量	国家或地区名称
无法独立法定货币的汇率制度	41	欧元区 11 国等
货币局制度	7	中国香港、爱沙尼亚、吉布提、拉脱维亚、保加利亚、文莱、波斯尼亚-黑塞哥维纳
其他传统的固定盯住（包括盯住单一货币和一篮子货币）	41	中国、马来西亚、沙特阿拉伯等
水平范围内盯住	4	丹麦、塞浦路斯、匈牙利、汤加等
爬行盯住	5	突尼斯、玻利维亚、哥斯达黎加、尼加拉瓜等
爬行区间内的汇率	5	波兰、乌拉圭
不事先公布汇率路径的管理浮动	50	阿根廷、泰国
单独浮动	34	美国、日本、英国、韩国、印度、澳大利亚等

1. 固定汇率制度

固定汇率制包括金本位制下的固定汇率制，包括纸币流通条件下的固定汇率制度。纸币流通下的固定汇率制度是指第二次世界大战后西方国家根据国际货币基金组织的规定，国际货币基金组织的成员国都要规定金平价，两国货币金平价是固定汇率的基础；这个比价随着外汇市场供求不断波动，波动的幅度不得超过金平价的±1%。

两者的共同点：一是，各国都对本国货币规定了金平价，各国货币的汇率由它们的金平价对比得到；二是，外汇汇率比较稳定，围绕中心率上下波动的汇率的幅度较小。它们的不同点：一是，在金本位制度下，固定汇率是自动形成的。这是因为金本位制规定了各国货币的法定含金量，金币可以自由兑换、

---
① 资料来源：IMF《国际金融统计》，2004 年。

自由铸造、自由输出输入,而在纸币流通条件下,固定汇率制度是人为建成的,是通过各国之间的协议达成的,各国货币当局通过虚设的金平价来确定汇率,通过外汇干预或国内经济政策等措施来维持汇率,使它在较小范围内波动。二是,在金本位制度下,各国货币的法定含金量是始终不变的,从而保障了各国货币间的汇率能保持真正的稳定。而在纸币制度下,各国货币的金平价是可以变动的,国际货币基金组织曾规定,当一国收支出现根本性不平衡时,金平价可以经核准而变更。从这一意义上说,金本位制度下的固定汇率是真正的固定汇率制度,而纸币制度下的固定汇率制度只可称为"可调整盯住汇率制度"(Adjustable Pegging System)。

在可调整盯住汇率制度下,由于汇率波动的幅度很小,贬值的幅度一般大于波动幅度,这就使得投机者可能获得的收益和损失是不对称的。这导致一定情况下(如国际收支逆差),投机者会沿着同一方向进行投机,最终可能迫使该货币果真沿着该方向贬值。这种单向投机(One-Way Speculation)的自我实现性对逆差国的外汇储备和经济政策都会造成极大的压力,使本来不必进行的贬值不得不进行,从而,加剧了汇率的不稳定性(雷仕风,2010)。

2.浮动汇率制

(1)浮动汇率制度的分类。1973 年 2 月后,西方主要工业国纷纷实行浮动汇率制。在浮动汇率制下,一国不再规定金平价,不再规定本国货币与其他国家货币之间的汇率平价,当然也就无所谓规定汇率波动的幅度以及货币当局对汇率的维持义务。但是,浮动汇率制并不意味着货币当局绝不干预外汇市场上的供求关系。

按政府是否干预划分:自由浮动和管理浮动。自由浮动(Free Floating),又称清洁浮动(Clean Floating),是指一国政府对汇率不进行任何干预,汇率完全由市场供求决定。由于汇率的波动直接影响一国经济的稳定与发展,各国政府都不会听任汇率在供求关系的影响下无限制地波动,因此绝对的自由浮动只能是理论上的。现实中即使有,也只是相对的、暂时的,不可能长期存在。管理浮动(Managed Floating),是指一国政府对外汇市场进行干预,以使汇率朝政府目标的方向浮动,这往往不利于对方国家,所以又叫肮脏浮动(Dirty Floating)(雷仕风,2010)。

按浮动的形式划分:单独浮动和联合浮动。单独浮动(Single Floating),又称独立浮动(Independent Floating),是指本国货币不与任何外国货币发生固定联系,其汇率根据外汇市场的供求变化而单独调整变化。如美元、英镑、日元、加拿大元等货币均属单独浮动货币。联合浮动(Joint Floating),又称共同浮动或集体浮动,是指由若干国家组成货币集团,集团的成员国间规定货币比价和浮动限制,实行固定汇率,而对非成员国则实行同升或同降的浮动汇率安排。如 1973 年 3 月,欧洲经济共同体的成员国联邦德国、法国、比利时、荷兰、卢森堡和丹麦就曾规定,在成员国货币之间实行固定汇率,并规定浮动的界限为货币平价上下各 1.125%,对欧共体外的货币实行联合浮动,并保持对该货币汇率浮动大体一致(张新亚,2009)。

(2)外汇市场的干预。目前世界上各主要工业国所实行的都是管理浮动,绝对的自由浮动只是理论上的模式而已。一方面,管理浮动制从长期看可以反映各国经济实力的对比,在一定程度上避免了可调整盯住汇率制缺乏弹性的问题,从而避免了可能导致的破坏性的单向投机活动所带来的经济冲击。然而另一方面,管理浮动制下政府对外汇市场的干预有一定困难。首先,干预外汇市场的原则是什么?这是至今仍未圆满解答的问题。一般来说,有下列几种干预原则可供选择:第一,逆风行事(Leaning Against the Wind)原则。当市场上出现对外汇的超额需求,货币当局就动用外汇储备,增加外汇供给,缓和本币汇率下跌趋势;反之,则吸收外汇,减少外汇供给,缓和本币汇率上升趋势。但这一原则遇到的困难是,货币当局对汇率的长期趋势了解有限,有可能造成人为失衡。但自 1973 年以来,各国对外汇市场的干预多遵循此项原则。第二,规定汇率应达到的目标值。但是当干预规模较大时,货币当局有可能会修改或放弃目标。第三,制定一客观指标(如在某一特定时间内对某一方向的干预净额),即当干预达到此限度时,就停止干预,这容易使干预活动功亏一篑。另外,国际货币基金组织对成员国汇率的监督有名无实,很难防止会员国以干预外汇市场为名损害他国利益,破坏国际金融秩序。

1978 年生效的《国际货币基金协定:第二次修正案》规定了国际货币基金组织的监督责任,并规定了成员国干预汇率应遵循的原则,即:会员国应避免操纵汇率妨害对国际收支的调节或获取不正当利益;外汇市场出现短期的破坏性波动,各会员国应进行干预;会员国在干预外汇市场时应考虑其他会员国的利益等等。由于国际货币基金组织对这些原则没有明确规定,对会员国的监督实际上是徒有虚名的。

3. 中间汇率制度

中间汇率制度(Intermediate Exchange Rate Regime)指介于固定汇率制度与浮动汇率制度之间的汇率制度。它主要包括爬行盯住汇率制度和汇率目标区制。

(1)爬行盯住汇率制度。爬行盯住汇率制度(Crawling Pegging)是指在短期内将本币汇率盯住某平价,但可根据一组选定的指标经常地、小幅度地调整所盯住的平价的汇率制度。这一制度有两个基本特征:一是,实行此种制度的国家有义务维持某种平价,因而具有固定汇率制度的特点;二是,这一平价可以频繁地进行小幅度调整,又使其具有浮动汇率制度的一些特点。当然,此制度下的汇率调整与固定汇率制度下的汇率调整不同,后者是偶然的、幅度较大的调整,前者是经常的、小幅度的调整。当一国汇率所要调整的幅度较大,为了避免采用一次到位的调整方式对经济产生较大的冲击,故而采用爬行盯住汇率制度,以一系列很小的幅度逐渐调整(见图 2-1)。自 20 世纪 60 年代起,部分拉美国家采用了这种汇率制度,比如智利(1965—1970 年,1973—1979 年)等。

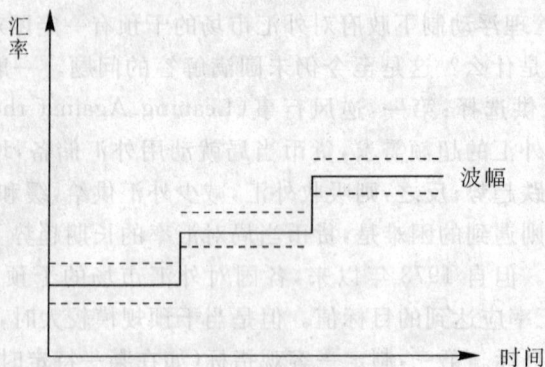

图 2-1　爬行盯住汇率制度

　　(2)汇率目标区理论。"汇率目标区"是在 20 世纪 60 年代末被提出的,随着潜在的紧张局势表面化,主要参与布雷顿森林体制各国的政策目标存在重大分歧,导致 1973 年布雷顿森林体系的瓦解,从而进入了浮动汇率制度时期,汇率的波动使各国货币管理部门具有较大的灵活性,但是究竟是选择固定汇率制还是浮动汇率制呢? 这是当时摆在各国决策者面前的一个十分棘手的现实问题。国际汇率制度的历史变迁表明,无论是自由浮动汇率制度还是严格固定汇率制度,都有其利弊。赞成严格固定汇率制的一派看到的是汇率的稳定对投资贸易所带来的便利,而支持浮动汇率制度的一派看到的却是浮动汇率制带给本国的货币政策制定的自主性和独立性,这样国际上就产生了所谓的"固定汇率制"与"浮动汇率制"之争。然而由于各国货币政策决策者们既对两次世界大战期间的自由浮动汇率制所带来的动荡感到恐惧,又对布雷顿森林体系下的固定汇率制所带来的名义汇率与实际汇率长期错位感到后怕,所以各国的政策决策者们就试图综合固定汇率制与浮动汇率制两者的长处,建立一种既有稳定性又有灵活性的汇率制度,这便是汇率目标区,即以现行的浮动汇率和盯住汇率混合为特征的汇率体制,汇率目标区理论的关键是要在浮动汇率体制的内部加入固定汇率制的因素(原雪梅,2010)。

　　汇率目标区制(Exchange Rate Target-zone)是指将汇率浮动限制在一定区域内(如中心汇率的上下 10%)的汇率制度。依据目标区区域的范围、目标区调整的范围、目标区公开程度以及对目标区进行维持的承诺程度,目标区制度可以分为严格的目标区与宽松的目标区。前者指目标区区域较小,区域上下限极少变动,目标区公开,政府负有较大的维持目标区责任的制度;后者指目标区区域较大,经常进行调整,目标区保密,政府只是有限度地用货币政策来维持汇率目标区。最早提出"汇率目标区"这一汇制改革举措的是荷兰财政大臣杜森贝里(Duilsenbery)。他在 1976 年曾提出过建立欧洲共同体六国货币汇价变动的目标区计划。1985 年,美国著名学者约翰·威廉姆森(John Williamson)和伯格斯坦(Bergsen)共同又提出了详细的汇率目标区设想及行动计划,即以限制汇率波动范围为核心,包括中心汇率及变动幅度的确定方法、维持目标取得国内政策搭配、实施目标区的国际政策协调等一整套内容的国际汇率协调方案。1987 年 2 月,七国集团中的六国财长在巴黎会议上,将汇率目标区思想写入会后发表的《卢浮宫协议》。1991 年克鲁格曼(Krugman)基于 1985 年威廉姆森倡导的汇率目标区方案,创立了汇率目标区的第一个规范理论模型——克鲁格曼的基本目标区理论及模型(见图 2-2),并引起了学术界对汇率目标区问题的浓厚兴趣。

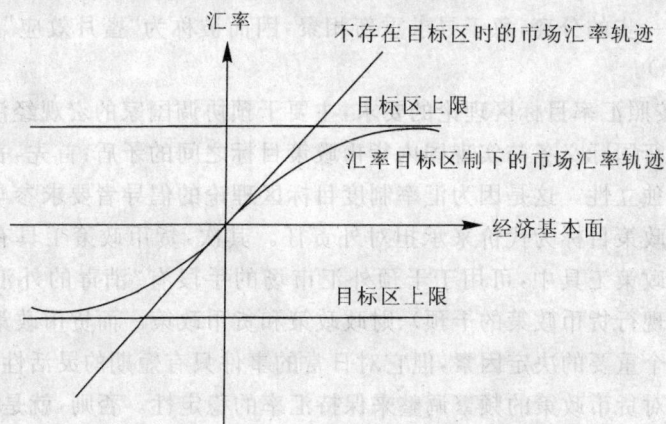

图 2-2　克鲁格曼汇率目标区示意图

克鲁格曼假定汇率依赖于现行基本因素和未来汇率的预期值,同时该模型还有两个关键假设:其一是汇率目标区完全是可靠的,其上、下限能永远保持不变;其二是目标区仅由"边际"干预防卫,也即只有当汇率运行到上、下限时,货币当局才出手干预,而在目标区内,没有干预发生。在这些假定下,目标区汇率行为波动幅度明显小于浮动汇率制下汇率行为。这意味着,完全可靠的汇率目标区具有内在稳定机制。但是,克鲁格曼模型的边界"完全可靠"和"边际干预"假设已为实际数据分析所否定,而且其他经济学家也相继指出,当汇率达到目标区的边界时,便面临着与固定汇率制同样的问题。

一般而言,汇率目标区制具有以下特点:第一,在目标区制下,货币管理当局在一定时期内对汇率波动有比较明确的区间限制;第二,在目标区制中,货币当局更关注汇率变动幅度,必要时要利用货币政策等措施将汇率波动尽可能地限制在目标区内;第三,在目标区制下,政府并不严格承诺在任何情况下都对外汇市场进行干预,只有当汇率波动超过上、下限时,政府才会进行干预;第四在目标区制度下,汇率变动的范围较大。假定汇率目标区是完全可信的,也就是交易者确信汇率永远将在目标区内变动,政府仅在汇率变动至目标区的上、下限时才进行干预,经济基本面的变动完全是随机的。在这种情况下,当汇率的变动逐渐接近目标区边缘时,交易者将会预期汇率将会很快做反向调整,重新趋近于中心汇率。这一预期将会产生稳定性作用,交易者在这一预期下的交易行为将会使汇率重新回归中心汇率。因此,汇率的变动在不存在政府干预时也不会超过目标区范围,而是保持在目标区边缘并且经常会自动向中心汇率调整。这一情况就像热恋中的情侣短暂分离一段时间后就会尽可能地抗拒进一步的分离,急于寻求重新相聚,因而被称为"蜜月效应"(Honeymoon Effect)。

此外,按照汇率目标区理论的要求,主要干预协调国家的宏观经济管理部门面临着履行国际义务与实现国内货币政策目标之间的矛盾:首先,丧失国内货币政策的独立性。这是因为汇率制度目标区理论的倡导者要求参与国以牺牲国内货币政策目标为代价来承担对外责任。其次,货币政策工具有限。在现有的货币政策工具中,可用于干预外汇市场的手段有"消毒的外汇市场干预"(不改变现行货币政策的干预)、财政政策和货币政策。而货币政策才是汇率行为的一个重要的决定因素,但它对日常的事件只有短期的灵活性,因而不能指望通过对货币政策的频繁调整来保持汇率的稳定性。否则,就是"不消毒的外汇市场干预"(改变现行货币政策的干预),通常情况是一个国家要使本国的货币政策按有效和及时的方式来解决国内问题,就不可能顾及国际承诺。

也就是说,在力求使货币汇率波动局限在一个狭小的范围内时,就会减弱其致力于实现国内货币政策目标的有效性和及时性。实行固定的但可调节的汇率制度,可以增强参与国之间的贸易和投资机会,设定汇率波动的界限,可以减少不确定性所带来的好处往往大大超过因丧失政策灵活性以实现国内政策目标所付出的代价。该理论在现实社会中有了自己的最大成就,即 1979 年 3 月实行的欧洲货币体系内的欧洲汇率机制(ERM)通常被认为是汇率目标区的典范。欧洲汇率机制虽然在货币一体化的道路上经过了许多曲折,但是也克服了诸多的困难,最终于 2002 年实现了货币的统一。然而,"汇率目标区"理论的反对者也提出,对汇率波动起作用的关键是宏观经济政策,如果宏观经济政策所带来的种种严重后果没有消除,是不可能通过设定汇率目标区来解决汇率本身的波动问题的。"汇率目标区"理论的倡导者把世界经济关系仅仅局限在汇率问题上,将会对世界经济造成损害(韩博印、王学信,2007)。

2.1.2　金本位制和纸币流通下的汇率理论

1. 金本位制下的汇率决定理论

在金本位制下,各国货币都规定含金量;汇率就是两国货币以其内在的含金量为基础而确定的交换比例。在金本位制条件下,两国货币汇率决定的基础称为铸币平价(Mint Par)。铸币平价表示的是铸币含金量与其面额相一致的关系,即金属货币在其铸造时所耗用的金属价值与其交换价值相一致的关系。铸币的含金量也叫金平价,是一国通过立法程序规定的。两国货币的含金量之比称为法定平价。因此,铸币平价是金本位制条件下两国货币汇率决定的基础。法定平价一般不会轻易变动,但实际汇率却时有涨落。受外汇市场上供求关系的影响,外汇的实际汇率经常围绕两国货币的法定平价水平波动,但其波动幅度自发地受到黄金输送点的限制。因此,黄金输送点是金本位制条件下汇率上下波动幅度的界限。

黄金输送点(Gold Transport Points),即黄金输出点(Gold Export Points)与黄金输入点(Gold Import Points)的总称,是金本位制条件下由汇率波动引起黄金输出和输入的界限,也是汇率波动范围的界限。

黄金输出点＝铸币平价＋运费
黄金输入点＝铸币平价－运费

在金本位制下,尽管黄金是世界货币,但由于在国际结算中用黄金作为支付手段要发生很多费用和麻烦,如运费、保险费等,因此一般的贸易往来都采用非现金结算,即用汇票作为支付手段;而汇票结算就必须带来汇率波动问题。

从债务人或进口商的角度看,如果汇率上涨到黄金输出点以上,则意味着用汇票形式清偿债务或支付货款不如用黄金形式直接进行清偿和支付更划算,因此债务人或进口商就不去购买汇票而以直接向对方运送黄金的方式来清偿或支付。由此,发生黄金输出及汇票由于需求减少而价格回落的情况。

从债权人或出口商的角度看,如果汇率下跌到黄金输入点以下,则意味着用汇票形式收回债权或得到货款不如直接用黄金形式进行清算或结算收益更大,因此债权人或出口商不收汇票而要求对方直接以支付黄金的方式来清算或结算,收取黄金后自行运回国内。由此,发生黄金输入及汇票由于供给减少而价格回升的情况。

因此,汇率的变动以黄金输送点为上下限,在黄金输出点和黄金输入点的范围内上下波动。一旦越过此范围,就会引起黄金的输出输入,从而使汇率又回到以黄金输送点为界限的范围之内。

2.纸币流通条件下汇率的决定理论

纸币是价值符号,可以代表金属货币执行流通手段的职能。在纸币流通条件下,汇率实质上是两国纸币以各自所代表的价值量为基础而形成的交换比例。因此在纸币流通条件下,纸币所代表的实际价值是决定汇率的基础。

纸币所代表的价值,在历史的发展演变过程中曾经有两种含义。第一种含义是指纸币所代表的金平价,即国家法令所规定的纸币的含金量,在纸币发行以金准备为限的纸币流通条件下,金平价说明了每单位纸币所代表的金量。因此,两国纸币的金平价是决定两国汇率的基础。

但是,纸币发行是由政府控制的。第一次世界大战前后,参战各国滥发纸币,纸币发行越来越超过黄金准备的限制,使纸币贬值。通货膨胀不断成为经常现象,导致纸币不能兑换黄金。金平价逐渐与其名义上所代表的黄金量完全背离,纸币日益脱离了与黄金的联系。因此,汇率便无法以纸币名义上的金平价为基础来决定,而只能以纸币所代表的实际价值量为依据。

第二种含义是指纸币的购买力,即每单位纸币能购买到的商品量。按照马克思劳动价值论和货币理论,决定两国货币汇率的是两国纸币的购买力。

1973年以后在黄金非货币化的影响下,黄金逐渐完全脱离了与货币的联系,不再作为各国货币的定值标准,各国也不再规定货币的含金量,而纸币发行也演变为纯粹的不兑现的信用货币发行。在这种纸币流通制度下,纸币所代表的实际价值就是纸币的购买力。在纸币流通条件下,汇率的变动主要受外汇供求关系的影响。而这种情况在历史上可以分为两个时期:在布雷顿森林体系时期,西方各国用法律规定纸币的含金量,并人为规定了汇率的波动幅度,把汇率的变动限制在一定的范围之内;而在牙买加协议基础上的现行国际金融体系时期黄金已经非货币化,纸币的金平价也已被废止,汇率则基本摆脱了自发及人为的限制,主要受外汇供求关系的作用,波动频繁,幅度很大,影响外汇供求关系的因素也更加复杂化(彭文华,2009)。

2.1.3 购买力平价理论

购买力平价论(The Theory of Purchasing Power Parity,简称 PPP),由瑞典经济学家卡赛尔(Cassel)于 1922 年提出,是汇率决定理论中最有影响力的一种,现在仍被广泛地应用。

购买力平价论认为,纸币本身没有价值,但却代表着一定的价值,可以在货币发行国购买一定量的商品。A 国需要 B 国货币是因为用 B 币可以买到 B 国生产的一定量的商品和劳务。B 国需要 A 国货币是因为用 A 币可以买到 A 国生产的一定量的商品和劳务,但不同国家的单位货币所代表的价值是不同的。在纸币流通条件下,决定两国货币汇率的基础是两国纸币所代表的购买力。汇率是两国物价对比,即两国货币所代表的购买力之比。汇率的变动也就取决于两国货币购买力的变动。购买力平价论可以分为绝对购买力平价和相对购买力评价两种形式(黄燕君、张亚珍,2005):

绝对购买力平价从静态的角度考察了汇率的决定机制,说明了某一时点上的汇率水平取决于两国货币所代表的购买力(或物价水平)之比。用公式表示为

$$e = \frac{P}{P^*} \tag{2.1}$$

式(2.1)中,e 代表汇率,P 代表本国物价,P^* 代表外国物价。

绝对购买力平价认为,商品套购活动的存在,使购买力平价得以成立。套购者无利可图,套购活动才会停止。

相对购买力平价从动态角度考察汇率的决定及变动,说明的是某一段时期,两国货币汇率变动取决于两国货币所代表的购买力(或物价水平)变动率之比。其公式为

$$e_1 = \frac{P_1/P_0}{P_1^*/P_0^*} e_0 \tag{2.2}$$

式中,e_1 表示报告期汇率;e_0 为基期汇率;P_1,P_0 分别表示报告期和基期本国一般物价水平;P_1^*,P_0^* 分别表示报告期和基期外国的一般物价水平。

购买力平价论的合理性主要在于:第一,在金本位制崩溃之后,它指出应从货币的基本功能(代表一定购买力)角度来分析汇率,并以国内外物价对比作为决定汇率的依据,这既符合逻辑,又易于理解。第二,它说明了货币对内贬值必然引起对外贬值。这在纸币流通条件下,尤其是在通货膨胀较为严重的年代是很有说服力的,这也是它至今仍被广泛采用的原因所在。第三,虽然实践并不支撑购买力平价,但至今它仍被理论界与实务部门甚至国际性机构广泛运用。如在比较不同国家的国民收入、分析货币对外价值的高估或低估、倾销与反倾销调查等方面,常常会用到购买力平价理论。

购买力平价论的局限性主要在于:第一,从理论上看,它以货币数量论和商品交易中的"一价定律"为基础,而"一价定律"实际上是不存在的。因为"一价定律"以国际上存在着完全的商品套购活动为前提,但由于国家主权的存在,一国通过关税、贸易、金融等方面措施,限制外国商品进出口就在所难免。此外还存在着各国开放程度差异及生产水平的差异,加之商品运输成本及运输条件的限制,国际贸易商品乃至一般商品价格水平是不可能相同的。"一价定律"既不存在,以此为基础的购买力平价论就不无缺憾了。第二,它所说的一般物价水平在现实中存在着计量上的困难(滕昕,2010)。

2.1.4 利率平价论与国际费雪效应

1.利率平价论

利率平价论(Interest Rate Parity Theory)又称远期汇率论,其基本思想可以追溯到 19 世纪下半叶,20 世纪 20 年代由英国经济学家凯恩斯等人予以完整阐述,后经西方其他的经济学家发展而形成。

利率平价论从金融市场的角度分析了汇率与利率之间的关系,基本思路是:在资本自由流动前提下,如果两国利率存在差异,资金会从低利率国流向高利率国牟取利差收入(套利)。但是资金在两国间流动必然进行货币兑换,如果两国货币汇率稳定,套利者可以获得利差收入。如果高利率国货币汇率下跌,套利者有可能不仅不能获利甚至连本金也会遭受损失。为了避免这种损失,套利者在将低利率国货币兑换成高利率国货币进行投资的同时,在远期外汇市场上将高利率国货币卖掉换回低利率国货币。这样远期外汇市场上高利率国货币供应不断增加,低利率国货币需求不断增加,促使高利率国货币远期汇率下降,低利率国货币远期汇率上升,直到两国货币汇率的差异与两国利率的差异相同,套利活动无利可图,套利活动就会中止,金融市场达到均衡,利率平价便成立。从上述思路中,利率平价论得出的结论是:两国货币的远期汇率由两国利率差异决定,高利率国货币远期汇率必将贴水,低利率国货币远期汇率必将升水。远期汇率的升贴水率近似地等于两国间的利率差。公式表示为

$$\frac{f-e}{e} \approx i - i^*$$ (2.3)

式(2.3)中 f 表示远期汇率;e 表示即期汇率;i 和 i^* 分别表示本国利率和外国利率。

利率平价论的主要贡献在于:第一,它从资本流动的角度指出了汇率与利率之间的关系,有助于理解外汇市场上汇率的形成机制。由于现实的外汇市场上资金流动非常迅速而频繁,使利率平价(主要是套补利率平价)的前提条件能够始终较好地成立,具有坚实的分析基础。第二,它具有特别的实践价值。在实证检验中,除了外汇市场激烈动荡的时期,从宏观上说,利率平价论分析的利率与汇率的关系,为中央银行进行外汇市场调节提供了有效的途径。

利率平价论的局限性在于:第一,理论界一般认为,利率平价不是一个独立的汇率决定理论,它只描述了汇率与利率之间相互作用的关系。而利率、汇率会同时受到一些基本的实际因素的作用而发生变化,利率平价只是在这一变化过程中表现出来的利率与汇率之间的联系。第二,它以资本完全自由流动为前提,因此,其在许多资本不完全自由流动的发展中国家的运用就受到了限制。而且它在论述汇率与利率关系中没有考虑外汇交易成本,实际上外汇交易成本会影响套利者的收入,进而影响到汇率与利率的数量关系(黄燕君、张亚珍,2005)。

2. 国际费雪效应

由美国经济学家欧文·费雪(1930)第一个揭示了通货膨胀预期与利率之间的关系。这就是著名的费雪效应(International Fisher Effect)。他指出,当通货膨胀预期增加时,利率也随之上升,即

$$R_r = R_n - \pi^e$$ (2.4)
$$R_n = R_r + \pi^e$$ (2.5)

式(2.4)、式(2.5)中,R_r 是实际汇率,R_n 是名义汇率,π^e 为预期通货膨胀率。在一定的经济体制下,实际利率不变,而当通货膨胀率发生变化时,名义利率也会发生变化,理论上认为名义利率上升或下降的幅度与通货膨胀率上升或下降的幅度相等。费雪效应把各国之间的利差表达为各国预期通货膨胀率之差。国际费雪效应是把费雪效应与汇率变化联系起来。由相对购买力平价学说,已经知道汇率的变化受两国通货膨胀因素的差异影响,而国际费雪效

应认为,高利率国家的货币将贬值,因为高利率反映着高的通货膨胀预期。这样,寄希望获得国外高利率回报的投资者未必会获得比本国投资更大的收益。

根据国际费雪效应,在外国货币市场投资获得的预期收益 $E(R_f)$ 应与在本国的相同,即

$$R_f = (1+I_f)(1+E_f) - 1 \qquad (2.6)$$

式(2.6)中,R_f 是在外国货币市场投资的收益率,I_f 是外国的利率,E_f 是外汇汇率。

又, $\qquad R_h = I_h$(本国收益率=本国利率)

令 $R_f = R_h$,则

$$(1+I_f)(1+E_f) - 1 = I_h \qquad (2.7)$$

解得 $\qquad E_f = \dfrac{1+I_h}{1+I_f} - 1 \qquad (2.8)$

由此可进一步得知,国际费雪效应的具体优势和局限性类似于购买力平价条件。

2.1.5　国际收支理论

国际收支作为一个重要的宏观经济变量,与其他宏观经济变量相互影响,相互制约。国际收支说正是从分析影响国际收支、进而影响汇率变动的因素入手,分析汇率决定的一种理论。这一理论建立在宏观经济学的基础之上,而它的理论渊源则可追溯到金本位制时期的国际借贷说(Theory of International Indebtedness)。

1. 国际借贷说

国际借贷说是英国学者戈森于 1861 年在《外汇理论》一书中首先提出的,是第一次世界大战前解释汇率的主要学说。该学说的基本思想是:汇率主要是根据外汇的供求状况发生变动,而外汇的供求状况则决定于国际借贷状况。因此,国际借贷是影响汇率变动的最主要因素。戈森认为,国际借贷具体可分为固定借贷与流动借贷两类。其中,前者是指尚未进入支付阶段的借贷;后者是指已经进入支付阶段的借贷。只有流动借贷才会对外汇的供求产生影响,从而对汇率的决定发生影响。具体来说,这种影响有三种情况:第一,假如一国的流动债权多于流动债务,那么外汇的供给量就会大于外汇的需求量,于是汇率将趋于下降。第二,假如一国的流动债务多于流动债权,那么外汇的需求量就会大于外汇的供给量,于是汇率将会上升。第三,假如一国的流动借贷相等,那么外汇的供求也相等,因而汇率则不发生变动。

国际借贷说之所以能够成为第一次世界大战以前外汇学说的主流,主要有两个原因:第一,在第一次世界大战以前,古典学派的经济理论风靡全球,因此,利用价格理论的供求法则来解释汇率决定的学说比较容易为人们所接受。第二,在第一次世界大战以前的数十年间,西方各国普遍实行金本位制,在这种货币制度下,汇率只是在黄金输出入点之间变动,这与国际借贷说的理论相一致。事实上,戈森的国际借贷说是以国际金本位制度为前提提出的理论,在金本位制度崩溃以后,这一学说就很难说清楚汇率变动的原因了,因为在纸币流通的条件下,通货数量的增减对汇率变动的影响显著,而这种现象是国际借贷说所无法解释的。因此,瑞典经济学家卡塞尔批评国际借贷说是纸币流通条件下无能为力的学说,不过在国际借贷理论基础上发展起来的国际收支说,较好地弥补了这一理论的缺陷,使其更具实际意义,被称为是国际借贷说的现代形式(李富有,2005)。

2. 国际收支说

假定外汇市场的汇率是一个完全没有干预的可自由浮动的市场价格。于是可通过汇率的自由浮动,实现外汇资金的供求平衡,从而实现国际收支的平衡。

$$CA + KA = 0 \tag{2.9}$$

式(2.9)中,KA 代表资本账户,CA 代表经常账户,在此将经常账户等同于贸易账户。贸易账户中的进口是由本国国民收入(Y)和实际汇率($R_0 = P^*/P$)决定的,出口是由外国国民收入(Y^*)和实际汇率决定的。于是,影响经常账户的主要因素为

$$CA = f(Y, Y^*, P, P^*, R_0) \tag{2.10}$$

假定资本账户的收支取决于本国利率(i)与外国利率(i^*),对未来汇率的预期为$(f_0 - R_0)/R_0$,将这些因素与式(2.10)结合,于是影响国际收支的主要因素为

$$BP = f(Y, Y^*, P, P^*, i, i^*, f_0) \tag{2.11}$$

再假定除汇率外的其他变量均是给定的外生变量,则汇率将在上述因素的共同作用下变动至某一水平,从而使国际收支达到均衡状态

$$R_0 = g(Y, Y^*, P, P^*, f_0) \tag{2.12}$$

式(2.12)说明:

第一,本国国民收入增加,将通过进口增加,导致外汇需求增加,外汇汇率上浮(本币贬值);外国国民收入增加,将通过本国出口增加,导致外汇供给增加,外汇汇率下浮(本币升值)。

第二,国内价格水平上升,将导致实际外汇汇率下浮(本币升值),由此抑制出口,使本国经常账户恶化,这又导致了外汇汇率上浮(本币贬值),使实际汇率恢复均衡。而外国价格水平上升,将导致实际外汇汇率上浮(本币贬值),由此,刺激出口,使本国经常账户得以改善,这又导致外汇汇率下浮(本币升值),使实际汇率恢复均衡。

第三,本国利率上升,将通过资本流入的增加,导致本国资本账户的改善,使外汇汇率下浮(本币升值)。外国利率上升,将通过资本输出的增加,导致本国资本账户恶化,使外汇汇率上浮(本币贬值)。

国际收支说开拓了研究汇率决定问题的新视角,即从宏观经济角度分析汇率问题,且较全面地分析了汇率的决定因素。然而,这一理论却没有考虑决定汇率的各变量之间的相互影响对汇率决定产生的复杂性和不确定性。例如,当本国国民收入增加时,会导致进口增加,但同时又会因货币需求的增加,而导致利率水平上升,因而决定汇率的因素就不是单一因素,而是在各变量的相互作用下产生的多重效应,这种多重效应使汇率的决定变得更加复杂和不确定。而国际收支理论却没有对此进行深入的分析,得出具有明确因果关系的结论(李富有,2005)。

2.1.6　资产组合平衡理论

汇率资产组合分析法(Portfolio Approach)是在 20 世纪 70 年代前后形成的,最早的提出者是麦金、奥茨等,1975 年,美国普林斯顿大学教授布朗森(Branson)在托宾的货币模型的基础上,建立了资产组合分析模型。资产组合平衡理论在本币资产与外币资产不能完全替代,存在风险及其他因素使非套补的利率平价不成立,本币资产与外币资产的供求平衡需要从两个相对独立的市场分别考察的前提条件下,分析资产组合的变动对汇率决定与调整的作用。其基本观点是将外汇看作资产,汇率是资产的价格,理性的投资者会将其拥有的财富按照风险与收益的比较,配置于可供选择的各种资产上。由于各种资产收益率高低和风险大小不同,当资产收益率和风险发生变动时,持有者会不断将资产向收益大而风险小的资产转移,造成流动资产转换和投资多元化,原有的资产市场存量资产组合发生变化而失衡,在调整现有的资产组合时,发生本币与外币的替换,引起外汇供求流量的变化,带动汇率波动,直到形成资产新组合平衡进而形成汇率平衡。因此,均衡汇率是资产持有者理性持有各种本外币资产组合下的汇率;在中、短期内,内资产转换引起的资本流动对汇率的影响,超过经常项目收支流量变动对汇率的影响。可见,汇率变动是由资产选择变化引起的,而资产不同的收益率和风险度是产生资产重新组合的根本动力,一切影响预期收益率的因素均会通过改变资产组合来决定汇率水平。

　　资产组合平衡理论认为,在国际资本完全自由流动前提下,包括个人、企业和金融机构在内的本国私人部门持有的金融资产不仅包括本国货币、本国证券等本国资产,还包括外国货币、外国证券等外国资产。假设金融市场中只有三种不能完全替代的资产,本国货币 M,它不产生利息;本国债券 B,它带来国内利率 i,外国债券 F,带来利率 i^*,则投资者的总财富为

$$W = M + B + eF \tag{2.13}$$

式中,e 为汇率(直接标价值)。

　　由于每一种资产的需求是该种资产自身的利率、其他资产的利率和总财富存量 W 的函数,考虑到资产和财富的真实存量,则这种资产供给与需求相等时的均衡条件为

$$\frac{M}{P} = m(i, i^*)\frac{W}{P} \tag{2.14}$$

$$\frac{B}{P} = b(i, i^*)\frac{W}{P} \tag{2.15}$$

$$\frac{F}{P} = f(i, i^*)\frac{W}{P} \tag{2.16}$$

　　从货币市场公式(2.14)可知,货币供给是政府控制的外生变量,货币需求则是本国利率、外国利率的减函数和资产总量的增函数。这就是说,本国货币的需求随着 i 和 i^* 的提高而减少,随资产总量的增加而增加。

　　从本国债券市场公式(2.15)可知,本国债券供给量是由政府控制的外生变量,本国债券需求是本国利率和资产总量的增函数,外国利率的减函数。

　　从外国债券市场公式(2.16)可知,外国债券的供给是通过经常账户的盈余获得的,在此,假定短期内经常账户不发生变动,因此,它是一个外生的固定值。外国债券的需求是本国利率的减函数,是外国利率和资产总量的增函数。

　　在以上各个市场上,该种资产的供给与需求的不平衡都会带来相应变量,主要是本国利率与汇率的调整。由于各个市场是相互关联的,因此,只有当三个市场都处于平衡状态时,该国的资产市场才处于平衡状态。这样,在短期内各种资产的供给量既定的情况下,这一资产市场的平衡会确定本国利率与汇率的水平。在长期内,对于既定的货币供给与本国债券供给,经常账户的失衡会带来本国持有的外国债券总量的变动,这一变动又会引起资产市场的调整,因此,在长期内,还要求经常账户处于平衡状态。这样,本国的资产总量不发

生变化,由此确定的本国利率与汇率水平保持稳定,当某种资产供给存量或预期收益率发生变化时,投资者便对原有的资产组合进行调整,各种本外币资产更替的过程中必然引起本外币供求关系变化,间接引发汇率变化:

(1)当外国利率上升,外国资产预期收益率提高或本国利率下降,本国资产预期收益率下降时,投资者趋利导致国内资产超供使本币需求减少,本币汇率下降,外币汇率上升;反之,则外币汇率下降和本币汇率上升。

(2)当一国国际收支经常项目出现盈余,私人部门持有的净外国资产增加额超出投资者既定配置比例时,投资者出售过多的外国资产,增持本国资产引起外汇供过于求而汇率下降,本币供不应求而汇率上涨;反之,当一国经常项目出现逆差时,外汇汇率上升而本币汇率下降。

(3)当本国增加证券发行量,外国减少证券发行量时,将增加对本币的需求和减少对外币的需求,导致外汇汇率下降和本币汇率上升;相反,如果外国增加证券发行量,本国减少证券发行量,则引起外币汇率上升和本币贬值。

(4)当本国中央银行购入债券释放基础货币,货币供应量增加时,本币供过于求使本国利率下降,刺激投资者对外国资产的需求,导致外汇汇率上升;反之,当本国中央银行紧缩货币供应量时,引起本币升值和外币汇率下降。

(5)当投资者预期汇率将上下波动时,会顺势增加或减少外国资产数量,在资产重新组合中,本外币资产的相互替代将引起外汇与本币供求量增减和汇率变化。资产组合平衡理论继承和综合了各种汇率理论的成果,将汇率变化与金融资产的配置结合,将资本流动、货币存量变化等各种变量纳入汇率分析模型,把汇率变动看作由各种因素影响下资产配置的调整过程,克服了传统汇率理论和货币主义汇率理论的片面性,提高了理论的完整性与严密性。并且,其强调本币资产与外币资产的不完全替代性也更符合实际,使之为许多国家的货币政策与汇率政策决策提供了理论依据。但资产组合平衡理论强调资产组合变化对汇率调整的作用,而未对经常项目商品与劳务收支流量影响汇率的作用进行深入的专门分析(王雅松,2009)。

2.2 汇率与经济增长相互作用理论

2.2.1 经济增长影响汇率的理论综述

1.巴拉萨-萨缪尔森效应假说

巴拉萨-萨缪尔森效应假说是当代国际经济学和国际贸易学中一个重要

的基础性命题,它是研究一国经济处于高速增长时期,实际汇率长期变动趋势的重要理论假说。Balassa & Samuelson 各自在 1964 年发表的论文认为,可贸易品生产部门和不可贸易品生产部门之间具有不同的生产率水平,由于经济增长速度较快的国家在可贸易品部门中具有相对高的生产率,可贸易商品部门的较高劳动生产率往往会引起可贸易商品部门的实际工资上涨,根据一价定理和购买力平价原理,由于在一国内的劳动力在两部门之间是自由流动的,所以使得不可贸易商品部门的实际工资也上涨,这样就提高了非贸易品部门的相对价格,因此,经济增长快速的国家实际汇率具有升值趋势。

　　巴拉萨-萨缪尔森效应理论主要是从供给面来说明实际汇率的变动,阐述了国内外相对生产率走势影响实际汇率变动的传导机制。巴拉萨-萨缪尔森效应提出以后,很快成为了国外经济学者研究经济增长与实际汇率之间关系的重要分析框架。其原因在于各国之间的不可贸易商品部门生产率水平相差不大,而且受经济增长的影响较小;然而可贸易商品部门生产率水平相差较大,且与经济增长关系很密切,因此各国之间的可贸易商品部门与不可贸易商品部门之间的相对生产率差异主要体现在各国间可贸易商品部门生产率的差异上。同时,一个国家的经济增长对其可贸易商品部门的生产率有较强的促进作用。可贸易商品部门生产率提高可以通过两个效应来影响不可贸易商品部门的价格:一是工资效应,其机制为可贸易商品部门生产率提高→可贸易商品部门工资提高→不可贸易商品部门工资随之提高→不可贸易商品价格上涨;二是财富效应,其机制为可贸易商品部门生产率提高→总收入增加→消费者对不可贸易商品的需求增加→不可贸易商品价格上涨(王泽填、姚洋,2009)。所以说,经济快速增长的国家,其可贸易商品的相对价格也较高,而且经济增长会带来一个国家货币的升值。综上所述,巴拉萨-萨缪尔森效应可以更通俗地表达为:经历高速经济增长的国家,其可贸易品部门的生产率提高较快,这将导致其实际汇率升值(马丹、许少强,2005)。

　　2. Houthakker-Magee-Krugman 法则

　　巴拉萨-萨缪尔森效应强调经济增长从供给角度对可贸易商品与不可贸易商品的相对价格的影响,并最终对实际汇率的变动产生影响。Houthakker & Magee(1969)则从需求角度分析经济增长对汇率变动的影响。理论上,一个国家的经济发展较快,意味着该国的进口商品和国内的商品生产也快速增长,需要通过汇率贬值来扩大出口,维持国际收支平衡。相反,如果一个国家的经济增长缓慢,该国的进口会明显下降,需要通过汇率升值来抑制出口,维持国际收支平衡。他们指出,事实上,只要一个国家具有合理的进口需求收入弹性和出口需求收入弹性结构,经济高速增长的国家汇率仍然可以升值,而不需要长期贬值来维持国际收支平衡;经济增长缓慢的国家汇率仍然可以贬值,而不需要长期升值来维持国际收支平衡。例如,1950—1960 年间,由于日本相对于美国和英国面临一个高出口需求收入弹性和低进口需求收入弹性,日本经济增长的速度虽然高于美国和英国,却没有面临贸易收支恶化的问题(何国华、陈骏,2007)。

Krugman(1989)发展了 Houthakker & Magee 关于相对增长率和相对弹性之间联系的理论,并得出结论:如果东道国与其他国家的相对增长率和与他们的出口需求收入弹性与进口需求弹性的比相等,实际汇率将会保持长期稳定。Krugman 把这种关系称为 45 度法则。他认为,经济增长率和进出口需求收入弹性之间存在的这种系统的净效应表现为实际汇率持续变化的趋势比人们预期的要小得多。现代工业国利润增长的原因是不同于传统比较优势的生产专业性,相对经济快速增长是通过扩大产品的范围来扩张世界市场份额的,而不是通过减少产品的相对价格。如果经济快速增长国家面临较高的出口需求收入弹性和较低的进口需求收入弹性,那么该国政府就不必限制经济增长来保持相对稳定的汇率水平。

学者们对 45 度法则的实证研究发现,一个国家所面临的出口需求收入弹性和进口需求收入弹性之间的差异正在逐渐减小。Helkie & Hooper(1988),Chinn(2004)等研究了 20 世纪 90 年代美国新经济时期,加拿大元贬值与美、加的经济增长关系,他们发现出口需求收入弹性与进口需求收入弹性正在趋同。经济增长率不同国家的汇率差异,并不能完全依照 45 度法则来维持(何国华、陈骏,2007)。李未无(2005)认为中国不符合"H-M-K 假说",一方面原因在于人民币名义汇率并非真正的市场汇率,可能存在一定的扭曲,而"H-M-K 假说"是对汇率较为自由浮动的发达国家的总结;另一方面原因在于不同于发达国家的进出口产品结构,中国的出口产品中较大一部分是初级或技术含量较低的产品,而进口产品较多是生产必需的资源型或高科技产品,为了在国际市场保持出口产品的竞争力以维持经济高速增长,人民币实际汇率不得不贬值。

2.2.2 汇率影响经济增长的理论综述

1. 马克思的观点

马克思指出,"金银贸易本身,即把金或银从一国运到另一国,只是商品贸易的结果,而这种结果是由表示国际支付状态和不同市场利息率状态的汇兑率决定的"。马克思还指出,"作为世界货币,一国的货币就失去它的地方性,一国的货币可以用另一国的货币来表现。因此,所有的货币都可以归结为它们的金或银的含量"。恩格斯也指出,"汇兑率是货币金属的国际运动晴雨表,如果英国对德国的支付多于德国对英国的支付,用英镑表示的马克价格就会在伦敦上涨。如果英国多于德国的这个支付义务,不能由德国在英国的超额购买来恢复平衡,向德国开出的马克汇票的英镑价格,就必然上涨到这样一点,那时不是由英国向德国开出汇票来支付,而是输出金属来支付合算"。从以上内容可以看出:①汇兑率是一国货币用另一国货币来表现的比率,或者是各国货币的贵金属含量之比率;②明确指出汇兑率对商品贸易具有决定作用,鉴于商品贸易对商品生产又具有重要影响,大量的商品出口将促使大量的商品生产,从而最终促进经济增长。因此可以认为马克思指出了汇率对经济增长具有重要影响。

马克思关于汇兑率及相关问题的研究隐含了现代经济中汇率影响经济增长的理论萌芽。在贵金属本位制的历史条件下,由于汇率变动受到黄金输入点和输出点的限制,因此变动幅度一般都较小,而且贸易差额可通过价格-现金流动机制得到自动调节,所以马克思没有深入就汇率影响对外贸易和经济增长展开详细分析。另外,鉴于在当时的贵金属本位制下,国际经济往来主要是国际贸易,资本的国际流动不占重要地位,外商投资也不多见,所以汇率影响经济增长主要通过国际贸易途径实现(汪彩玲,2009)。

2. 蒙代尔-弗莱明模型

李未无(2005)通过对蒙代尔-弗莱明模型进行修正,推出了一般的汇率影响产出的比较静态数理模型,从而在理论上得出了汇率变动既有促进经济增长也有阻碍经济增长的可能性。其模型如下:

首先给出一组商品市场、货币市场和外汇市场均处于均衡状态的方程:

商品市场:　　　　　$Y = X(Y,r) + D(Y,r,i)$　　　　　(2.17)

货币市场:　　　　　$M(Y,r) - L(Y,i) = 0$　　　　　(2.18)

外汇市场:　　　　　$X(Y,r) - rN(Y,r) + K(Y,r,i) = 0$　　　　　(2.19)

式(2.17)中,Y 表示国内总产出,X 为国外对本国出口需求,D 为国内对本国产出需求,r 为汇率(直接标价法),i 为利率。$\frac{\partial X}{\partial Y} > 0$,$\frac{\partial X}{\partial r} > 0$,表示出口需求与国内产出成正比、与汇率成反比;$\frac{\partial D}{\partial Y} > 0$,$\frac{\partial D}{\partial r} > 0$,$\frac{\partial D}{\partial i} < 0$,表示出口需求与产出成正比、与汇率成反比,与本国利率成反比。

式(2.18)中,M 一般被假定为外生的货币供给,这里假定为内生变量。

$\frac{\partial M}{\partial Y}>0, \frac{\partial M}{\partial r}>0$,表示货币供给与国内产出成正比,与汇率升值成反比。L 为

货币需求,$\frac{\partial L}{\partial Y}>0, \frac{\partial L}{\partial i}<0$,表示货币需求与国民收入成正比,与利率成反比。

式(2.19)中,N 为进口,$\frac{\partial N}{\partial Y}>0, \frac{\partial N}{\partial r}<0$,表示进口与国内产出成正比,与

汇率成正比。K 为资本项目差额,$\frac{\partial K}{\partial Y}>0, \frac{\partial K}{\partial i}>0$,表示资本项目差额与国内

产出和利率成正比。$\frac{\partial K}{\partial r}>0$ 的符号无法确定,因为汇率贬值一方面可以吸引

更多的外商直接投资,另一方面也可能导致抛售本币资产和大量外资流出。

由于世界上其实没有完全的浮动汇率制度,即使像美国、日本这些发达国家的政府也会对汇率施加世界或者间接的影响,将汇率假定为外生变量仍然具有一定的合理性。对上面方程组中的三个方程分别求出关于汇率的微分,得到

$$\frac{\partial Y}{\partial r}(1-X_Y-D_Y)-D_i \frac{\partial i}{\partial r}=X_r+D_r \tag{2.20}$$

$$\frac{\partial Y}{\partial r}(X_r-rN_Y+K_Y)+K_i \frac{\partial i}{\partial r}=N+RN_r-X_r-K_r \tag{2.21}$$

$$\frac{\partial Y}{\partial r}(L_Y-M_Y)+L_i \frac{\partial i}{\partial r}-\frac{\partial M}{\partial r}=0 \tag{2.22}$$

求解方程组可得

$$\frac{\partial Y}{\partial r}=\frac{-K_iX_r-K_iD_r-\eta D_i}{J} \tag{2.23}$$

式中,$J=K_i-K_iX_Y-K_iD_Y-rD_iN_Y+D_iK_Y$,$\eta=N(1-\eta_N-\frac{X}{rN}\eta_x)-$

K_r,当汇率贬值即$\partial r>0$ 时,如果$\partial Y>0$ 说明汇率贬值有利于经济增长。假定$J>0$,讨论$-K_iX_r-K_iD_r-\eta D_i$ 的符号,并探讨其经济含义。由于 K_i,X_r,D_r 大于 $0,D_i$ 小于 0,故仅讨论 K_r 和 η 的符号:

(1)当 $K_r=0$ 且 $\eta<0$ 时,$K_r=0$ 意味着资本项目差额对汇率毫无反应。$\eta<0$ 即 $\eta_N+\frac{X\eta_x}{rN}>1$,意味着贬值使得国际收支改善的临界弹性条件成立,即

汇率贬值促进经济增长的条件成立。这时也可以退出$\frac{\partial Y}{\partial r}<0$,即贬值不利于增长,而这是自相矛盾的。故这一假设不成立。

(2)当 $K_r\neq0$ 和 $\eta<0$ 时,$K_r\neq0$ 意味着资本项目差额要对汇率贬值作出

反应。$\eta<0$ 意味着 $N(1-\eta_N-\dfrac{X}{rN}\eta_x)<K_r$，这一条件的经济含义是如果考虑到资本项目对汇率的高度敏感性，国际收支平衡可以主要由资本项目来保证，并不需要经常项目的作用。这样一来，该国产出可能趋于下降，即汇率贬值不利于经济增长。例如，一个严重依赖国外资源生产出口产品的国家，如果其汇率大幅贬值，往往迫使该国不得不减少进口资源，最终导致出口萎缩，经济增长下降。与此同时，国际投资或者投机资金却可能大量流入，以获取汇率贬值带来的当前或未来收益。这样该国的国际收支总体上仍然会保持平衡（汪彩玲，2009）。

（3）当 $\eta>0$ 和 $K_iX_r+K_iD_r>\eta D_i$ 时，$\dfrac{\partial Y}{\partial r}<0$，此时表示汇率贬值不利于增长。

（4）当 $\eta>0$ 和 $K_iX_r+K_iD_r<\eta D_i$ 时，$\dfrac{\partial Y}{\partial r}>0$，此时表示汇率贬值有利于增长。

由于 $K_iX_r+K_iD_r$ 与 ηD_i 涉及较多的经济变量，只能说汇率贬值对经济增长的最终作用方向决定于汇率贬值引发的诸多直接和间接效应的合力。考虑到汇率对诸多经济变量的直接和间接影响，汇率贬值或升值对经济增长的影响方向和力度很难仅从理论推导得出确切结论。这往往取决于该国的进口汇率弹性、出口汇率弹性、FDI 对汇率变动的弹性、投机资金对汇率的弹性、进口收入弹性、出口收入弹性、资本项目对利率的敏感度、国内需求对汇率的敏感度、资本项目受经济增长的影响度等综合经济条件，最终以合力形式作用于该国经济增长并通过 GDP 增长或减少表现出来。此外还与汇率变动时机、变动方式和变动幅度有关（汪彩玲，2009）。

3. 汇率变动影响经济增长的机制分析

（1）汇率变动的价格效应与经济增长。实际汇率变动的价格效应是指实际汇率变动引起了一国国内可贸易商品和不可贸易商品相对价格的变化，从而对可贸易商品和不可贸易商品的生产和需求产生重要影响，引发一国社会资源在可贸易商品部门和不可贸易商品部门的重新配置，进而影响经济增长。实际汇率变动的价格传导效应主要是通过两条途径来实现：

一是微观价格传导途径，主要通过国际进口贸易和出口贸易渠道。进口贸易和出口贸易的价格变动使得国内需求发生转移，同时改变国内的生产成本，最终通过支出转移以及成本变化影响国内产品的价格。以实际汇率贬值为例，一国的实际汇率贬值能够引起本国国内可贸易商品价格的相对上升和不可贸易商品价格的相对下降,从而刺激本国国内的可贸易商品的生产,同时增加对国内不可贸易商品的需求,减少对外国产品的进口需求,本国的社会资源从生产率低的不可贸易商品部门流动到生产率相对较高的可贸易商品部门,从而刺激本国的经济增长。根据国际贸易的弹性理论,实际汇率贬值能改善一国贸易收支的前提是马歇尔-勒纳条件(Marshall-Lerner Condition)①成立,然而马歇尔-勒纳条件成立的同时,实际汇率贬值虽然能改善一国的贸易收支,然而贸易条件则恶化了,因此实际贬值在改善国际贸易收支的同时有可能使该国的整体福利下降(刘凤娟,2007)。

二是宏观经济传导途径,主要是通过一国外汇储备和货币供给渠道。实际汇率变动通过影响国内资产和国外资产的相对价格,进而影响外商直接投资和国际热钱的流动,从而影响一国的外汇储备。在一国央行货币冲销不完全的情况下,本国的货币供给量将随之发生变化,货币供应量的增加(减少)最终传导到国内价格中去,使得本国价格上升(下降)。

(2)汇率变动的相对财富效应与经济增长。实际汇率变动的财富效应是指由于私人所拥有财富的资产结构不同,实际汇率变动将会改变私人持有资产的财富状况,实际汇率贬值使得本国居民的财富减少,实际汇率升值使得本国居民的财富增加。反之,实际汇率贬值使得以外币衡量的国外居民财富增加,实际汇率升值使得以外币衡量的国内居民财富减少,从而影响国外居民和国内居民对本国产品的消费需求和投资需求,并最终影响该国经济增长的过程。相对财富效应主要是由 Froot & Stein(1991)提出,他们认为在其他因素相对不变的假设下,实际汇率水平变化或者波动影响到跨国投资者财富存量的相对价值,从而影响到外国投资者在本国与外国资产需求的转移,从而实现跨国投资的财富最大化或者是风险转移的目标。Froot & Stein 认为,由于全球资本市场信息不完全和不对称,导致外部融资的成本比内部融资的成本更为昂贵,所以国际直接投资是对国际间接投资的一种有效替代。在实际汇率水平发生变化时,国际直接投资可以在一定程度上实现调整汇率波动的风险贴水,并从结构上优化国际投资的财富存量。然而如果在全球资本市场得以发展和信息对称的情况下,上述功能的实现主要体现在外国资本的跨国并购(崔远森,2007)。

(3)汇率变动的利率效应与经济增长。一国汇率和利率分别是本国货币

---

① 如果不考虑国民收入的变动,则货币贬值可改善贸易平衡项的条件是该国进出口的需求弹性之和大于1。

的对外价格和对内价格,一国实际汇率的变动将会引起本国实际利率的变动,从而影响本国的经济增长。Obstfeld & Rogoff(1996)认为,本国实际汇率与实际利率之间存在密切的联系,即实际汇率的改变量等于两国的实际利率差。他们强调广义货币供给量的改变对实际利率的影响较大,并且通过实际利率的变动影响到实际汇率的变动。与此同时,一国实际利率的变动也反映了预期实际汇率的变动。在一国实际汇率贬值、国内实际利率与国外的实际利率差距增大,并且在短期内难以调整的情况下,必然会伴随着国内实际利率的下降,这就增加了国内的投资需求和国外对本国的投资需求,从而促进本国的经济增长(何国华、陈骏,2007)。Hoffmann & Macdonald(2003)利用美国、日本、德国、法国、意大利、英国、加拿大等七国的季度时间序列数据,在向量自回归模型的基础上使用方差分解等方法,结果表明,这七个国家的实际汇率变动与实际利率高度相关。在一定条件下,实际汇率的变动能通过其利率效应对各国的经济增长产生影响。

2.3　经济增长影响汇率研究的实证文献综述

2.3.1　经济增长影响汇率的国外实证文献综述

1. 巴拉萨-萨缪尔森效应假说成立

巴拉萨-萨缪尔森效应是利用两部门劳动生产率差异、劳动力国内跨部门流动和国际隔离等常规分析假设,对经济增长与实际汇率走势的关系提出推测,从而为观察经济收敛过程中实际汇率长期演变规律提供了一个理论视角。Hsieh(1982)通过研究 1954—1976 年日本和德国对主要贸易伙伴的可贸易商品和不可贸易商品两部门的相对劳动生产率变动的时间序列数据,发现在这一时期巴拉萨-萨缪尔森效应假说能够显著解释日元和马克实际有效汇率的变动趋势。Marston(1989)计算了 OECD 国家可贸易商品部门与不可贸易商品部门的劳动生产率水平,结果表明,两部门的相对生产率水平对日元与美元长期升值趋势的强有力的解释。Chinn(1997)对菲律宾、韩国、印度尼西亚和马来西亚四个国家的巴拉萨-萨缪尔森效应进行了实证检验,结果表明,这四个国家可贸易商品部门-制造业部门的劳动生产率增长 1%,带动各国的实际汇率升值 0.5%,说明从长期来看,亚洲国家的经济增长与其实际汇率之间存在巴拉萨-萨缪尔森效应。Ehsan, Choudhri & Khan(2004)以美国作为基准国家,基于 1976—1994 年期间 16 个发展中国家的国别面板数据,利用面板数据回归技术研究这 16 个发展中国家相对于美国的两部门相对劳动生产率与实际汇率之间的关系。研究结果表明,可贸易商品部门与不可贸易商品部门的相对劳动生产率差异对相对价格的影响显著,与此同时,各国的相对价格与贸易条件对各国的实际汇率影响也是显著的,说明从长期来看,巴拉萨-萨缪尔森效应假说在这 16 个发展中国家都是成立的(唐旭、钱士春,2007)。Cheung, Chinn & Fujii(2007)利用 1988—2002 年期间的中国和美国可贸易商品部门与不可贸易部门的相对劳动生产率与实际汇率的年度时间序列数据进行动态一般线性回归分析,研究结果表明,中国和美国的制造业等可贸易商品部门劳动生产率提高使得实际汇率升值,而服务业等不可贸易商品部门劳动生产率提高使得实际汇率有贬值压力,巴拉萨-萨缪尔森效应在中国和美国两个国家是成立的。

2. 巴拉萨-萨缪尔森假说不成立

部分国外文献认为巴拉萨-萨缪尔森假说并不成立,如 Froot & Rogoff(1991)运用 1950—1989 年的面板数据对 OECD 的 22 个国家进行实证检验,结果表明,经济增长差异与各国实际汇率之间的相关性都很低,巴拉萨-萨缪尔森效应并不成立。Asea & Mendoza(1994)运用 1975—1985 年 14 个 OECD 国家的数据,以动态均衡模型为基础对巴拉萨-萨缪尔森效应进行实证性的检验,实证分析结果表明,这些国家国内的可贸易商品部门-制造业部门与不可贸易商品部门-(服务业部门)之间的相对劳动生产率差距对不可贸易商品部门的相对价格变动的解释力非常强;然而,这些国家之间不可贸易商品价格的变动对各国实际汇率的解释力却很小。Égert, Drine & Lommatzsch (2003)对印度、印度尼西亚、韩国、菲利宾、新加坡和泰国 6 个亚洲 1983—1998 年期间的国别面板数据进行了分析,运用面板数据协整分析技术,发现在这 6 个亚洲国家可贸易和不可贸易两部门的相对生产率与相对价格之间并不存在长期协整关系,巴拉萨-萨缪尔森效应假说并不成立。Golley & Tyers (2006)认为,由于中国可贸易品部门的劳动生产率增长速度非常快,可贸易商品部门的劳动生产率的相对提高和资源禀赋相对增加的外部冲击,导致了人民币实际汇率是在贬值而不是升值,这与传统的巴拉萨-萨缪尔森效应假说的内容正好相反。García, Sancho & Torrejón (2007)分别利用 6 个西欧发达国家和 6 个转型欧洲国家的国别数据研究了巴拉萨-萨缪尔森效应假说,从实证检验和分析结果来看,在这些欧洲国家可贸易商品部门与不可贸易商品部门的相对劳动生产率与相对价格有着系统的联系,然而与各国的实际汇率却没有必然的联系,所以说,巴拉萨-萨缪尔森效应假说在这些欧洲国家都不明显。

3.巴拉萨-萨缪尔森效应是否成立不确定

Ito(1997)用亚洲经济体1975—1995年国别面板数据检验经济增长与实际汇率的关系,发现存在三种不同的情形,一是韩国、日本、新加坡、中国台湾地区和香港特区,巴拉萨-萨缪尔森效应假说是成立的;二是在中国存在着与巴拉萨-萨缪尔森效应假说相反的关系,即在中国经济增长的同时伴随着人民币实际汇率贬值,而不是人民币汇率升值;三是在泰国和马来西亚等国,巴拉萨-萨缪尔森效也不是不成立,在这两个国家本国经济增长的同时伴随相对稳定的实际汇率。Drine & Rault(2005)以中东欧9个国家作为研究样本,使用季度平均劳动生产率对巴拉萨-萨缪尔森效应进行检验,发现可贸易商品部门的劳动生产率增长导致了不可贸易商品部门的通货膨胀,因此这些国家实际汇率的升值,只能部分归功于巴拉萨-萨缪尔森效应假说。

2.3.2　经济增长影响汇率的国内实证文献综述

1.巴拉萨-萨缪尔森效应在中国成立

中国国内的一些学者认为人民币实际汇率变动的趋势符合巴拉萨-萨缪尔森效应假说,巴拉萨-萨缪尔森效应在中国是成立的。国内学者们研究发现人民币实际汇率的变动趋势与中国可贸易商品部门-制造业部门和不可贸易商品部门-服务业部门的两部门间的相对劳动生产率差异变化之间存在长期稳定的比例关系。当不可贸易商品部门-服务业部门的劳动生产率大幅度提高时,人民币实际汇率趋向于贬值;而可贸易品商品部门的劳动生产率大幅度提高时,人民币实际汇率趋向于升值。俞萌(2001)对中国1994年人民币汇率并轨以来的人民币实际汇率的变动趋势与中国经济增长之间的相关性进行了经验分析,实证结果表明,人民币汇率不存在高估现象,符合中国经济发展趋势,巴拉萨-萨缪尔森效应在中国是成立的。王维(2003)采用1984—2001年中国和美国的数据对人民币实际汇率与巴拉萨-萨缪尔森效应作了实证分析,结果表明,中国贸易部门与非贸易部门的相对劳动生产力对人民币实际汇率的弹性较大,美国两部门相对劳动生产力对人民币实际汇率的弹性略小。中国两部门相对劳动生产力的变动是造成人民币实际汇率波动的主要因素。卢锋、韩晓亚(2006)利用国别截面数据与时间序列数据考查巴拉萨-萨缪尔森效应主要经验证据,结果表明,巴拉萨-萨缪尔森效应理论假设对广泛的经济现象具有相当强的解释能力。王苍峰(2006)运用协整检验来分析人民币实际汇率与中国可贸易商品部门和不可贸易商品部门间劳动生产率差异之间的关系,回归结果表明在1980—2004年间,可贸易商品部门生产率提高幅度大时,人民币实际汇率趋向于升值;而不可贸易商品部门生产率提高幅度大时,人民币实际汇率趋向于贬值,巴拉萨-萨缪尔森效应是成立的。

卢锋、刘鎏(2007)对改革开放以来中国可贸易商品部门与不可贸易商品部门劳动生产率各自的增长、两部门劳动生产率的相对增长、两部门劳动生产率的国际比较增长等指标进行系统估测,结果表明,上述结构性生产率指标与人民币实际汇率之间的关系存在与巴拉萨-萨缪尔森效应假说结论相一致的经验证据,说明巴拉萨-萨缪尔森效应在中国是成立的。唐旭、钱士春(2007)认为中国和美国两部门相对劳动生产率对中美两国相对价格水平差异与人民币实际汇率的影响显著,中国贸易部门的劳动生产率相对于非贸易部门快速增长时,会带来人民币实际汇率升值,巴拉萨-萨缪尔森效应在中国成立。陈科、吕剑(2008)运用中国与美国的数据对人民币实际汇率的变动趋势进行了实证性检验,分析结果表明,在标准的和拓展的两种巴拉萨-萨缪尔森效应模型下,人民币实际汇率均存在显著的巴拉萨-萨缪尔森效应,即中国与美国的可贸易部门和不可贸易部门生产率的差异决定了两国间相对物价水平的差异。刘凤娟(2007)认为中国经济增长促进了人民币实际有效汇率的升值,而国内的高投资率和国外经济增长对人民币实际有效汇率具有消极负向的影响,并且这种负向影响作用随着时间的推进在不断减弱。

2.巴拉萨-萨缪尔森效应在中国不成立

不过国内的一些实证研究的结果对巴拉萨-萨缪尔森效应提出了质疑,原因在于中国自1978年实行改革开放以来,伴随着中国经济的持续高速增长,人民币名义汇率和实际汇率长期以来都呈现持续明显的贬值趋势,显然与传统巴拉萨-萨缪尔森效应的理论假说和结论是违背的。杨长江(2002)对巴拉萨-萨缪尔森效应理论假说与中国经济现实之间的矛盾给予如下的合理解释:他认为在当前中国城乡二元经济和劳动力无限供给的现实条件下,中国可贸易商品部门-制造业部门劳动生产率的相对提高,只能是通过可贸易商品-制造业商品价格的下降来满足中国经济的最优化条件。所以说,在中国不可贸易商品部门-服务业部门的价格不变的情况下,中国可贸易商品部门与不可贸易商品两部门的总体价格水平相对于外国同一指标不是提高反而是降低了,从而也就意味着人民币实际汇率持续贬值,因此杨长江认为进步型的汇率贬值是影响人民币实际汇率较长时期内变动态势的主要因素。李未无(2005)认为中国的经济事实与巴拉萨-萨缪尔森效应理论刚好相反,主要原因为:一是1978—2002年人民币实际汇率的贬值趋势与内部实际汇率的变化无关;二是1978—1994年人民币实际汇率的贬值主要是由人民币名义汇率贬值引起的;三是 1994—2002 年实际汇率贬值主要归于中国可贸易品部门价格上涨幅度小于美国。张晓军、吴明琴(2005)采取面板数据分析的方法,利用亚洲 10 个国家和地区的样本分析了巴拉萨-萨缪尔森假说在实证分析上是否成立。结果表明,巴拉萨-萨缪尔森假说不成立,不可贸易商品的相对价格的变动并不能引起实际汇率水平的变动是该假说不成立的原因。李艳丽(2006)在汇率的弹性价格货币模型基础上,加入非贸易品与贸易品价格差异因素进行扩展,运用最小二乘法回归方法分析了产出、货币供给、利率对 1994—2005 年的人民币对美元名义汇率的影响,分析结果表明巴拉萨-萨缪尔森效应在中国并不存在。其原因是作为政策手段的人民币汇率一直被低估,名义汇率低于贸易品购买力平价。申琳(2007)认为自 1994 年以来,中国存在巴拉萨-萨缪尔森效应,即中国与美国、OECD 之间相对劳动生产率的增长是推动人民币实际汇率升值的原因。中国政府无论是增加总支出水平还是在总支出水平不变的情况下提高不可贸易品方面的支出比例,都将促使人民币实际汇率升值。林毅夫(2007)针对巴拉萨-萨缪尔森效应提出了以下的异议:第一,是否可以用巴拉萨-萨缪尔森效的理论假说和中国与国外可贸易商品部门(制造业)与不可贸易商品部门(服务业)两部门的相对劳动生产率变动情况作为人民币名义汇率和实际汇率调整的依据需要进一步值得商榷;第二,当人民币实际汇率严重低估时,需要进一步通过人民币名义汇率大幅升值的途径来实现人民币实际汇率升值也值得商榷;第三,巴拉萨-萨缪尔森效应理论假说中所阐述的可贸易商品部门与不可贸易商品部门的相对劳动生产率变化对实际汇率的影响是否成立也需要进一步值得商榷。综上所述,林毅夫(2007)认为 20 世纪 90 年代初以前巴拉萨-萨缪尔森效应假说并不能解释人民币名义汇率和实际汇率的变动趋势,在 1994 年人民币汇率机制改革以后,中国可能适用于巴拉萨-萨缪尔森效应假说(马君潞、吕剑,2008)。

根据中国国内已有的文献分析,可以得出巴拉萨-萨缪尔森效应之所以在中国不成立的主要原因有三点:一是中国经历了从计划经济体制向市场经济体制的过渡,同时也经历了从一个封闭经济向开放经济的过渡,这种转型时期经济体制的变迁所带来的对中国两部门价格和资源配置扭曲的纠正过程,是巴拉萨-萨缪尔森假说所没有考虑到的,也是与巴拉萨—萨缪尔森效应的前提假设不相符合的。二是中国从可贸易部门劳动生产率增长到人民币实际汇率升值的传导渠道不畅。虽然在中国的高速经济增长中,出口贸易增长的贡献度很高,然而由于中国城乡二元经济和劳动力无限供给的现实条件下,一方面,可贸易商品部门工资价格没有随着其劳动生产率的提高而上涨,可贸易商品部门的工资对可贸易商品部门劳动生产率的变化基本上是刚性的;另一方面,即使可贸易商品部门的工资有所提高,由于较低的劳动力跨部门流动性、中国国内价格变动刚性和工资刚性等因素,使得可贸易商品部门的工资变化无法传递到不可贸易商品部门,无法形成巴拉萨-萨缪尔森假说所预言的总体价格水平的上涨。综上所述,在中国的城乡二元经济和劳动力无限供给的现实背景下,使得工资价格传递的链条在中国很弱,所以说,中国虽然实现较高的经济增长率,却没有由经济增长带来人民币实际汇率升值的结果(高海红、陈晓莉,2005)。

2.4　汇率影响经济增长研究的实证文献综述

2.4.1　汇率影响经济增长的国外实证文献综述

1. 汇率水平影响经济增长的国外实证文献回顾

根据国际收支理论,实际汇率影响一国经济增长的具体传导机制为:其一,实际汇率升值对经济增长产生消极作用,通过一国国际收支的支出转移效应抑制出口贸易的发展,促进本国进口贸易的发展,通过提高出口贸易商品的国内货币的价格,降低进口贸易商品的国内货币的价格,进而减少国外对本国商品的净需求,抑制了本国国内经济增长。其二,实际汇率贬值对经济增长有促进作用,通过支出转移效应促进出口贸易,抑制进口贸易,降低出口贸易商品国内货币价格,提高进口贸易商品的国内货币价格,增加国外对本国的净需求,拉动一国国内经济增长。关于汇率对经济增长的实证研究文献的结论主要有如下的三种情况:

(1)汇率贬值促进经济增长。实际汇率对一国经济增长的积极影响在大量实证研究中得到证实。国外文献认为实际汇率通过两种途径影响经济增长:一方面,实际汇率会影响国内投资和外商直接投资,从而影响到一国的资本积累过程,而资本积累是经济增长的重要源泉。另一方面,实际汇率将影响可贸易商品部门的国际竞争力,而可贸易商品部门的表现是影响一国经济增长的重要因素(Razni & Collins,1997)。Erol & Wijnberen(1997)以土耳其作为主要研究对象,在一个宏观经济分析模拟模型中,发现土耳其的实际汇率贬值对土耳其的经济增长具有扩张性的积极影响。Gala(2008)运用58个发展中国家1960—1999年的国别面板数据,得出各国的实际汇率贬值有利于经济增长的结论。

　　(2)汇率贬值阻碍经济增长。Morley(1992)以国别面板数据作为样本,将各国的经济增长率对其广义货币供给量、贸易条件、进出口贸易增长率、财政盈余等变量进行回归分析,发现一国的实际汇率贬值倾向于减低经济增长,然而这种效应至少要两年才能完全显示出来。Rgoers & Wang(1995)以1977—1990年的墨西哥为研究样本期,运用包括墨西哥经济增长率、政府的财政支出、通货膨胀率、实际汇率和名义汇率、广义货币增长率等五个变量在内的向量自回归模型,发现墨西哥经济增长的变动主要从经济增长的自身冲击得到解释,然而以墨西哥的汇率贬值冲击却导致了经济增长率的降低。Kamin & Rgoers(2000)以1981—1995年的季度数据为样本,应用包含美国利率这一外生变量和经济增长、实际汇率和通货膨胀等三个内生变量的向量结构自回归模型,发现经济增长的变动主要从其自身冲击得到解释,而且汇率贬值对经济增长的不利影响具有持久性。Beurment & Pasoagullari(2003)在向量自回归模型(VAR)的基础上,利用土耳其1987年第1季度到2001年第3季度的季度时间序列数据,运用单位根检验、协整检验、脉冲响应函数和方差分解等计量经济学分析技术对土耳其实际汇率贬值的经济增长效应进行实证检验。结果表明,土耳其的实际汇率贬值对经济增长具有紧缩效应。

　　(3)汇率贬值对经济增长的最终影响不确定。Krugman & Taylor(1978)证明,如果一国的国际收支起初存在着贸易赤字,实际汇率贬值时,贸易品相对价格上升,会降低国内实际收入水平,从而对总需求产生紧缩效应。相反,如果一国的国际收支初始存在着贸易顺差,实际汇率升值,贸易品相对价格下降,从而提高了国内实际收入水平,对本国的总需求具有扩张效应。Edwards(1986,1989)选取发展中国家面板数据作为样本,发现实际汇率贬值在短期内对经济增长有紧缩效应,而长期具有扩张效应。Cottani(1990)认为稳定的汇率政策会促进经济增长。如果实际汇率波动幅度大,将使得相对价格越不确定,风险加大,会对一国经济增长产生消极作用。Agenor(1991)将实际汇率的贬值分为预期性贬值和非预期性贬值两种情况,发现非预期性汇率贬值能够促进一国经济增长,而预期性汇率贬值却对经济增长产生消极作用。Mustafa(2000)利用发展中国家的国别面板数据分析发展中国家汇率贬值对经济增长的影响,结果表明,汇率贬值在第一年会对经济增长造成紧缩效应,而一年后将会对经济增长出现扩张效应。Mills & Pentecost(2001)在误差修正模型的基础上分析波兰、捷克、斯洛文尼亚和匈牙利等4个国家实际汇率变动对经济增长变动的影响,结果显示在不同的国家,实际汇率对经济增长的作用是很不相同的。实际汇率贬值对斯洛文尼亚和匈牙利经济增长的影响作用并不明显,无明显的积极作用或者消极作用;对波兰的经济增长具有积极的作用;然而对捷克的经济增长却是消极作用。Huang & Malhotra(2004)以 2004 年最新的实际汇率制度 R-R 分类为基础,对亚洲地区的 12 个国家发展中国家和 18 个欧洲发达国家从 1976—2001 年间的汇率制度与经济增长数据之间的关系进行实证检验。实证检验结果表明,对于欧洲发达国家,汇率制度的选择对各国经济增长的影响很小甚至没有作用。然而,对于亚洲发展中国家,汇率制度的选择对经济增长的影响是显著的,并且是非线性的。

2. 汇率失调影响经济增长的国外实证文献回顾

均衡汇率是指处于均衡状态的汇率,而实际汇率失调或者错位(Misalignment)是指现实的实际汇率对其长期均衡水平的偏离(Williamson,1985)。Williamson(1985)提出了基本均衡汇率(FEER)理论,他所定义的基本均衡汇率是指让"内部和外部同时达到均衡时的汇率水平"。Edwards(1991)提出均衡真实汇率理论(ERER),Stein(1994)提出自然真实均衡汇率理论(NRER)。Clark & MacDonald(1998)提出行为均衡汇率(BEER)理论。一国均衡合意的实际汇率水平有利于本国对外进出口贸易和金融交易的顺利进行,有利于本国经济的内外均衡和协调发展。然而在现实中,实际汇率大多数情况往往不在均衡合意的实际汇率水平上,汇率失调或者汇率错位是经常出现而且不可避免的现象(刘玉贵,2009)。

(1)汇率失调阻碍经济增长。从总体上来说,实际汇率失调或者错位程度高的国家经济增长表现比实际汇率失调程度低的国家要差。其主要原因在于实际汇率失调或者错位会给经济当事人发出错误的信号,增加了一国经济的不稳定性,从而对经济增长产生消极作用(Willet,1986)。Edwards(1989)以 12 个发展中国家为研究对象,结果发现实际汇率错位对经济增长有显著的负面影响。Cottani,Cavallo & Khan(1990)研究了 24 个发展中国家1960—1983年的实际汇率失调效应,结果表明实际汇率失调和波动对发展中国家的经济增长具有负面影响。Dollar(1992)基于 95 个发展中国家1976—1985年的国别面板数据研究发展中国家实际汇率失调和波动对经济增长的影响,结果表明发展中国家的实际汇率失调和实际汇率的波动对各国的经济增长均具有负面的消极作用。Ghura & Grennes(1993)利用了 33 个撒哈拉以南非洲发展中国家1972—1987 年的国别面板数据,主要是基于相对购买力平价分析方法和黑市汇率模型分析方法对非洲国家的实际汇率失调程度进行了具体的测量,然后研究了实际汇率失调或者错位对经济增长、进出口贸易依存度、投资率和储蓄率等经济增长指标的影响,结果表明,各国实际汇率失调对以上经济指标具有负面的消极影响,实际汇率的波动对经济增长具有负面作用。Easterly(2001)基于黑市汇率和模型方法测算了 70 个国家 1960—1999 年间的实际汇率失调程度,在此基础上研究实际汇率失调对于各国经济增长的影响,结果表明,基于两种黑市汇率和模型方法测度的实际汇率失调对各国经济增长均具有负面影响。Bleaney & Greenaway(2001)基于 14 个撒哈拉以南非洲国家发展中国家的 1980—1995 年的国别面板数据,通过构建实际汇率模型对实际汇率失调进行测算,结果表明,实际汇率高估对各国的国内投资和经济增长有着消极的作用。Hausmann,Pritchett & Rodrik(2005)运用相对购买力平价方法测算了 110 个国家在 1950—1999 年期间的实际汇率失调程度或者错位程度,并且使用 Probit 模型研究了实际汇率失调程度对这 110 个国家的经济增长的影响,结果表明,实际汇率失调不利于经济增长。Loayza,Fajnzylber & Calderon(2005)运用相对购买力平价法通过研究发现,各国的实际汇率失调或者错位对 78 个拉丁美洲国家和加勒比国家在 1960—2000 年期间的经济增长率产生很大的消极作用。Galindo,Izquierdo & Montero(2006)通过实证检验表明实际汇率高估降低了拉丁美洲国家工业部门就业率的增长,进而对本国的经济增长率产生消极作用。

(2)实际汇率失调对经济增长的最终影响不确定。Aguirre & Calderon (2005)研究了 1965—2003 年间 60 个国家的实际汇率失调程度,研究结果表明,实际汇率错位对各国的经济增长率具有非线性效应,阻碍着各国的经济增长,而且各国的实际汇率错位的程度越大,各国的经济增长下降幅度也就越大。虽然实际汇率很大程度的低估会对经济增长产生消极的作用,然而实际汇率的较小程度或者中等程度的低估将会对经济增长产生积极的作用。Rodrik(2008)通过实证研究指出一国实际汇率的低估将会促进本国经济增长,而实际汇率的高估则会对本国的经济增长产生反向的负面影响。同时作者通过对各个行业的研究发现,一国的实际汇率低估会促进本国工业活动,因为工业的相对规模大小强烈地正向依赖于本国的实际汇率的低估程度。然而,农业的 GDP 比重负向地依赖本国的实际汇率低估程度。

2.4.2　汇率影响经济增长的国内实证文献综述

1.人民币汇率水平影响中国经济增长的文献回顾

国内学者就人民币实际汇率对中国经济增长的影响也作了大量的研究,大多数学者认为人民币汇率贬值促进中国经济增长,反之,人民币汇率升值阻碍中国经济的增长。何新华(2003)采用中国季度时间序列数据,就人民币汇率升值对中国经济增长的影响进行模拟,结论是人民币升值对中国经济增长产生负面影响。李建伟和余明(2003)对亚洲金融危机期间、世界经济衰退期间、2002 年 2 月以后的 3 个时期的人民币实际汇率波动对中国经济增长的综合影响进行检验,结果表明人民币实际汇率的贬值有利于中国的经济增长,而升值对中国经济增长具有不利影响。李未无(2005)构建了人民币实际汇率变动影响中国经济增长的理论模型,发现人民币实际汇率贬值与经济增长存在的长期均衡关系和协整关系,人民币实际汇率贬值对中国经济增长起到了积极的促进作用。黄万阳(2005)利用格兰杰因果关系的检验方法对人民币实际汇率与中国经济增长的关系进行了检验发现人民币实际汇率和中国经济增长存在单向的格兰杰因果关系,人民币实际汇率贬值是中国经济增长的原因,人民币实际汇率贬值的经济增长效应是显著的,而且有不断提高的趋势。曾铮,陈开军(2006)认为人民币实际汇率上升会导致外商直接投资流入和出口贸易量的减少,对中国经济增长不利。魏巍贤(2006)使用可计算一般均衡模型,利用中国 2000 年 17 个部门的投入产出数据,对人民币汇率升值对中国宏观经济的影响进行了评价。结果表明,人民币汇率升值对中国实际国内生产总值增长的影响不是线性变化的,人民币大幅升值对中国经济增长整体不利,而小幅升值影响甚微。卢万青和陈建梁(2007)认为人民币汇率在一定范围内的小幅度升(贬)值,对中国经济增长的影响较小,然而如果人民币汇率大幅度波动,则产生较大的影响。施建淮(2007)利用向量自回归模型分析了人民币汇率升值与经济增长之间的影响关系,认为汇率升值会导致中国经济增长一定程度的下降。赵西亮(2008)基于 11 个发达国家和 9 个发展中国家 1975—2005 年的国别面板数据,对汇率变动与经济增长之间的关系进行实证检验,研究结果表明,对于发达国家,汇率升值对经济增长的作用是扩张性的,而对于发展中国家,汇率升值对经济增长具有紧缩效应。

2.人民币汇率失调影响中国经济增长的文献回顾

第一,人民币均衡汇率的测算。对于中国来说,现有研究主要集中在人民币均衡实际汇率与实际汇率失调程度或者错位程度的衡量与估算上(见表 2-2)。大部分文献是基于行为均衡汇率模型,运用协整方法估计汇率均衡方程,然后运用 HP 滤波提取变量的长期趋势,对人民币的均衡汇率进行测算;在此基础上,对汇率的错位程度进行测算。

表 2 - 2　人民币均衡汇率的决定因素

作者	汇率模型	实证分析方法	样本期	决定汇率的基本经济因素
张晓朴 (2000)	行为均衡汇率模型	协整分析	1978— 1999 年	贸易条件、劳动生产率、广义货币供应量 M2 、国外净资产和利率
刘莉亚 任若恩 (2002)	均衡实际汇率模型 (ERER)	协整分析	1985— 1999 年	贸易条件、政府支出/GDP、劳动生产率、偿债率、开放度
张斌(2003)	一般均衡下的单方程模型	协整分析	1992— 2002 年	HBS 效应、投资占 GDP 比重、外国直接投资、世界出口品价格
储幼阳 (2004)	均衡实际汇率模型	协整分析	1977— 2002 年	贸易条件、国外净资产/GDP、财政支出、开放度
林伯强 (2002)	均衡实际汇率模型	协整分析	1955— 2002 年	贸易条件、投资变量、开放度、政府支出、劳动生产率、M2 增长率
胡再勇 (2008)	均衡实际汇率模型	协整分析	1960— 2005 年	贸易条件、劳动生产率、投资率、外资流入、政府支出、M2 增长率、开放度
冉茂盛 陈健 (2005)	均衡实际汇率模型	协整分析	1994— 2004 年	劳动生产率、贸易条件、国外净资产、广义货币供应量、开放度、政府消费
马丹(2007)	行为均衡汇率模型	协整分析	1994— 2005 年	劳动生产率、贸易条件、净对外资产、广义货币供应量、开放度
吴丽华 王锋(2006)	行为均衡汇率模型	协整分析	1984— 2004 年	劳动生产率、贸易条件、开放度、资本流动管制和货币供应量
施建淮 余海丰 (2005)	行为均衡汇率模型	协整分析	1991— 2004 年	贸易条件、非贸易品与贸易品的相对价格比、净对外资产和反映贸易政策变量
刘玉贵 (2009)	均衡实际汇率模型	协整分析	1994— 2008 年	相对劳动生产率、贸易条件、政府支出、经济开放度、对外净资产和投资率等

第二,人民币汇率错位的经济增长效应。国内只有少数学者对人民币汇率错位与中国经济增长的关系进行实证检验和分析。李广众和 Voon(2004)认为人民币实际汇率水平对中国制造业不同商品对不同国家的出口贸易量将产生不同的影响,其中实际汇率错位对出口贸易产生有利影响的比例为14/64,汇率错位对出口贸易产生不利影响的比例为29/64,其余则为影响方向模糊或不显著。黄万阳(2005)认为人民币实际汇率失调或者错位的经济增长效应并不存在,人民币实际汇率失调或者错位不是中国经济增长的格兰杰原因。吕剑(2006)运用二元离散选择模型(Logit 模型)研究人民币实际汇率错位对中国出口贸易的影响,引入了出口退税额、政府支出、贸易条件等变量,结果表明,人民币实际汇率错位程度与净出口贸易是负相关的,说明人民币实际汇率失调的幅度越小,越有利于中国出口贸易的发展。吴丽华和王锋(2006)运用1984—2004 年的季度时间序列数据,利用行为均衡汇率模型和协整分析,测算人民币实际汇率失调的季度状况,结果表明,人民币实际汇率失调对中国出口贸易和进口贸易都产生显著的负面影响。马丹(2007)认为1994—2005年期间人民币实际汇率的错位程度与中国的国际竞争力之间存在负相关关系,而且人民币实际汇率错位和中国国际竞争力变化存在单向的格兰杰因果关系,人民币实际汇率错位是导致中国国际竞争力变化格兰杰原因,即人民币实际汇率高估会导致中国国际竞争力下降。刘玉贵(2009)认为人民币实际汇率失调对中国经济增长具有重要影响,且这种影响具有统计上的显著性,具体体现为人民币实际汇率低估有利于中国经济增长,而实际汇率高估则将阻碍经济增长。人民币实际汇率失调对贸易品部门的增长也具有重要的影响,体现为人民币实际汇率低估将促进可贸易品部门的增长,而实际汇率高估则将对可贸易品部门的增长产生负面效应。

2.5　对已有汇率与经济增长研究文献的评价

2.5.1　对已有研究文献的总结

第一,从理论研究和文献回顾中可以看出,实际汇率贬值对经济增长既有扩张效应又存在紧缩效应,最终影响存在着不确定性。所谓实际汇率对经济增长的扩张效应主要体现在:在短期内,实际汇率贬值能扩大本国出口贸易商品和进口贸易替代品的生产,从而刺激本国总需求;而且在中长期内,实际汇率贬值能促使本国生产能力的扩张,有利于本国产品总供给的增加,进而刺激本国的经济增长。所谓实际汇率对经济增长的紧缩效应是指实际汇率贬值所带来的对经济增长的消极影响,具体影响途经包括:外债增加、资本外流、通货膨胀和供给减少等。所以说,实际汇率贬值对一国经济增长的最终影响存在不确定性,如果实际汇率对经济增长的扩张效应大于其紧缩效应,实际汇率贬值会对一国经济具有促进作用;反之,如果实际汇率对经济增长紧缩效应大于其扩张效应,实际汇率贬值对该国经济具有阻碍作用。

第二,在汇率与经济增长研究的不断发展中,经济学家们认识到,汇率变动不仅仅是通过国际贸易的比较优势,扩大贸易量来促进经济增长,而且还能通过促进外商直接投资的增长,来为一国的经济增长提供更多的生产要素,比如资本存量的提高和技术的创新。同时,汇率变动与经济增长之间的关系也不是简单的负相关关系。

第三,巴拉萨-萨缪尔森效应从供给角度揭示了经济增长对汇率变动的影响,认为经济增长往往决定了汇率的长期变动趋势。H-M-K 假说主要是从需求的角度来探索经济增长对汇率变动的影响。巴拉萨-萨缪尔森效应利用两部门劳动生产率差异、劳动力国内跨部门流动和国际隔离等常规分析假设,对经济增长与实际汇率走势的关系提出推测,从而为观察经济收敛过程中实际汇率长期演变规律提供了一个理论视角。

第四,计量经济学方法的使用,使得汇率与经济增长之间联系的理论研究有了大量的实证检验。计量模型不断发展,计量技术不断创新,特别是向量自回归(VAR)模型、Engle-Granger 两步法、Johnansen 检验、脉冲响应函数、方差分解等,使得实证结果更具有说服力,理论得到了更好的检验。

2.5.2 已有研究文献的不足之处

第一,大部分已有研究都分别从不同角度建立单方程模型,研究了汇率与经济增长相互之间的关系,而没有考虑到它们之间的相互作用建立内生结构模型。根据巴拉萨-萨缪尔森效应假说,一国的经济增长能够引致本国实际汇率升值;而本国的实际汇率对经济增长的影响也同时具有扩张效应和紧缩效应。这样的话,采用单方程模型就会产生变量之间的内生性问题,影响方程系数的估计,进而影响回归结果的可信性。然而如果考虑到实际汇率、进出口贸易和经济增长之间的相互内在作用和联系机制,并且同时将这些变量内生化,建立向量自回归(VAR)模型则可以避免单方程模型出现的上述问题。

第二,国内关于人民币汇率与中国经济增长的局部性研究成果相当丰富,比如人民币汇率对进出口贸易的影响机制和进出口贸易对经济增长的影响,人民币汇率对外商直接投资的影响机制和外商直接投资对经济增长的影响机制，人民币汇率错位与经济增长的相关性分析等。但是，从总体上直接探讨汇率和经济增长的双向联系的研究却比较稀少，本书将在这方面努力进行一些初步探索。

第三，国内外关于实际汇率失调或者错位经济增长效应的研究在样本选择、变量选取和实证分析方法上都有着很大的不同，然而通过实证研究得出的结论在方向上却比较一致，即一国的实际汇率失调或者错位会对本国经济增长产生消极的影响，不利于本国的经济长期发展。尽管国内外学者对实际汇率失调或者错位的经济增长效应做出了很多有益的探索研究，然而还具有很大的拓展性空间。比如在样本区间的选择、均衡汇率的模型及其决定因素、实际汇率失调测度方法上还有很大的不足，因为不准确和不合理的实际汇率失调或者错位识别将会产生错误的研究结论。

第四，在已有对人民币汇率的研究中，大多数的文献只是单纯地研究人民币名义汇率水平的变化，人民币的实际汇率水平大多数是用人民币兑美元的实际汇率数据来表示，这种方法忽略了和中国有着大量的贸易往来的国家货币的汇率，人民币的实际汇率水平并没有得到合理的评价。本书将采用人民币的实际有效汇率来衡量人民币的汇率水平。实际有效汇率是以贸易权重为基础而加权计算出来的有效汇率，能够更合理地反映人民币汇率的变化。

针对已有研究文献的不足，本书利用季度时间序列数据和年度时间序列数据，在向量自回归模型的基础上，主要运用单位根检验、协整分析、格兰杰因果检验、脉冲响应函数和方差分解等计量经济学分析技术，从"汇率影响经济增长"和"经济增长影响汇率"两个角度系统分析了人民币实际汇率和中国经济增长的关系，并针对理论分析和实证研究，提出了人民币汇率改革的基本思路。

第3章 中国经济增长对人民币实际汇率的影响：基于巴拉萨-萨缪尔森效应的分析

本章主要从巴拉萨-萨缪尔森效应的角度研究中国经济增长对人民币实际汇率的影响，是按照以下的步骤进行的：首先对巴拉萨-萨缪尔森效应假说的数理模型进行扩展；其次考察了中国两部门相对劳动生产率的变动趋势和中美两部门相对劳动生产率的变动趋势；再次对巴拉萨-萨缪尔森效应在中国是否成立进行计量检验；最后是巴拉萨-萨缪尔森效应的国别验证。

3.1 巴拉萨-萨缪尔森效应假说的模型扩展

3.1.1 巴拉萨-萨缪尔森效应假说的前提条件

巴拉萨-萨缪尔森效应包含以下关键性的假定：第一，假设在一个小型开放的国家中，存在一组同质企业，这些企业只生产两类产品——可贸易商品和不可贸易商品，而且企业生产遵循利润最大化原则。第二，可贸易商品在国际贸易中不存在贸易壁垒，基本满足一价定律成立条件，而且其可贸易商品的价格由国际市场决定；不可贸易商品的价格由国内市场决定。第三，考虑到两部门不同的生产率水平，可贸易部门的生产率增长速度明显快于不可贸易部门，生产率增长速度的不同导致两大部门相对价格水平的变化。在生产率增长速度较快的国家内，不可贸易部门商品价格也会更高。第四，在完全竞争的市场结构条件下，可贸易商品部门的劳动边际产品决定可贸易商品部门的工资水平。劳动力市场的内在整合性保证了可贸易与不可贸易两部门工资水平大体相等。给定以上结构性假定，富国与穷国之间价格水平必然会出现系统性的差异，购买力平价理论作为均衡汇率理论也就存在着系统偏误。巴拉萨观察12个国家1960年有关变量数据，发现以人均收入代表的生产率水平与相对价格之间存在着明显正向联系，为巴拉萨-萨缪尔森效应假说提供了初步经验支持(Balassa，1964)。

　　根据上述理论假设,Balassa 建立起了两国、两部门模型——甲国与乙国分别同时生产可贸易商品与不可贸易商品。甲国在生产两种商品上具有绝对的生产率优势,而且从其内部来讲,其可贸易商品部门的生产率增长速度也明显快于不可贸易商品部门,则可推导出

$$\frac{\sum p_2 q_1}{\sum p_1 q_1} < r_1^2 \qquad \frac{\sum p_2 q_2}{\sum p_1 q_2} < r_1^2 \qquad (3.1)$$

　　式(3.1)中,q_1 与 q_2 分别用来表示甲国和乙国的消费权重;p_1 与 p_2 分别表示甲国与乙国的价格水平;r_1^2 为以甲国为基准的现实汇率水平。式(3.1)的左边表示以甲国和乙国为基准的购买平价水平。其含义为:生产率增长速度较快的国家拥有较高的价格水平,按照购买力平价所定义的实际汇率将会升值。由于在某些条件下生产率水平的不可得性,如果进一步用人均收入来代替生产率,则可以得到

$$\frac{PP_1^2}{r_1^2} = F(y_1^2) \qquad (3.2)$$

　　式(3.2)中,PP_1^2 表示以甲国为基准的购买力水平;$F(y_1^2)$ 表示甲国人均GDP 与乙国人均 GDP 之间的比值。式(3.2)的含义为:两国间的现对收入差距越大,购买力平价中的高价成分越大,购买力平价与现实中汇率的水平的差距也就越大。

　　巴拉萨-萨缪尔森效应假说的基本思想可以概括为:第一,当在国际间不存在贸易壁垒时,在国际运输成本得以补偿的前提条件下,可贸易商品的价格水平通过各国的实际汇率水平达到一致,即国际间的可贸易商品部门的购买力平价是成立的。第二,在产品价格等于其边际成本的假设前提条件下,一国可贸易商品部门内部工资的差异水平与这一部门的劳动生产率差异水平相一致,同时由于劳动力在一国范围内的自由流动,将会使得每个经济体各行业内部的工资相等。第三,由于国际间不可贸易商品部门的劳动生产率差异小于可贸易商品部门的劳动生产率,在工资机制的作用下,劳动生产率较高的不可贸易商品部门的价格水平会变得更为昂贵。第四,尽管可贸易商品纳入了购买力平价的计算,但却不会直接影响本国的实际汇率,因此两国货币的购买力平价水平,在用较高劳动生产率的国家的货币衡量时,将低于各国的均衡实际汇率水平。第五,两国之间可贸易商品部门的劳动生产率差异越大,国与国之间的工资和服务的价格水平的差异就会越大,相应的购买力平价与均衡实际汇率水平之间的缺口就越大(申琳,2007)。

3.1.2　巴拉萨-萨缪尔森效应的拓展

传统用购买力平价来研究实际汇率的前期研究,往往使用消费者物价指数、国内生产总值等变量,并且他们的研究往往集中在贸易部门,其理由是可贸易商品的国际比较最能够体现购买力平价的起源"一价定律"。自从巴拉萨(Balaassa, 1964)的研究后,首次将视野拓宽到贸易和非贸易部门,并且形成了著名的巴拉萨-萨缪尔森效应。该理论在解释富国工资为什么这么高,穷国工资为何如此低等方面起到了核心作用。富国因为贸易部门具有竞争力,贸易部门生产率的迅速提高同时也提高了该部门的工资,由于在一国内劳动力可以自由流动,也自然地拉动了非贸易部门的工资,而且非贸易部门的工资上升速度还快于贸易部门。巴拉萨-萨缪尔森效应强调了生产率增长在决定实际汇率中的作用,这与当时货币主义的汇率理论的流行背景相关,货币主义的汇率理论除了分析货币供给对汇率的影响外,也突出了生产率增长在汇率决定理论中的作用。巴拉萨-萨缪尔森效应认为两国的劳动生产率之差决定了两国贸易品和非贸易品相对价格之差,经历经济快速增长的国家必然伴随着实际汇率的升值,而巴拉萨-萨缪尔森效应的理论核心的组成部分——非贸易品的相对价格决定实际汇率——还没有引起实证方面的足够重视(丁剑平、刘健、于群,2003)。

巴拉萨-萨缪尔森效应理论主要是从供给面来说明实际汇率的变动,阐述了国内外相对生产率走势影响实际汇率变动的传导机制,巴拉萨-萨缪尔森效应提出以后,很快成为了国外经济学者研究经济增长与实际汇率之间关系的重要分析框架。其原因在于各国之间的不可贸易商品部门生产率水平相差不大,而且受经济增长的影响较小;然而可贸易商品部门生产率水平相差较大,且与经济增长关系很密切,因此各国之间的可贸易商品部门与不可贸易商品部门之间的相对生产率差异主要体现在各国间可贸易商品部门生产率的差异上。同时,一国的经济增长对其可贸易商品部门的生产率有较强的促进作用。综上所述,巴拉萨-萨缪尔森效应可以更通俗地表达为:经历高速经济增长的国家,其可贸易品部门的生产率提高较快,这将导致其实际汇率升值(马丹、许少强,2005)。证明过程如下:

假定一个实行美元联系汇率制的国家 j,其实际汇率为 R,k 年的平均汇率的变化为 $\mathrm{d}R_{j,t+k}$,则

$$R_{j,t+k} = (1+\mathrm{d}R_{j,t+k})^k R_{j,t} \tag{3.3}$$

假定 j 国家可以用美元来表示 j 国的货币价值,即 j 国的名义汇率为 $S_{j,t}$,$P_{j,t}$ 为该国的 t 年国内生产总值 GDP 平减指数(或者消费者价格指数

CPI)，$P_{us,t}$ 为 t 年美国的国内生产总值 GDP 平减指数。则实际汇率 R 可以表示为

$$R_{j,t} = \frac{S_{j,t} P_{j,t}}{P_{us,t}} \tag{3.4}$$

由于 j 国家的国内生产总值 GDP 平减指数 P_j，包括贸易指数 P^T 与非贸易指数 P^N，即 $P_j = P^T + P^N$，其中不可贸易商品的比例为 n，所以

$$P_j = n_j P_j^N + (1-n_j) P_j^T \tag{3.5}$$

可以用美国的基准商品价格指数来表示国际商品的价格指数：

$$P_j^* = n_j^* P_j^{*N} + (1-n_j^*) P_j^{*T} \tag{3.6}$$

假定 b 为该国与汇率基准国美国的可贸易平价，$b_j = \frac{S_j P_j^T}{P^{*T}}$，根据可贸易商品的一价定律，$b$ 值将保持相对稳定。那么实际汇率 R 为

$$R_j = \frac{S_j P_j}{P^*} = b_j \frac{(1-n_j) + n_j (P_j^N / P_j^T)}{(1-n^*) + n^* (P^{*N}/P^{*T})} \tag{3.7}$$

式（3.7）中，实际汇率 R 被分解为该国与汇率基准国的可贸易品平价 b_j；j 国的非贸易商品的相对价格为 P_j^N / P_j^T，汇率基准国的非贸易商品的相对价格为 P^{*N}/P^{*T}；该国的非贸易商品在整个价格指数中所占的比例为 n 和 n^*。然而由于巴拉萨-萨缪尔森假设中 b 不变，所以除了汇率基准国以外的其他国家，非贸易商品的相对价格 P_j^N / P_j^T 越高，实际汇率 R 也就越高。可贸易商品部门生产率提高可以通过两个效应来影响不可贸易商品部门的价格：一是工资效应，其机制为可贸易商品部门生产率提高→可贸易商品部门工资提高→不可贸易商品部门工资随之提高→不可贸易商品价格上涨；二是财富效应，其机制为可贸易商品部门生产率提高→总收入增加→消费者对不可贸易商品的需求增加→不可贸易商品价格上涨（王泽填、姚洋，2009）。所以说，经济快速增长的国家，其可贸易商品的相对价格也较高，而且经济增长会带来一个国家货币的升值（马丹、许少强，2005）。

综上所述，巴拉萨-萨缪尔森效应可以更通俗的表达为：经历高速经济增长的国家，其可贸易品部门的生产率提高较快，这将导致其实际汇率升值。巴拉萨—萨缪尔森效应为观察经济增长过程中实际汇率长期演变规律提供了一个理论视角。

3.1.3 巴拉萨-萨缪尔森效应假说的数理模型扩展

考虑一个国家经济从总体上可以分为可贸易商品部门和不可贸易商品部

门两个部门。同时假定可贸易商品部门和不可贸易商品部门的资本和劳动的
要素报酬为常数,即规模报酬不变。而且可贸易商品部门和不可贸易商品部
门的生产函数(下标 N 表示不可贸易商品部门,下标 T 表示可贸易商品部门)
分别表示为

$$Y_T = A_T F(K_T, L_T) \qquad (3.8)$$

$$Y_N = A_N G(K_N, L_N) \qquad (3.9)$$

假定可贸易商品部门和不可贸易商品部门的规模报酬不变,都是线性齐
次生产函数,而且产品市场和要素市场都是处于完全竞争市场的状态。假设
劳动力在国内可以自由流动,所以可贸易商品部门和不可贸易商品部门的实
际工资相等,以 w 表示国内两部门的实际工资水平。以 p_N 和 p_T 分别表示不
可贸易商品的价格和可贸易商品的价格,以 r 表示以本国可贸易商品衡量的
实际利率。则在可贸易商品部门和不可贸易商品部门利润最大化条件下的假
设下,两部门的劳动力所要满足的一阶必要条件为

$$p_T A_T [f(k_T) - f'(k_T) k_T] = w \qquad (3.10)$$

$$p_N A_N [g(k_N) - g'(k_N) k_N] = w \qquad (3.11)$$

假定存在本国和外国两个国家,假定没有关税和运输成本等贸易壁垒,在
自由贸易的前提下,本国和外国的可贸易商品的价格是相同的,都为 p_T。然
而本国和外国不可贸易商品价格可能不同,本国和外国不可贸易品价格分别
为 p_N 和 p_N^*,假定本国和外国的两部门的价格指数均为 Cobb-Douglas 形式,
则本国和外国的两部门价格指数可以分别表示为

$$P = (p_T)^r (p_N)^{1-r} \qquad (3.12)$$

$$P^* = (p_T)^r (p_N^*)^{1-r} \qquad (3.13)$$

实际汇率: $$e = \frac{P^*}{P} = \left(\frac{p_N^*}{p_N}\right)^{1-r} \qquad (3.14)$$

对式(3.14)两边取对数,则得到

$$\ln e = \ln(1-r) + \ln(p_N^*/p_T) - \ln(p_N/p_T) \qquad (3.15)$$

式(3.15)表示,本国的实际汇率取决于本国和外国两国不可贸易商品的
相对价格。在其他条件不变的情况下,如果本国不可贸易商品价格 p_N 上升,
实际汇率 e 下降,本币实际汇率升值;反之,如果本国不可贸易商品价格 p_N 下
降,实际汇率 e 上升,本币实际汇率贬值(王苍峰、岳咬兴,2006)。

假设可贸易商品部门和不可贸易商品部门的生产函数也为 Cobb-
Douglas 形式的生产函数,为

$$Y_T = A_T (K_T)^\alpha (L_T)^{1-\alpha} \qquad (3.16)$$

$$Y_N = A_N (K_N)^\alpha (L_N)^{1-\alpha} \tag{3.17}$$

式(3.16)和式(3.17)结合式(3.10)和式(3.11)消去实际工资 w，可得 $\dfrac{p_N}{p_T}$，同理可以得到外国的 $\dfrac{p_N^*}{p_T^*}$，代入实际汇率的式(3.15)，可以得到

$$\ln e = \ln(1-r) + \ln \frac{1-\alpha_T^*}{1-\alpha_N^*} + \ln \frac{Y_T^*}{L_T^*} - \ln \frac{Y_N^*}{L_N^*} - \ln \frac{1-\alpha_T}{1-\alpha_N} -$$

$$\ln \frac{Y_T}{L_T} + \ln \frac{Y_N}{L_N} \tag{3.18}$$

即

$$\ln e = c + \left(\ln \frac{Y_T^*}{L_T^*} - \ln \frac{Y_N^*}{L_N^*} \right) - \left(\ln \frac{Y_T}{L_T} - \ln \frac{Y_N}{L_N} \right) \tag{3.19}$$

其中

$$c = \ln(1-r) + \ln \frac{1-\alpha_T^*}{1-\alpha_N^*} - \ln \frac{1-\alpha_T}{1-\alpha_N}$$

式(3.19)就是巴拉萨-萨缪尔森效应模型的数理表达式。从分析逻辑看，巴拉萨-萨缪尔森效应在特定国家是否发生依赖生产率结构性变动的两重前提条件：一是国内可贸易商品部门劳动生产率相对于不可贸易商品部门的高速增长；二是国内两部门劳动生产率的相对增长与外国同一指标比较的相对增长，即可贸易商品部门劳动生产率的"相对增长"（卢锋、刘鎏，2007）。给定本国可贸易商品部门和不可贸易商品部门的劳动生产率，如果外国可贸易商品的平均劳动生产率高于不可贸易商品的平均劳动生产率，则实际汇率 e 上升，本国货币贬值。然而给定外国两部门的相对劳动生产率，如果本国可贸易商品的劳动生产率高于不可贸易商品的劳动生产率，则 $\ln e$ 减小，实际汇率 e 下降，本国货币升值（王苍峰、岳咬兴，2006）。

本章选取 1978—2008 年的中国年度数据，人民币实际汇率数据来自国际货币基金组织（IMF）的 IFS 中的实际有效汇率指数 $reer$（Real Effective Exchange Rate，以 2000 年为基期），人民币实际有效汇率指数上升表示人民币升值，人民币实际有效汇率指数下降表示贬值。因此，如果以人民币实际有效汇率指数 $reer$ 代替式(3.19)左边的实际汇率 e，则式(3.19)右边的正负号相反[①]。

令

$$rp_{usa} = \ln \frac{Y_T^*}{L_T^*} - \ln \frac{Y_N^*}{L_N^*} \tag{3.20}$$

$$rp_{Chi} = \ln \frac{Y_T}{L_T} - \ln \frac{Y_N}{L_N} \tag{3.21}$$

---

① 在本书中，人民币实际汇率上升表示人民币升值，人民币实际汇率下降表示人民币贬值。

rp_{usa} 和 rp_{Chi} 分别为美国与中国两部门相对相对劳动生产率的自然对
数值。

$$\ln reer = \beta_0 + \beta_1 rp_{Chi} - \beta_2 rp_{usa}^* + \varepsilon \qquad (3.22)$$

式(3.22)即为本章的计量模型公式。

3.2　中国和美国两部门劳动生产率的比较分析

根据巴拉萨-萨缪尔森效应的具体内容,本节对于中国可贸易商品部门和
不可贸易商品部门劳动生产率的长期变动趋势研究主要分成两大步骤:第一,
中国是否存在两部门劳动生产率的"国内相对增长",主要是测算中国可贸易
商品部门的劳动生产率的增长速度是否快于不可贸易商品部门的劳动生产率
的增长速度。第二,是否存在两部门劳动生产率的"国际相对增长",以美国为
例,测算中国可贸易商品部门与不可贸易商品部门的劳动生产率相对增长的
速度是否大于美国的同一指标。

3.2.1　可贸易商品部门和不可贸易商品部门的划分

巴拉萨-萨缪尔森效应假说认为,一国的国民经济部门可以划分为可贸易
商品部门和不可贸易商品部门两大类。在现实中很难将国民经济中的各个不
同部门划分为具体、细致的可贸易商品部门和不可贸易商品部门。
Officer(1976)认为,可贸易商品部门应该以制造业或者工业作为主要的研究
对象,不可贸易部门则应该以服务业作为主要研究对象。这种划分方法是最
简单,也是最通行的一种方法。De Gregorio, Giovannini & Wolf(1994)通过
设计简单的出口与总产出的比率作为衡量某个部门是否具有可贸易性的主要
指标,如果某个部门的可贸易性比率大于 10%,说明该部门是可贸易商品部
门,如果某个部门的可贸易性比率小于 10%,则说明该部门是不可贸易商品
部门。后来,绝大多数的学者认为可以用制造业来代替可贸易商品部门
(Kovacs & Simon, 1998; Ito, Isard & Ymansky, 1997; Philipp Rother, 2000),
也有一些学者用工业来代替可贸易部门(Halpern & Wyplosz, 2001;
Arratibel, Rodriguez & Thimann, 2002)。Canzoneri, Cumby & Diba(1999)认
为可以将制造业和农业等作为可贸易部门。Asea & Mendoza(1994)认为可
以将运输业也加入到可贸易商品部门之中。Drine & Rault(2005)认为可贸
易商品部门可以进一步扩展为制造业、农业、林业、牧业、渔业等(马君潞、吕
剑,2008)。

与可贸易商品部门划分的争议相比,关于不可贸易部门划分的观点分歧相对少一些。大多数的学者把服务业作为不可贸易部门(Halpern & Wyplosz, 2001;Kovács & Simon, 1998;DeBroeck, 2001)。少数学者将运输业也加入到不可贸易部门之中(Ito, Isard & Symansky, 1997)。Canzoneri, Cumby & Diba(1999)认为不可贸易部门包括批发和零售业、住宿和餐饮业、交通运输仓储和通信业、金融保险房地产和商业、社会和个体服务业、非市场服务业等。Drine & Rault(2005)认为不可贸易部门包括批发零售业、餐饮酒店、交通、金融、房地产等非市场服务部门(马君潞、吕剑,2008)。

根据中国三大产业部门的分类:第一产业可以称为初级产业,包括农、林、牧、渔业。第二产业包括采矿业、工业和建筑业,其中工业内部又包括制造业和电力等公用事业二级部门。然而由于农产品和矿物产品通常单位价值运输成本较高,加上大多数初级产品是必需品,其收入弹性较低,因而需求增长速度较低,所以在整个贸易结构中所占比重较低。另外,产品内分工是当前国际贸易中增长最快的领域,由于受到特殊技术和各种因素制约,农产品和矿产品生产过程内部的不同工序和环节,很难以通过在不同国家和地区之间的空间分布来发展产品内分工和贸易,所以也对农产品和矿产品的可贸易性程度的提升构成障碍。

第二产业中工业内部电力等公用事业部门以及建筑业可贸易性程度很低;制造业可贸易性程度最高,在国际贸易中制造业所占比重也不断提升。较高的需求收入弹性和较低的单位货物价值运输成本,是制造业国际贸易快速增长的重要原因。第二次世界大战以后,各国通过多边、区域、双边、单边等不同方式实现的贸易自由化政策,降低了制造品的贸易壁垒,进而推动了制造业商品可贸易程度的提升。而且由于制造业商品生产过程内部的不同工序、区段和环节在时间、空间上存在较大程度的可分离性和灵活性,所以比较适于发展产品内国际分工。近年来,由于技术进步和制度改革,通过发展国际产品内分工即供应链生产方式,带动了产品内国际贸易的快速增长,导致制造业的可贸易性程度空前提升。

第三产业主要包括不同种类的服务业部门。服务贸易的快速增长说明服务业产品也在一定程度上具有可贸易性。在当代以IT技术普及利用为代表的新科技条件下,离岸服务外包兴起的现象进一步说明,技术进步和竞争机制有可能快速拓展服务领域可贸易性的范围和程度。然而由于无论是传统服务贸易还是当代服务外包,一般受到更为严格的技术经济条件约束,所以整个服务业贸易依存度相对比较低(卢锋、刘鎏,2007)。

如图 3-1 所示,不同类别的经济部门依据位置排序显示出各部门可贸易性和不可贸易性程度,越靠右边的部门越具有不可贸易性(即其可贸易性越低),而越往左边的部门越显示具有可贸易性(即不可贸易性越低)。从图 3-1 可以看出,制造业部门的可贸易性最强,而采掘业部门和农业部门的可贸易性次之,建筑业部门和公用事业部门的可贸易性也较低,服务业部门的可贸易性最低,说明服务业部门的不可贸易性最强(卢锋、刘鎏,2007)。本章用制造业部门代表中国可贸易商品部门,用服务业代表中国不可贸易商品部门,进而整理和估测制造业和服务业两部门的劳动生产率和相对劳动生产率,并进行国际比较。

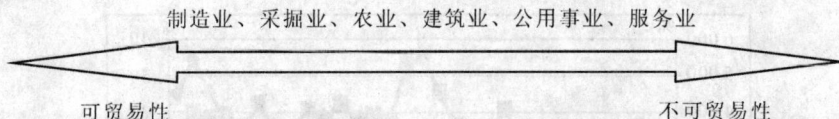

制造业、采掘业、农业、建筑业、公用事业、服务业

可贸易性   不可贸易性

图 3-1 可贸易商品部门与不可贸易商品部门的划分[①]

3.2.2 中国两部门相对劳动生产率增长的比较分析

从图 3-2 可以看出,1978—2008 年期间内中国制造业部门劳动生产率的变动总体走势呈上升趋势,而且增长率显示出先低后高的趋势性变动。1978—1990 年期间,中国制造业的劳动生产率增长保持平稳上升态势,而且在这期间制造业的劳动生产率增长略有回调;但在进入 1990 年以后,中国制造业的劳动生产率增长呈现明显的上升态势。1978—1990 年间中国制造业劳动生产率年均增长率为 7.75%;1991—2008 年间年均增长率为 18.74%。制造业的劳动生产率的累计增长率也比较突出,令 1978 年等于 100%,则 2007 年高达 5 545%,2008 年高达 4 515%,1978—1990 年间中国制造业劳动生产率的平均累计增长率为 55%,1991—2008 年间平均累计增长率高达 1 953%。

从图 3-3 可以看出,与制造业类似,1978—2008 年期间中国服务业劳动生产率的变动总体走势呈现明显的上升趋势,而且服务业的劳动生产率增长率也呈现出先低后高的趋势。其中,1978—1991 年期间,中国服务业的劳动生产率增长保持平稳上升态势,此期间服务业的劳动生产率增长略有回调;但在进入 1991 年以后,中国服务业的劳动生产率增长呈现明显的上升态势。

---

① 资料来源:卢锋,刘鎏. 我国两部门劳动生产率增长及国际比较(1978—2005):巴拉萨-萨缪尔森效应与人民币实际汇率关系的重新考察[J]. 经济学(季刊),2007(2):357—380.

1978—1991 年间中国服务业劳动生产率年均增长率为 9.34%,略高于制造业的增长率(7.75%);1991—2008 年间年均增长率为 13.45%,低于制造业的年增长率(18.74%)。从服务业的累计增长率看,令 1978 年等于 100%,则 2007年为 2 336.6%,2008 年为 2 625.9%。1978—1991 年间中国服务业的劳动生产率的平均累计增长率为 71.6%,略高于制造业的平均累计增长率(55%);1991—2008 年间平均累计增长率高达 1 076.8%,远远低于制造业的平均累计增长率(1 953%)。可以看出,1978—1990 年,中国服务业劳动生产率的年均增长率和平均累计增长率均略高于制造业。1991—2008 年,中国制造业劳动生产率的年均增长率和平均累计增长率远远高于服务业。

图 3-2　中国制造业累计增长指数(右轴)和年增长率(左轴)

图 3-3　中国服务业累计增长指数(右轴)和年增长率(左轴)

　　由于本章以制造业和服务业分别代表可贸易部门和不可贸易部门,因此
将制造业部门劳动生产率增长除以服务业部门劳动生产率,就得到两部门的
相对劳动生产率增长指数,这个指标就是巴拉萨-萨缪尔森效应假说中劳动生
产率第一重"相对"增长度量。从图 3-4 显示,1978—2008 年,中国可贸易部
门相对于不可贸易部门的劳动生产率呈现明显的上升趋势,1978 年为 1.408,
2006 年达到最高点为 3.316,2007 年为 3.288,2008 年为 2.422;从图3-5两
部门的相对劳动生产率的累计增长率上看,令 1978 年等于 100%,则 2006 年
为 235.427%,2007 年为 233.462%,2008 年为 171.956%。从两部门的相对
生产率年增长率上看,从 1978—1991 年,基本上为负值,其平均年增长率为
-1.76%;从 1992—2008 呈现良好的增长势头,其平均年增长率为6.75%。
2008 年两部门的相对生产率下降幅度较大,同比下降-26.35%,原因可能在
于全球性金融危机的影响,使得中国的可贸易部门受到一定的冲击。综上所
述,可以得出中国劳动生产率的"国内相对增长"的结论:1978—1991 年期间
中国可贸易商品部门-制造业部门的劳动生产率增长速度并不快于不可贸易
商品部门-服务业部门的劳动生产率的增长速度;然而进入 1992 年后中国可
贸易商品部门-制造业部门的劳动生产率增长速度明显快于不可贸易商品部
门-服务业部门的劳动生产率的增长速度,符合巴拉萨-萨缪尔森效应的第一
重"相对"增长度量。

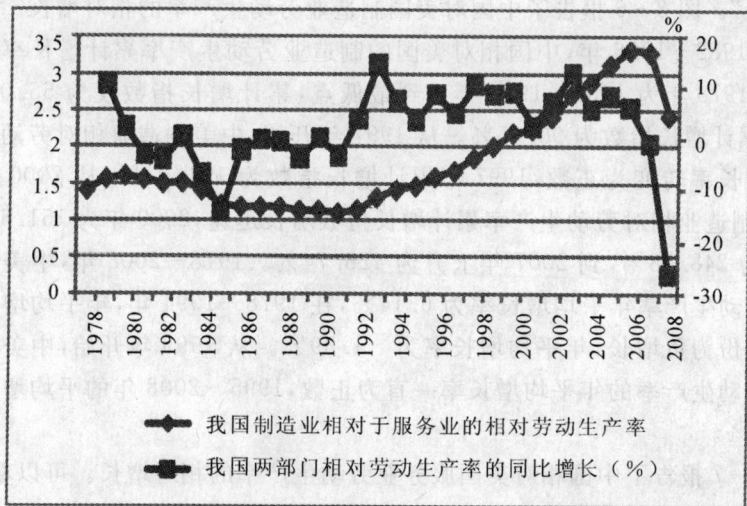

图 3-4　中国两部门相对劳动生产率(左轴)和年增长率(右轴)①

　① 中国两部门的相对劳动生产率=中国制造业的劳动生产率/中国服务业的劳动生产率。

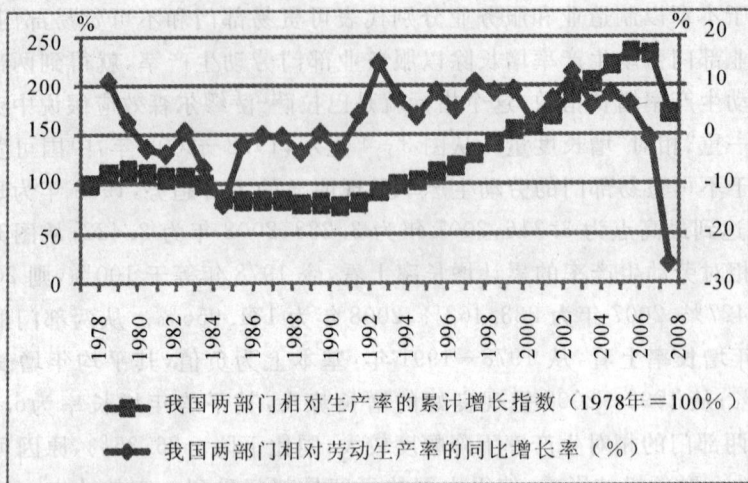

图 3-5 中国两部门相对劳动生产率的累计增长指数(左轴)和年增长率(右轴)

3.2.3 中国和美国两部门相对劳动生产率增长的比较分析

本小节需要考察中国两部门劳动生产率的"国内相对增长"与美国两部门劳动生产率的"国内相对增长"之间的相对变化,即两部门劳动生产率的"国际相对增长"。图 3-6 报告了中国对美国制造业劳动生产率的相对增长。可以看出,从 1982—1996 年,中国相对美国的制造业劳动生产率累计增长率为负增长,令 1978 年为 100%,1990 年达到最低点,累计增长指数仅为 55.05%;1996 年累计增长指数为 90.65%。从 1997 年开始,中美制造业相对劳动生产率累计增长率转变为正数,1997 年累计增长指数为 101.94%,从 2000 年开始,中美制造业相对劳动生产率累计增长指数增长迅速,2000 年为 151.65%,2004 年为 248.58%,到 2007 年上升为 428.74%。1978—2008 年,中美制造业相对劳动生产率年平均增长率为 6.14%,在 1978—1994 年,年平均增长率大多数年份为负增长,年平均增长率为 -1.39%。从 1995 年开始,中美制造业相对劳动生产率的年平均增长率一直为正数,1995—2008 年的平均增长率为 15.42%。

图 3-7 报告了中国相对美国服务业劳动生产率的相对增长。可以看出,除了 1982—1987 年和 1990—1991 年中国相对美国的服务业劳动生产率累计增长率为负增长,其余年份中国相对美国的服务业劳动生产率累计增长率均为正增长。1978—2008 年,中美服务业相对劳动生产率累计平均增长率为

47.56%,年平均增长率为 4.83%。

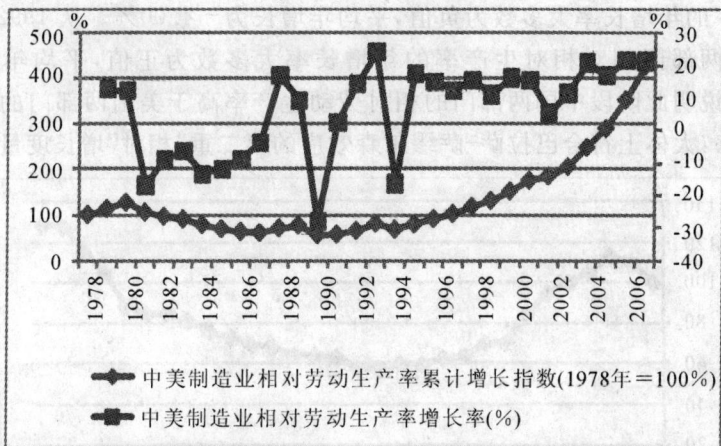

图 3-6　中美制造业相对劳动生产率累计增长指数（左轴）和年增长率（右轴）①

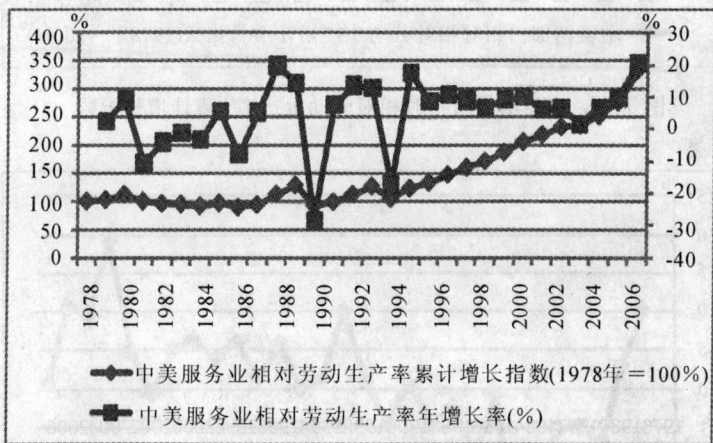

图 3-7　中美服务业相对劳动生产率指数（左轴）和年增长率（右轴）②

　　图 3-8 和图 3-9 报告了 1978 年以来中美两国的"相对相对"劳动生产率增长。1978—1982 年中美两部门"相对相对"劳动生产率累计增长率均为正值,平均累计增长率为 5.79%;1983—2003 年劳动生产率累计增长率均为负值,平均累计增长率为 -28.62%;2004—2008 年劳动生产率累计增长率均

_____

① 中美制造业相对劳动生产率＝中国制造业劳动生产率/美国制造业劳动生产率。
② 中美服务业相对劳动生产率＝中国服务业劳动生产率/美国服务业劳动生产率

为正值,平均累计增长率为 19.32%。从 1978—1991 年,中美两部门相对相对生产率的年增长率大多数为负值,平均年增长为 -4.00%。从 1992—2007年,中美两部门相对相对生产率的年增长率大多数为正值,平均年增长为5.31%,说明此阶段中国两部门的相对劳动生产率高于美国两部门的相对劳动生产率,大体上符合巴拉萨-萨缪尔森效应的第二重"相对"增长度量。

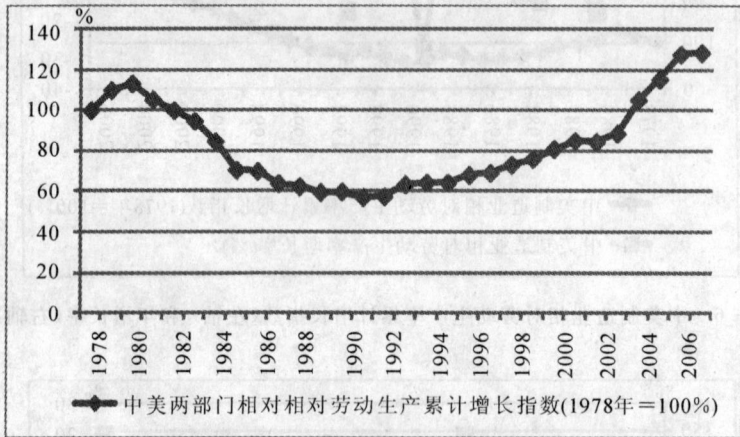

图 3-8　中美两部门相对相对劳动生产率①累计增长指数

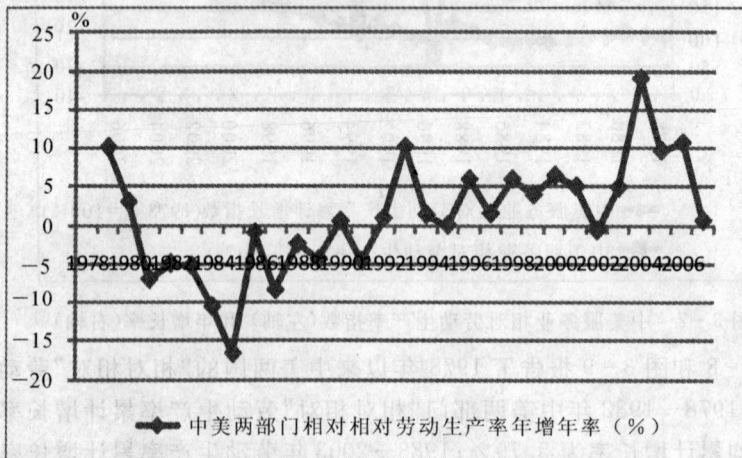

图 3-9　中美两部门相对相对劳动生产率年增长率

①　中美两部门相对相对劳动生产率＝中国两部门的相对劳动生产率/美国两部门的相对劳动生产率。

综上所述,根据测算的 1978—2008 年期间的中国两部门劳动生产率的
"国内相对增长"变动情况和中美两部门劳动生产率的"相对相对增长"情况,
结果表明,自 1992 年以来,中国可贸易品部门的劳动生产率增长的确快于不
可贸易部门;与此同时,中国两部门的相对劳动生产率也高于美国两部门的相
对劳动生产率,符合"巴拉萨-萨缪尔森效应"的假设前提。

3.3　人民币实际汇率的巴拉萨-萨缪尔森效应分析

3.3.1　计量模型和变量的构建

从 3.1 节得出巴拉萨-萨缪尔森效应的计量模型为

$$\ln reer = \beta_0 + \beta_1 rp_{Chi} - \beta_2 rp_{usa}^* + \varepsilon \tag{3.22}$$

中国两部门劳动生产率:rp_{Chi} 为中国可贸易部门相对于不可贸易部门的
相对劳动生产率的自然对数值,rp_{Chi} 的计算方法为中国可贸易部门(制造业)
的劳动生产率的自然对数值与中国不可贸易部门(服务业)劳动生产率的自然
对数值的差额;其中中国两部门的劳动生产率的计算方法分别为制造业或者
服务业的年度增加值除以其就业人数,所以,$rp_{Chi} = \ln \dfrac{Y_T}{L_T} - \ln \dfrac{Y_N}{L_N}$。

美国两部门劳动生产率:rp_{usa}^* 为美国可贸易部门相对于美国不可贸易部
门的相对相对劳动生产率的自然对数值,rp_{usa}^* 的计算方法也是美国可贸易部
门的劳动生产率的自然对数值与美国不可贸易部门的劳动生产率自然对数值
的差额,所以,$rp_{usa}^* = \ln \dfrac{Y_T^*}{L_T^*} - \ln \dfrac{Y_N^*}{L_N^*}$。

人民币实际汇率:$\ln reer$ 为人民币实际有效汇率指数(REER)的自然对
数值,该指数上升表示人民币升值;该指数下降则表示人民币贬值。

本章的数据为 1978—2008 年的年度时间序列数据,中国的数据来源于
《中国国家统计年鉴》、《中国高技术产业统计年鉴》和国际货币基金组织的
IFS 数据库;美国的数据:1978—2004 年,来自卢锋和刘鎏(2007),2004 年之
后来自 http://www.bls.gov/。

3.3.2　巴拉萨-萨缪尔森效应在中国的实证分析

1. 单位根检验

传统时间序列分析基本上都是假定时间序列变量是平稳的。然而,现实

中大多数的宏观经济序列和金融时间序列都是非平稳的变量。为了克服最小二乘法的"伪回归"现象,一般采用协整的方法来处理非平稳时间序列。在做协整检验之前,首先必须判断各变量的平稳性质,只有同阶单整并且是非平稳的变量才能够做协整分析。使用 ADF 法检验 $\ln reer, rp_{Chi}, rp_{usa}^*$ 的稳定性,检验结果如表 3-1 所示。经过 ADF 检验可知,这三个变量都是非平稳的,它们的一阶差分,即 $\Delta \ln reer, \Delta rp_{Chi}, \Delta rp_{usa}^*$ 在 5% 显著性水平下是平稳的,说明 $\ln reer, rp_{Chi}, rp_{usa}^*$ 三个变量为一阶单整序列。

表 3-1　ADF 的检验结果

变量	ADF 统计量	临界值(5%)	检验形式	结论
$\ln reer$	$-1.194\ 6$	$-2.963\ 9$	$(c, n, 3)$	不平稳
rp_{Chi}	$-1.951\ 6$	$-2.967\ 7$	$(c, n, 1)$	不平稳
rp_{usa}^*	$-1.442\ 9$	$-2.967\ 7$	$(c, n, 0)$	不平稳
$\Delta \ln reer$	$-6.117\ 9$	$-2.967\ 7$	$(c, n, 0)$	平稳
Δrp_{Chi}	$-2.687\ 3$	$-2.971\ 8$	$(n, n, 0)$	平稳
Δrp_{usa}^*	$-4.764\ 0$	$-2.971\ 8$	$(c, n, 0)$	平稳

2. VAR 模型的建立

向量自回归(Vector Auto Regressive,简称 VAR)模型是在 1980 年由西姆斯(Sims)提出来的。在向量自回归模型建立的过程中,模型滞后期的选择问题非常重要,不同的滞后期,VAR 模型的结果是截然不同的。如果向量自回归模型的滞后期太小,误差项的自相关会很严重,并导致参数的非一致性估计;然而如果 VAR 模型的滞后期过大,则会导致自由度减小,直接影响向量自回归模型参数估计量的有效性。

表 3-2　VAR 模型滞后期的选择

Lag	LogL	LR	FPE	AIC	SC	HQ
1	113.864	2.070 7 *	1.07e-07	$-8.488\ 7$	$-7.899\ 6$	$-8.332\ 4$
3	122.352	6.246 7	4.17e-08 *	$-9.696\ 0$ *	$-8.223\ 4$ *	$-9.305\ 3$ *
4	125.705	3.073 8	2.16e-07	$-7.225\ 4$	$-5.311\ 1$	$-6.717\ 5$
6	179.058	13.600	4.22e-08	-10.171 *	$-7.373\ 6$	$-7.429\ 2$

表 3-2 是人民币实际汇率($\ln reer$)、中国两部门的相对劳动生产率(rp_{Chi})与美国两部门的相对劳动生产率(rp_{usa}^*)三个变量的向量自回归模型不

同滞后期数的 AIC,SC,HQ,FPE,LR 和 logL 的计算结果。在滞后 3 期时，
AIC 与 SC 同时达到最小值，所以可以确定 3 期为最优滞后期。为检验
$\ln reer, rp_{Chi}, rp_{usa}^*$ 三个变量 VAR(3)模型的稳定性，可以计算出 VAR(3)模
型差分方程的特征根，发现向量自回归模型 VAR(3)所有特征值都小于 1，都
位于单位圆以内，所以说 VAR(3)模型是稳定的。

　　3.协整分析

　　对于具有相同单位根性质的时间序列数据，可以利用 Johansen 协整检验
来验证变量之间是否具有协整关系。依据 Johansen（1988），
Johansen&Juselius（1990），可以利用特征值的最大值统计量"$-T\ln(1-\lambda)$"，即
λtrace 来判断是否存在着长期协整关系。本章用 Johansen 协整分析法检验
中国两部门的相对劳动生产率（rp_{Chi}）、美国两部门的相对劳动生产率（rp_{usa}^*）
和人民币实际汇率（$\ln reer$）三个变量的协整关系时，确定滞后期为 2，检验结
果如表 3-3 所示。

表 3-3　Johanson 协整检验结果

特征值	迹统计量	5%的临界值	概率	原假设 H0	备择假设 H1
0.529 4	36.039 *	35.192	0.040 4	$r=0$	$r\geqslant1$
0.347 6	15.684	20.261	0.189 7	$r\leqslant1$	$r\geqslant2$
0.142 4	4.148 6	9.164 5	0.390 4	$r\leqslant2$	$r=3$
特征值	最大特征值统计量	5%的临界值	概率	原假设 H0	备择假设 H1
0.529 4	25.354 *	22.299	0.031 3	$r=0$	$r\geqslant1$
0.347 6	11.535	15.892	0.214 6	$r\leqslant1$	$r\geqslant2$
0.142 4	4.148 6	9.164 5	0.390 4	$r\leqslant2$	$r=3$

　　从表 3-3 可以看出，在 5%的显著性水平下，存在一个协整关系。这说
明人民币实际汇率、中国可贸易部门与不可贸易部门的相对劳动生产率与美
国可贸易部门与不可贸易部门的相对劳动生产率三者之间存在着长期的均衡
关系。将协整关系写成数学表达式为

$$\ln reer = 4.031\ 2 + 1.199\ 3 rp_{Chi} - 2.200\ 1 rp_{usa}^* \qquad (3.23)$$
$$(2.520) \qquad (5.013) \qquad (3.832)$$

　　从式（3.23）中可以看出，在 1978—2008 年期间，中国两部门的相对劳动

生产率对人民币实际汇率的影响弹性为 1.199 3。美国两部门的相对劳动生产率对人民币实际汇率的影响弹性为 -2.200 1。协整关系的系数符号符合巴拉萨-萨缪尔森效应理论假设,证明了巴拉萨-萨缪尔森效应在中国是显著成立的。这说明从长期看,中国两部门的相对劳动生产率提高,即中国可贸易部门的劳动生产率相对于不可贸易部门快速增长时,会带来人民币实际汇率的升值。美国两部门相对劳动生产率提高,即美国可贸易部门劳动生产率相对于不可贸易部门增长时,人民币实际汇率贬值。

4.格兰杰因果检验

协整检验只能分别表明人民币实际汇率与中国经济增长之间存在长期的均衡关系,但并不能确定两者是否具备统计意义上的因果关系。是人民币实际汇率的变化引起中国经济增长的变化,还是中国经济增长的变化引起人民币实际汇率的变化,或者是两者都是由共同的内因决定的? 需要通过格兰杰因果检验进行分析确定。格兰杰因果检验要求变量必须平稳的,在对 $\ln reer$,rp_{Chi},$\ln rp_{usa}^{*}$ 三个变量的一阶差分 $\Delta \ln reer$,Δrp_{Chi},Δrp_{usa}^{*} 进行格兰杰因果检验,根据 AIC 和 SC 最小化准则,选取滞后期为 2,检验结果如表 3-4 所示。

根据表 3-4 可以看出,存在中国两部门的相对劳动生产率、美国两部门的相对劳动生产率到人民币实际汇率的单向格兰杰因果关系,即中国两部门的相对劳动生产率、美国两部门的相对劳动生产率是人民币实际汇率变动的格兰杰原因。反之,人民币实际汇率变动不是中国和美国两部门相对劳动生产率变动的格兰杰原因。格兰杰因果检验的结果进一步验证巴拉萨—萨缪尔森效应在中国是成立的,说明了中国经济增长变动是人民币实际汇率变动的格兰杰原因。

表 3-4　格兰杰因果检验结果

原假设	F 统计量	显著性水平	结论
$\Delta \ln reer$ 不是 Δrp_{Chi} 的 Granger 原因	0.906 8	0.417 8	接受
Δrp_{Chi} 不是 $\Delta \ln reer$ 的 Granger 原因	5.442 4	0.011 6	拒绝
$\Delta \ln reer$ 不是 Δrp_{usa}^{*} 的 Granger 原因	0.080 9	0.922 5	接受
Δrp_{usa}^{*} 不是 $\Delta \ln reer$ 的 Granger 原因	5.121 3	0.014 5	拒绝
Δrp_{usa}^{*} 不是 Δrp_{Chi} 的 Granger 原因	0.118 4	0.888 8	接受
Δrp_{Chi} 不是的 Δrp_{usa}^{*} Granger 原因	0.691	0.511 3	接受

5.脉冲响应函数

脉冲响应函数反应的是在误差修正模型（ECM）扰动项的基础上加上一个单位标准差大小的新信息冲击对于内生变量的当前值和未来值所带来的冲击和影响。基于 VAR(3)模型，对中国两部门的相对劳动生产率（rp_{Chi}）、美国两部门的相对劳动生产率（rp^*_{usa}）和人民币实际汇率（$\ln reer$）三个变量进行脉冲响应函数分析，主要采用广义脉冲响应分析法，以克服 Cholesky 脉冲响应分析法中由于变量的次序不同而导致脉冲响应分析结果不同的弊端。

从图 3-10 可以看出，美国两部门的相对劳动生产率扰动项对人民币实际汇率的冲击从第 1 期到第 3.5 期为正值，之后为负值，并在第 5 期时达到最低点（-0.45），然后开始上升，但仍然维持负值。这说明从长期来看，美国两部门相对劳动生产率对人民币实际汇率的冲击作用是负向的，即随着美国两部门相对劳动生产率的上升，人民币实际汇率贬值。

从图 3-11 可以看出，中国两部门的相对劳动生产率扰动项对人民币实际汇率的冲击在第 1 期达到最低点（0.10），之后快速上升，并在第 3 期达到最高点（0.60），从第 3 期开始缓慢下降，到第 6 期开始趋于平稳，维持在 0.35 左右。这进一步说明了中国两部门相对劳动生产率对人民币实际汇率的冲击作用是正向的，即随着中国两部门相对劳动生产率的上升，人民币实际汇率升值。脉冲效应函数的分析结果也证明了巴拉萨-萨缪尔森效应在中国是成立的，随着中国经济的高速增长，人民币实际汇率呈现升值的趋势。

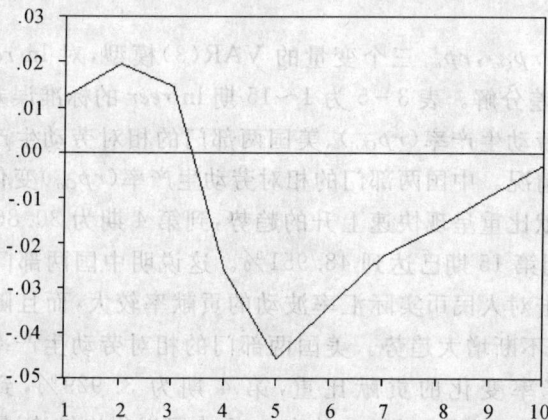

Response of LNREER to Generalized One
S.D. RPUSA Innovation

图 3-10　人民币实际汇率对美国生产率的脉冲响应

Response of LNREER to Generalized One
S.D. RPCHI Innovation

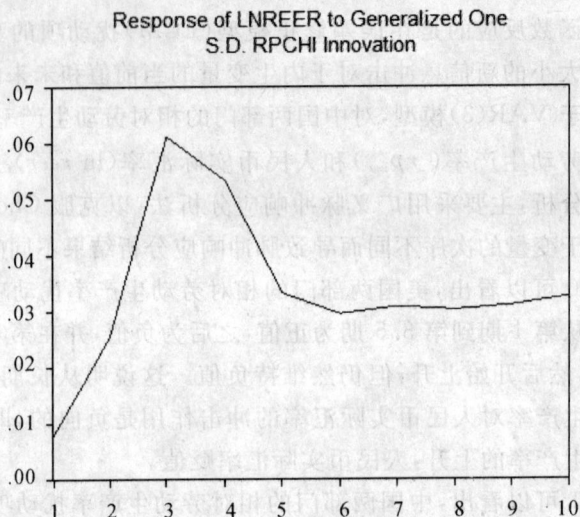

图 3-11　人民币实际汇率对中国生产率的脉冲响应

6. 方差分解

为了分析中国两部门的相对劳动生产率、美国两部门的相对劳动生产率对中国经济增长的影响程度和贡献度,本章继续引入方差分解分析方法。方差分解方法就是通过将一个变量冲击的均方误差(Mean Square Error)分解成各变量冲击所做的贡献,然后再计算系统中各个变量随机冲击的相对重要性,即各个变量冲击的贡献占总贡献的比重,从而定量把握分析变量间的相互影响关系。

基于 $\ln reer, rp_{Chi}, rp_{usa}^{*}$ 三个变量的 VAR(3)模型,对 $\ln reer$ 标准误差(S. E.)进行方差分解。表 3-5 为 1～15 期 $\ln reer$ 的标准误差被分解成中国两部门的相对劳动生产率(rp_{Chi})、美国两部门的相对劳动生产率(rp_{usa}^{*})所贡献的比重变化情况。中国两部门的相对劳动生产率(rp_{Chi})变化对人民币实际汇率变化的贡献比重呈现快速上升的趋势,到第 4 期为 30.860%,到第 10 期为 44.954%,到第 15 期已达到 48.951%。这说明中国两部门的相对劳动生产率(rp_{Chi})冲击对人民币实际汇率波动的贡献率较大,而且随着时间的推移,其贡献率呈现不断增大趋势。美国两部门的相对劳动生产率(rp_{usa}^{*})变化对人民币实际汇率变化的贡献比重,第 4 期为 3.929%,到第 10 期为 13.006%,到第 15 期为 12.919%。从表 3-5 中可以得出结论:影响人民币实际汇率波动的主要因素是中国可贸易部门与不可贸易部门的相对劳动生产

率,美国可贸易部门与不可贸易部门的相对劳动生产率对人民币实际汇率的
影响较弱。这说明中国两部门的相对劳动生产率对人民币实际汇率的影响要
远远大于美国两部门相对劳动生产率对人民币实际汇率的影响。

表 3 - 5　实际汇率的方差分解结果

时期	标准差	ln *reer*	rp_{usa}^{*}	rp_{Chi}
1	0.104 5	100.000 0	0.000 0	0.000 0
4	0.162 4	65.210	3.928 9	30.860
6	0.185 5	50.080	12.784	37.134
9	0.199 8	43.333	13.405	43.261
10	0.203 1	42.039	13.006	44.954
12	0.208 7	40.083	12.393	47.523
14	0.213 2	38.696	12.517	48.786
15	0.215 3	38.130	12.919	48.951

3.4　巴拉萨-萨缪尔森效应的国别验证

　　根据巴拉萨-萨缪尔森效应,如果本国可贸易品部门和不可贸易品部门劳
动生产率的增长速度快于外国两部门的增长速度,那么本国的实际汇率就会
相对于外国的实际汇率升值,即一国在经济增长过程中通常会伴随着实际汇
率的升值。在已有文献中,很多发达的经济体都被证明遵循了巴拉萨-萨缪尔
森效应,其中最为典型的案例是战后的日本(Canzoneri et al. ,1999;Alexius &
Nilsson, 2000;Faria & Leon Ledesma, 2003)。Halpern & Wyplosz(1997)甚至认
为不管汇率制度是固定还是浮动制,实际汇率升值现象是转型国家在追赶过
程中的典型特征,而且市场化越深入、资本累计越快,实际汇率升值幅度越大。
然而,国外已有的文献也发现,巴拉萨-萨缪尔森效应对发展中经济体实际汇
率走势的解释力要弱一些,特别是经济发展水平比较低的经济体,它们在经济
增长过程中伴随的往往不是实际汇率的升值,而是贬值(Wagner, 2005;
Gente, 2006;王泽填、姚洋,2009)。

　　巴拉萨-萨缪尔森效应假设可贸易部门劳动生产率的"相对相对"增长影响
实际汇率,然而由于在多国样本研究情况下,由于获得可贸易部门劳动生产率

数据往往存在较多困难,因此可以用人均收入指标作为劳动生产率替代指标。在早期研究的巴拉萨-萨缪尔森效应的文献中,多数文献用人均收入作为可贸易品部门和不可贸易品部门劳动生产率比率的代理变量,如 Balassa(1964)、Clague & Tanzi(1972)、Rogoff(1996)、Bergin et al.(2006)。本小节挑选较长一段时期内经济相对增长率较高的国家和地区,通过观察其实际汇率在追赶过程中的具体表现来检验巴拉萨-萨缪尔森效应是否成立。

本小节挑选了 10 个经济体,整理估测它们 20 世纪 60~70 年代以来相对美国人均收入与实际汇率的数据[①],并做出相应的趋势图,主要分为三种情况:

第一,高度符合巴拉萨-萨缪尔森效应假说。在日本(见图 3-12)、德国(见图 3-13)、意大利(见图 3-14)、比利时(见图 3-15)、澳大利亚(见图 3-16)等国的经济增长较快且明显伴随着实际汇率升值,而且经济增长趋势和实际汇率上升的趋势高度一致,高度符合巴拉萨-萨缪尔森效应的理论假说。

第二,基本上符合巴拉萨-萨缪尔森效应。在中国香港(见图 3-17)、法国(见图 3-18)和马来西亚(见图 3-19),实际汇率上升的趋势缓慢,但是实际汇率和经济增长的变动趋势也基本一致,基本上符合巴拉萨-萨缪尔森效应理论假说。

第三,不符合巴拉萨-萨缪尔森效应。在加拿大(见图 3-20)和英国(见图 3-21)经济增长趋势和实际汇率走势相关度不高,甚至出现相反的趋势,说明巴拉萨-萨缪尔森效应在这两个国家并不成立。

图 3-12　日本的实际汇率(左轴)和相对收入(右轴)

① 实际汇率指标主要采用国际货币基金组织 IFS 数据库中的实际有效汇率指数,所以实际汇率上升,表示货币升值;实际汇率下降,表示货币贬值。

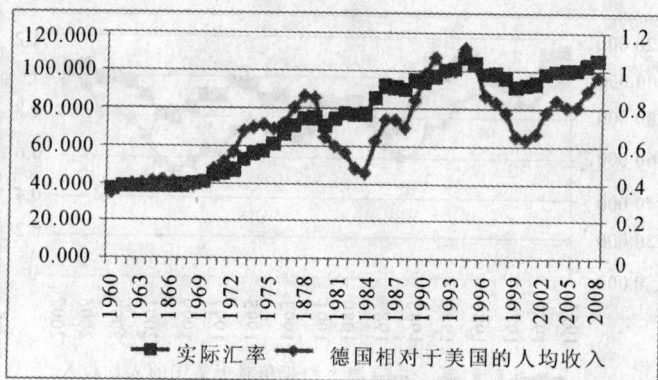

图 3-13　德国的实际汇率（左轴）和相对收入（右轴）

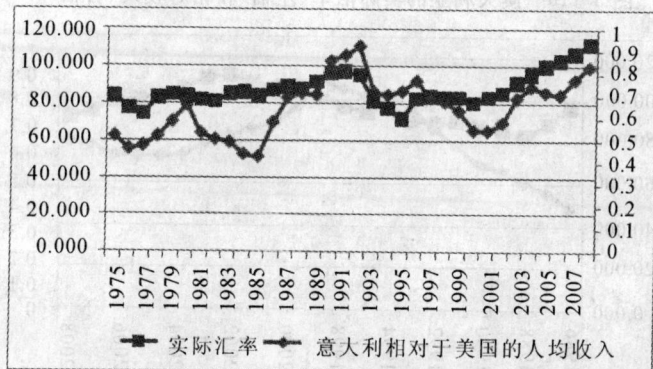

图 3-14　意大利的实际汇率（左轴）和相对收入（右轴）

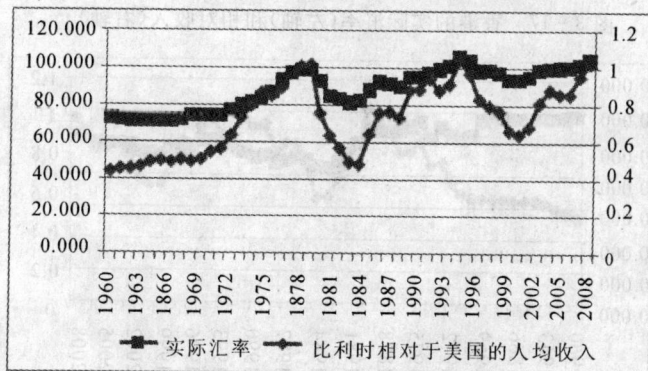

图 3-15　比利时的实际汇率（左轴）和相对收入（右轴）

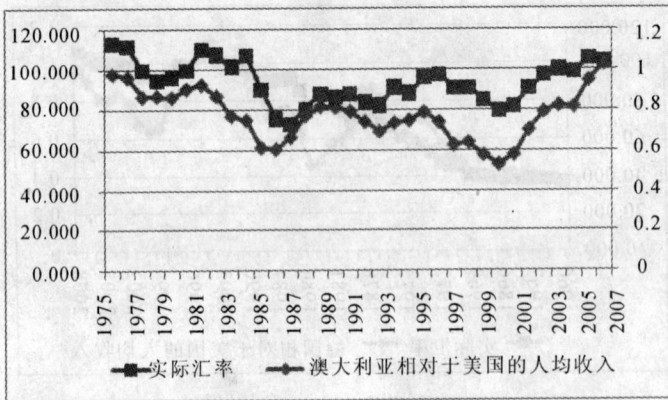

图 3-16 澳大利亚的实际汇率(左轴)和相对收入(右轴)

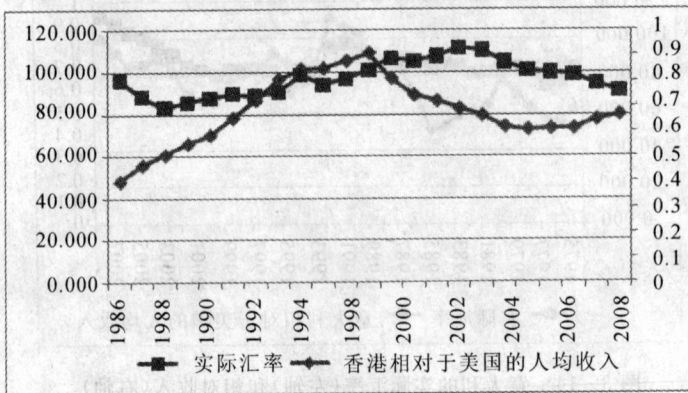

图 3-17 香港的实际汇率(左轴)和相对收入(右轴)

图 3-18 法国的实际汇率(左轴)和相对收入(右轴)

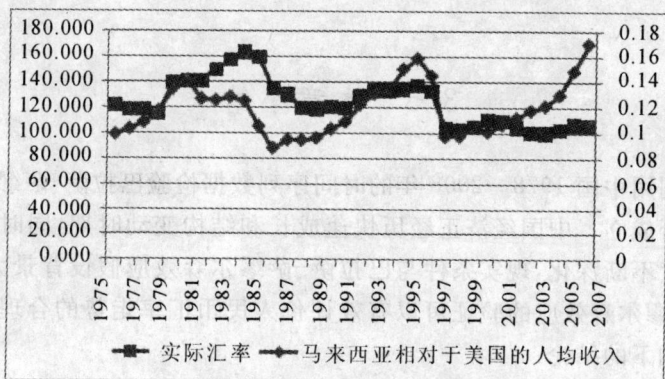

图 3-19　马来西亚的实际汇率（左轴）和相对收入（右轴）

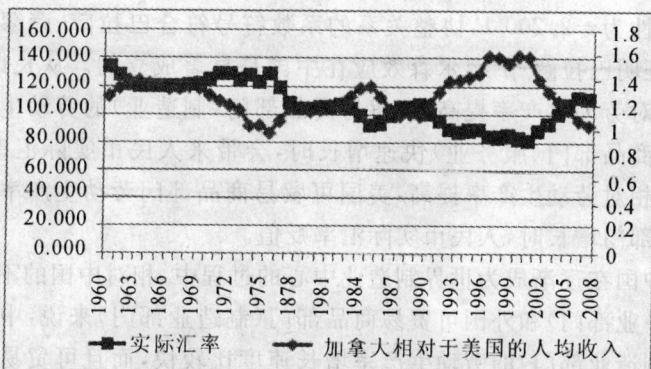

图 3-20　加拿大的实际汇率（左轴）和相对收入（右轴）

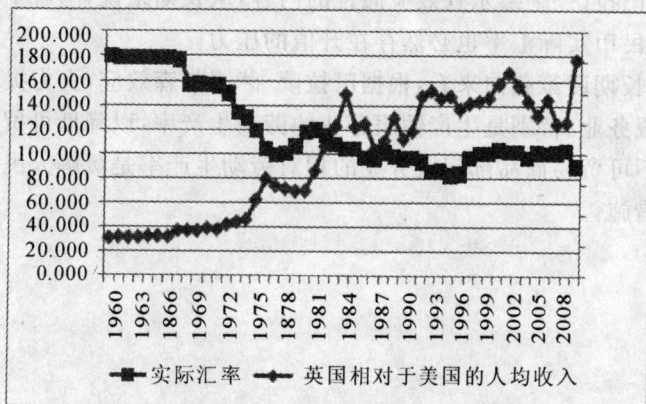

图 3-21　英国的实际汇率（左轴）和相对收入（右轴）

3.5　本章小结

本章利用中国 1978—2008 年的时间序列数据检验巴拉萨-萨缪尔森效应在中国是否成立。中国经济正经历快速成长和结构变动时期,同时与全球经济融合程度不断深化,现实条件与巴拉萨-萨缪尔森效应假设背景大致吻合,巴拉萨-萨缪尔森效应的验证可以有效评价人民币汇率走势的合理性。本章主要得出如下的结论:

第一,在 1978—2008 年期间,中国两部门的相对劳动生产率对人民币实际汇率的影响弹性为 1.199 3,美国两部门的相对劳动生产率对人民币实际汇率的影响弹性为−2.200 1,协整关系的系数符号符合巴拉萨-萨缪尔森效应理论假说,证明巴拉萨-萨缪尔森效应在中国是显著成立的。从长期看,中国两部门的相对劳动生产率提高,可贸易商品部门(制造业)的劳动生产率相对于不可贸易商品部门(服务业)快速增长时,会带来人民币实际汇率的升值。美国两部门相对劳动生产率提高,美国可贸易商品部门劳动生产率相对于不可贸易商品部门增长时,人民币实际汇率贬值。

第二,中国在逐渐成为世界制造业中心的过程中,相对中国的不可贸易商品部门(服务业部门)和外国可贸易商品部门(制造业部门)来说,中国可贸易商品部门(制造业部门)的劳动生产率增长速度比较快,而且可贸易商品部门劳动生产率的高速增长也是中国之所以能否长期保持经济增长的重要原因。所以说,根据巴拉萨-萨缪尔森效应假说的内容,从长期来说,随着中国经济的高速增长,人民币实际汇率也必然存在升值的压力。

第三,从长期政策趋向来看,根据巴拉萨-萨缪尔森效应,大力提高不可贸易商品部门服务业、特别是生产性服务业的劳动生产率,以降低可贸易商品部门制造业与不可贸易商品部门服务业的相对劳动生产率是缓解人民币升值压力的最有利措施。

第4章 人民币实际汇率对中国经济增长影响的贸易机制分析

　　国际贸易是人民币实际汇率影响中国经济增长重要路径之一。一方面，人民币实际汇率作为中国进出口商品价格的决定因素直接影响构成国内生产总值的净出口项；另一方面，通过贸易的"扩散效应"或"溢出效应"对资本、劳动、技术等直接影响中国经济增长的要素产生作用，从而最终影响中国经济增长。在本章，一方面，从贸易总量上检验人民币实际汇率影响中国经济增长的贸易机制；另一方面，为克服总量分析可能带来的偏差，以中国的两个最大贸易伙伴国美国和日本作为双边贸易收支的分析对象国，分析了人民币实际汇率对中美、中日双边贸易的不同影响。

4.1　中国进出口贸易的现状分析

4.1.1　中国贸易总量的现状分析

　　1978年以后，中国不断扩大对外开放的领域，提高对外开放的水平，促进了对外贸易快速增长。2008年中国的贸易总额从1978年的206亿美元猛增到25 616亿美元，31年增长了123倍，1978—2008年中国贸易总额年均增长18.1%。特别是2001年加入WTO以来，中国积极参与经济全球化进程，抓住国际产业转移的历史性机遇，成功应对各种挑战，对外贸易赢得了历史上最好也是最快的发展时期。2001年中国的进出口总额为5 097亿美元，2004年首次突破1万亿美元大关，2007年再破2万亿美元大关，2008年达到25 616亿美元，比2001年增长了4倍多。2002—2008年，中国进出口贸易总额以年均25.9%的速度增长。2009年由于全球性金融危机的影响，中国进出口总额全年下降，自11月份由降转升，全年进出口总额为22 073亿美元，比2008年下降13.9%。2009年11月份进出口总额同比涨幅由负转正，当月增长9.8%，12月份增长32.7%。2009年全年的出口总额为12 017亿美元，下降16%；进口总额为10 056亿美元，下降11.2%。随着国内外经济环境持续改善及政府"稳出口、扩进口"政策效应的继续显现,我国对外贸易已经恢复到金融危机以前的水平,2010年前11个月进出口总值已经超过了历史上最好的2008年2.56万亿的水平。2010年全年外贸进出口总值为29 727.6亿美元,比2009年增长34.7%;与2008年相比,进出口总额增长15.9%,其中,12月份进出口规模刷新了上月刚刚创下的历史最高记录,达到2 952.2亿美元,首次超过2 900亿美元关口(见图4-1和图4-2)。

中国的对外贸易依存度增长得非常快:从1978年的9.7%,上升到了2007年的64.4%,增加了6.64倍。其中对外贸易中的进口依存度从1978年的4.6%,上升到了2007年的36%,增加了7.83倍。对外贸易的出口依存度从1978年的5.14%,上升到了2007年的28.3%,增加了5.5倍(见图4-1和图4-2)。随着中国的对外贸易依存度的快速上升,中国经济融入世界经济大循环的比重逐渐加大,与发达国家之间技术的联系空前密切,中国的贸易总额在世界贸易中的地位不断提升。1950年中国进出口贸易总额占世界进出口总额仅为0.9%,到2008年已经达到8%以上。其中,中国的出口贸易总额在1950年全球排名列第27位,经过30年徘徊到1980年上升到第26位,此后排名直线上升,1990年列第15位,2001年列第6位,2004—2006年稳居第3位,2007—2008年已上升到第2位,中国已经成为全球重要的制造业加工生产基地。

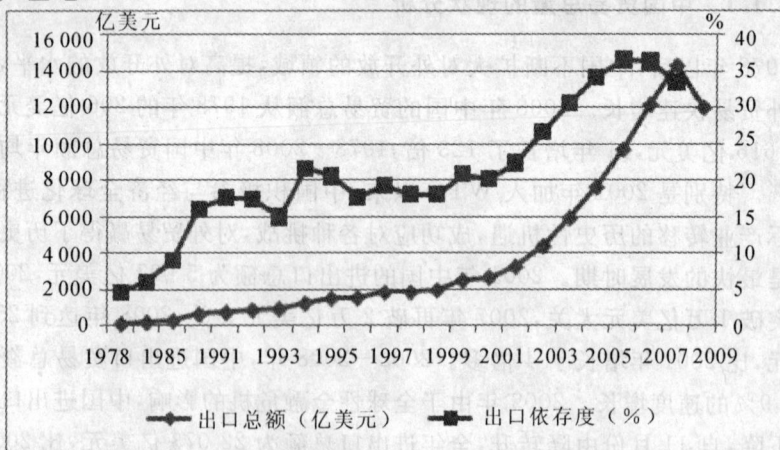

图4-1　中国出口额(左轴)和出口依存度(右轴)①

---

① 数据来源:根据各期中国统计年鉴整理所得。

图 4-2　中国进口额(左轴)和进口依存度(右轴)①

从 1994 年到 2010 年,中国已经连续 17 年出现贸易顺差。1994—1998 年,中国贸易顺差整体上呈现出逐年递增的态势:1994 年仅为 54 亿美元,1995 年增至 167 亿美元,1998 年则增至 434.7 亿美元,年均增长率高达 65% 以上。1997 和 1998 年的顺差额都突破了 400 亿美元,1998 年是 20 世纪中国贸易顺差额最高的年份,为 434.7 亿美元。1999—2004 年为贸易顺差额小幅波动的阶段,其中 1999 年的顺差额比 1998 年骤减了 142.4 亿美元,2001 年又继续下降至 225.5 亿美元,随后回升至 2002 年的 304.3 亿美元,2003 年又下降至 254.7 亿美元,下降幅度为 16.3%。2004 年全年实现贸易顺差 320.9 亿美元,比 2003 年增长约 29.4%。进入到 2005 年后,中国贸易顺差的势头陡然增强,仅在 2005 上半年累计贸易顺差就已经达到了 398.41 亿美元。尽管中央银行于 2005 年 7 月份实施了人民币汇率形成机制改革,然而这似乎并未遏制贸易顺差的快速增长,2005 年全年累计贸易顺差高达 1 020 亿美元,比 2004 年骤增 217.9%。从 2006 年开始,一系列的宏观调控措施指向进出口贸易领域:人民币汇率的中间价屡破整数关口,贷款利率也多次调高,而且部分出口商品退税率调低,同时限制高能耗、高污染和资源性产品出口,并进一步扩大进口。然而,出口贸易的增势不但没有减退,反而更加迅猛,急速前行的贸易顺差在 2006 年仍然激增 74%,高达 1 774.7 亿美元。进入 2007 年,贸易顺差快速增长的势头仍未减速,全年贸易顺差额为 2 618.3 亿美元;2008 年贸

---

① 数据来源:根据各期中国统计年鉴整理所得。

易顺差增长为 2 981.3 亿美元。2009 年中国的贸易顺差大幅度下降,为 1 961 亿美元,同比下降 34.23%。2010 年全年进口增速快于出口增速 7.4 个百分点,贸易顺差连续第二年缩减,2010 年全年贸易顺差 1 831 亿美元,同比减少 6.4%,比 2008 年下降 38.6%,其中 12 月份贸易顺差陡然下降到 130.8 亿美元,创下 8 个月以来的最低纪录(见图 4-3)。

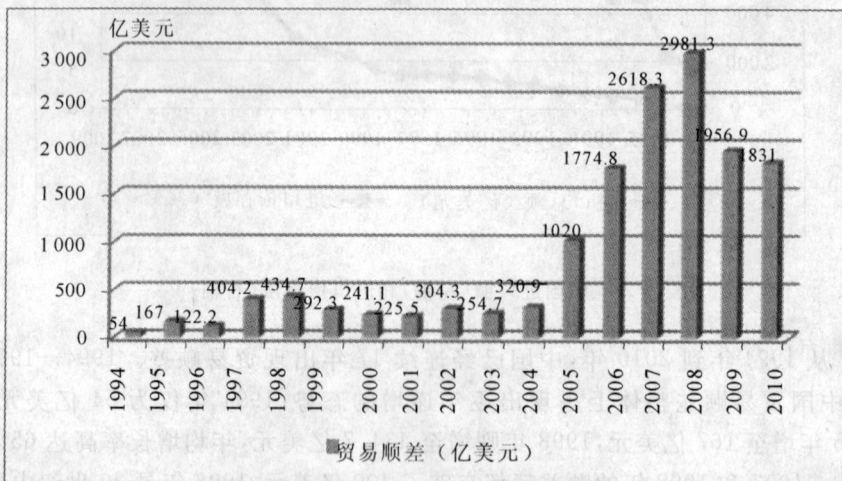

图 4-3　1994—2010 年贸易顺差额

外商投资企业加工贸易仍是顺差主要来源,2010 年,我国外商投资企业加工贸易顺差 2 701 亿美元,较 2009 年增长 21%。贸易逆差主要来自国有企业的一般贸易,2010 年逆差 1 798 亿美元,较 2009 年增长 46%(见图 4-4)[①]。在我国贸易额绝对值上涨的同时,我国贸易条件有所恶化。2010 年我国进口价格指数同比上涨较快,尤其是资源类商品进口中的价格因素影响明显。其中,原油进口数量增长 18%,金额增长 51%;铁矿砂进口数量下降 1%,金额增长 58%;铜进口数量与 2010 年持平,但进口金额增长了 44%。2010 年底,出口和进口商品价格指数分别较 2009 年同期上涨 4.9 和 10.1 个百分点,贸易条件指数较 2009 年同期下降 4.7 个百分点。2011 年进出口较快增长,贸易出现季度逆差(见图 4-5)。

---

①　数据来源:国家外汇管理局,2010 年中国国际收支报告。

亿美元

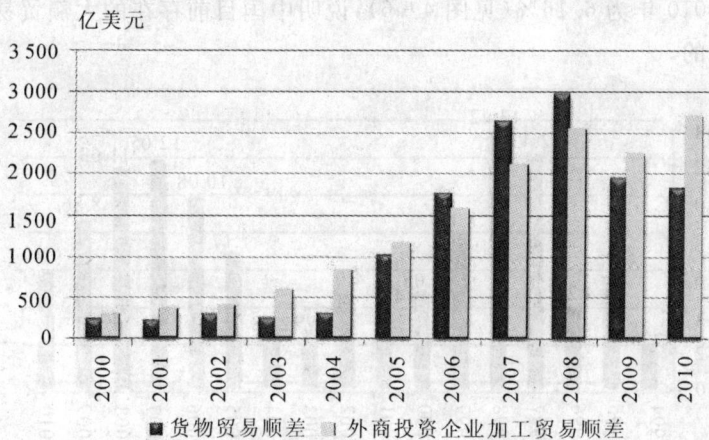

图 4-4 外商投资企业加工贸易顺差

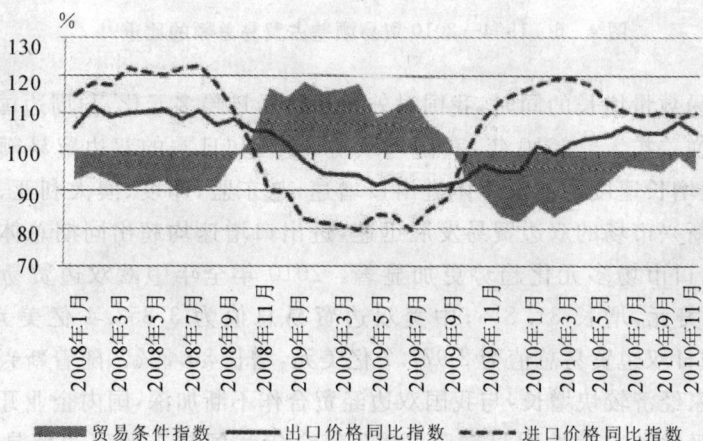

图 4-5 贸易条件指数

从 1994—2010 年连续 17 年的巨额贸易顺差在造成中国的外汇储备额快速增长的同时,也引发了越来越多的国际贸易摩擦,中国每月的贸易数字甚至也因此成为了全球瞩目的"敏感信号"。在国际上判断贸易顺差是否平衡的指标,通常是用贸易顺(逆)差额与当年进出口总额相比,在 10% 以内的为基本正常,这个"10%"也可称为贸易失衡"警戒线"。从 1994—2010 年,中国的贸易顺差占进出口贸易总额的比重大部分都小于 10%;其余时期稍微大于10%,刚刚触及"警戒线"。2009 年中国贸易顺差占贸易进出口总额的比重为

8.86％,2010 年为 6.16％(见图 4 - 6),说明中国目前存在的大额贸易顺差基本是正常的。

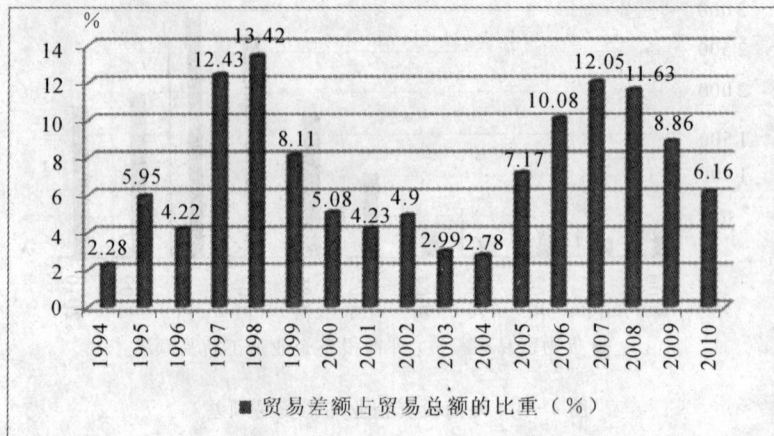

图 4 - 6 1994—2010 贸易顺差占贸易总额的比重①

在贸易数量增长的同时,我国对外贸易格局日趋多元化,与周边国家或地区的贸易逆差扩大。2010 年,我国与欧盟、美国和日本的双边贸易额仍位居前三位,但增长速度均不及总体进出口增速;与东盟、印度、澳大利亚、巴西和俄罗斯等新兴市场的双边贸易发展迅速,进出口增速均超出同期总体进出口增速,进出口市场多元化趋势更加显著。2010 年全年中欧双边贸易总值为 4 797.1亿美元,增长 31.8％;中美双边贸易总值为 3 853.4 亿美元,增长29.2％;中日双边贸易总值为 2 977.7 亿美元,增长30.2％。随着新兴市场和发展中国家经济较快增长,与我国双边经贸合作不断加深,国内企业开拓新兴市场的积极性和主动性明显增强,2010 年全年我国与东盟双边贸易总值达2 927.8亿美元,增长37.5％;印度成为我国第 10 大贸易伙伴,双边贸易总值为 617.6 亿美元,增长 42.4％;与澳大利亚、巴西和俄罗斯双边贸易总值分别增长 46.5％,47.5％和 43.1％。目前,中国已成为日本、韩国、东盟、澳大利亚、南非等国家和地区第一大贸易伙伴和第一大出口目的地,是欧盟的第一大贸易伙伴和第二大出口目的地,是美国的第二大贸易伙伴和第三大出口目的地。除欧盟外,2010 年我国从美国、日本、韩国、东盟等的进口增速都明显高于对这些国家和地区的出口增速,说明我国在采取切实行动推动全球贸易的

---

① 数据来源:根据中国统计年鉴数据计算所得。

平衡发展,已成为拉动世界经济走出困境的重要力量。

　　2010 年,我国进出口产品结构进一步优化,工业制品出口占一般贸易出口额的比重达到 93.1%,比 2009 提高 0.4 个百分点;初级产品一般贸易进口额占一般贸易进口总额的比重达到 46.5%,比 2009 提高 2.3 个百分点。在出口商品中,机电、高技术产品出口呈现恢复性增长,全年机电产品、高新技术产品出口额同比分别增长 30.9% 和 30.7%,分别占全年出口总值的 59.2% 和 31.2%;手机、彩电、计算机出口额分别增长 23.2%,38.1% 和 34%。受劳动力和原材料等成本上升、人民币持续升值、贸易壁垒日益加剧等因素影响,传统大宗商品出口增速不及总体,其中服装及衣着附件、纺织纱线织物及制品和鞋类分别出口 1 294.8 亿美元、770.5 亿美元和 356.3 亿美元,同比分别增长 20.9%,28.4% 和 27.1%,分别低于总体出口增速 10.9,2.9 和 4.2 个百分点;箱包、塑料制品、灯具、玩具、家具出口分别增长 40.8%,29.5%,33.7%,29.4% 和 30.3%。随着国家 2010 年从 7 月 15 日起取消了 406 种高载能产品的出口退税,对改善出口结构起到调节作用,高载能产品出口相应减少。例如,2010 年出口钢材 4 256 万吨,同比增长 73%,其中 1~7 月同比增长 1.52 倍,8~12 月出口增速回落至 7.4%。在进口商品中,主要大宗商品进口量涨跌互现,进口价格大幅上涨;其中,进口原油 2.39 亿吨,同比增长 17.5%,进口平均价格为 565 美元/吨,同比上涨 28.9%;进口铁矿砂 6.2 亿吨,同比下降 1.4%,进口平均价格为 128 美元/吨,上涨 60.6%;进口天然橡胶 186 万吨,同比增长 8.8%,进口平均价格为 3 047 美元/吨,上涨 85.2%;进口大豆 5 480 万吨,增加 28.8%,进口均价为 457.7 美元/吨,上涨 3.6%。此外,进口机电产品 6 603.1 亿美元,增长 34.4%;其中进口汽车 81 万辆,增长 93.4%[①]。

　　2011 年第一季度,进出口总额为 8 003 亿美元,同比增长 29.5%;其中出口 3 996 亿美元,同比增长 26.5%;进口 4 007 亿美元,同比增长 32.6%;进口强劲增长导致出现贸易逆差 10.2 亿美元,是 2000 年以后第三次出现季度逆差,此前两次分别出现在 2003 年和 2004 年的第一季度,分别逆差 9.7 亿美元和 86.1 亿美元。2011 年第一季度贸易逆差是在进、出口双双快速增长的基础上实现的,且进口增速比出口增速快 6.1 个百分点;进口增速较快,主要是由于国内需求旺盛及进口价格快速上涨所致。2011 年第一季度,我国对美国、欧盟顺差分别为 345.5 亿美元和 294.8 亿美元,对韩国、日本和东盟分别

---

　　①　数据来源:中经网统计数据库。

逆差 177.7 亿美元、150 亿美元和 65.9 亿美元。

4.1.2 中美、中日双边贸易的现状分析

1.中美双边贸易的现状分析

中国和美国是世界经济中最具发展潜力的发展中国家和发达国家,两国间的双边贸易发展迅猛,而且在贸易结构和产业发展水平上表现出非常强的互补性。自从 1979 年中美两国建交以来,两国间的双边贸易发展迅速。尤其是 2001 年,随着中国加入 WTO 以来,中美两国的双边贸易呈现出更加明显的增长态势。总体上来说,中美双边贸易的发展大致可以分为三个阶段:中美贸易的恢复阶段、中美贸易的发展阶段和中美贸易的迅速上升阶段。

第一阶段是中美贸易的恢复阶段(1972—1978 年)。1972 年以后,中美两国间的贸易关系有了一定的发展,但总的来说,由于中美双方并未建交,且中美之间的最惠国待遇问题尚未得到解决,发展中美双边贸易还存在许多障碍,而且中美之间的贸易额一直未能有较大的突破。根据美国海关统计,截至1978 年底,双边贸易额仅为 11.8 亿美元。

第二阶段是中美贸易的迅速发展阶段(1979—1988 年)。1979 年 11 月,中国和美国正式建立了外交关系。随着《中美贸易关系协定》、《中美工业技术合作协议》、《中美纺织品协定》等一系列协议的相继签署,中美两国双边贸易和经济技术合作活动已经在越来越广阔的领域得以开展。特别是《中美贸易关系协定》的签订和正式生效以及中美之间的最惠国待遇,为中美两国的双边贸易的进一步发展开辟了道路,中美双边贸易开始迅速地增长。根据美国方面的统计数据显示,1980 年中美双边贸易总额为 49.1 亿美元,相当于中美建交前 1978 年贸易额的 4 倍多。但中美双边贸易在 1981—1984 年间呈下降趋势。1983 年 1 月 13 日,美国商务部发言人休斯宣布,美国政府决定对来自中国的纺织品进口实行单方面的限制。中美两国之间爆发的贸易战的最终结果是导致了 1983 年中美双边贸易额比 1982 年大幅度的减少,中美两国的双边贸易额从 1982 年的 54.1 亿美元下降到 1983 年的 46.4 亿美元。1984 年美国里根总统访华,美国政府在中美贸易的发展方面作出一些新的姿态,中美双边贸易额有所恢复。在中美两国建交后的 10 年间,中美双边贸易有了较大的发展,1986 年中美双边贸易额为 83.7 亿美元,到了 1988 年中美双边贸易额达到 176.7 亿美元,中美双边贸易额在两国建交后的 10 年间翻了两番以上。

第三阶段是中美双边贸易额的迅速上升阶段(1989 年至今)。进入了 20世纪 90 年代,开放的经贸环境使得中美两国的经贸关系发展速度加快,美国

对华 FDI 迅速增长,进一步推动了中美双边贸易的发展,特别是中国对美国出口贸易额迅速上升。按照中方统计,从 1993 年开始美国对华贸易逆差,中美双边贸易总额达到 276.52 亿美元,中美贸易顺差为 63 亿美元;到 1996 年中美贸易额达到 429 亿美元,中美贸易顺差也达到 106 亿美元,使得美国成为了中国的第二大贸易伙伴,中国成为美国的第四大贸易伙伴。随着 2001 年中国正式加入 WTO,中美双边贸易的发展势头更加良好,中美贸易总额规模和差额不断扩大。2001 年中美双边贸易额达到了 806 亿美元,是 1979 年中美双边贸易额的 33 倍。2003 年中美双边贸易额首次突破千亿美元,达到 1 266 亿美元。到了 2003 年,中国已经上升为美国的第三大贸易伙伴,仅次于加拿大和墨西哥,美国也成为中国的最大贸易伙伴。虽然美国对华贸易逆差仍在逐年上升,但是美国对华出口贸易额同样迅速增长,中国是美国出口贸易增长速度最快的市场。在 2004 年中美双边贸易额再创新高,达到了 1 699 亿美元,同比增长 34.3%,美国成为中国第一大出口贸易市场、第六大进口贸易来源地和第二大贸易伙伴。在 2005 年中美双边贸易总额为 2 119 亿美元,同比增长 24.8%;其中,中方顺差额为 1 144 亿美元,同比增长 29.8%,美国成为我国第一大出口贸易市场,第六大进口贸易来源地,第三大技术进口来源地。2006 年中美双边贸易额达到 2 631 亿美元,同比增长 24.2%,美国仅次于欧盟,仍处于中国第二大贸易伙伴的地位。2007 年中美双边贸易额为 3 027.17 亿美元,同比增长 15.1%;2008 年中美双边贸易额为 3 344.3 亿美元,同比增长 10.8%;其中中方顺差额为 1 712.58 亿美元,同比增长 4.67%;2009 年中美双边贸易总额为 2 982.6 亿美元,同比下降 10.8%,中方贸易顺差额为 1 433.80 亿美元,同比下降 16%(见表 4-1)。2010 年中美双边贸易总额高达 3 853.4 亿美元,同比增长 29.2%;中方贸易顺差额为 1 812.7 亿美元,同比增长 26.4%(见图 4-7)。2011 年 6 月份,中国对主要贸易伙伴的出口同比增速有升有降;其中,对美国的出口同比增速由 7.2% 升至 9.8%。

中国和美国的经济结构上存在很强的互补性,中国的比较优势是劳动密集型商品,因为中国具有丰富的劳动力资源和相对较低的劳动力价格,所以中国的出口贸易商品以劳动密集型商品为主。一方面中国以自有资源生产并大量出口制成品,另一方面中国大量承接从海外转移来的劳动密集型加工业,并主要以海外市场为其生产目标;中国出口到美国的产品中一半以上都是日常生活用品。与中国相反,美国的相对优势在于资本的密集商品、高科技产业和服务贸易,美国对中国出口的商品也主要是资本和技术密集型产品,服务贸易产品的出口增长速度也较快,中美贸易的互补性远大于竞争性(丘杉,2007)。

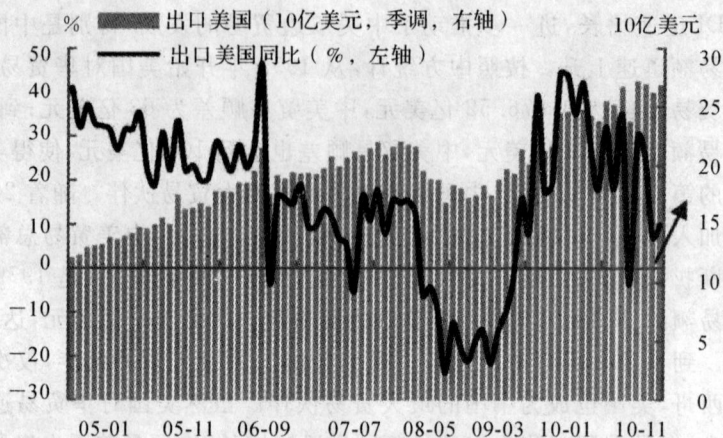

图 4-7　中国对美国的出口额

表 4-1　中美双边贸易额(单位:亿美元)[①]

年份/年	出口	进口额	顺差	总额	年份/年	出口	进口额	顺差	总额
1992	85.99	89.01	-3.02	175	2001	543.55	262.17	281.38	805.72
1993	169.73	106.87	62.86	276.6	2002	700.5	272.61	427.89	973.11
1994	214.75	138.94	75.81	353.69	2003	926.26	339.44	586.82	1 265.7
1995	247.29	161.18	86.11	408.47	2004	1 251.49	447.48	804.01	1 698.97
1996	267.06	161.55	105.51	428.61	2005	1 631.80	487.41	1 144.39	2 119.21
1997	327.41	163.02	164.39	490.43	2006	2 038.01	593.14	1 444.87	2 631.15
1998	379.84	168.83	211.01	548.67	2007	2 331.69	695.48	1 636.21	3 027.17
1999	420.04	194.87	225.17	614.91	2008	2 528.44	815.86	1 712.58	3 344.3

2.中日双边贸易的现状分析

20 世纪 90 年代之前的中日双边贸易增长具有极大的不稳定性,经常呈现出剧烈波动的特点,在增长速度快的年份其增长率可以达到 50% 以上,但

[①]　数据来源:http://comtrade.un.org/。

是在增长比较慢的年份则落差也很大,甚至出现了两位数的负增长。进入 20
世纪 90 年代以来,在经济全球化浪潮的推动下,中日双边贸易增长的稳定性
开始增强,即使是在 1998 年受到东南亚金融危机影响,其下降幅度也只有
4.8%。1991—1995 年的短短四年中,中日双边贸易额就从 202.5 亿美元增
至 574.7 亿美元,年平均增长率高达 29.8%。进入 21 世纪以来,中日双边贸
易额飞速发展,2000 年突破了 800 亿美元大关,达到 831 亿美元,同比增长
25.7%;2002 年突破 1 000 亿美元,达到了 1 019.1 亿美元,同比增长 16.2%;
2003 年突破 1 300 亿美元,达到了 1 335.7 亿美元,同比增长 31.3%。2007
年中日双边贸易额达 2 360.2 亿美元,同比增长 13.9%。2008 年中日双边贸
易额为 2 667.32 亿美元,同比增长 13%;2009 年中日双边贸易额为 2 285.5
亿美元,同比下降 14.2%;其中中国对日本的出口额为 979.1 亿美元,中国从
日本的进口额为 1 309.4 亿美元,日本继续占据中国第一大进口贸易来源地
的位置(见表 4-2)。

　　中日双边贸易不仅在规模上逐年扩大,而且在发展过程中呈现出鲜明的
特点。特别是进入 2000 年以来,伴随着中日双边贸易发展步入新的发展阶
段,中日双边贸易收支也开始呈现出鲜明的新特征,其中最为引人注目的是中
日双边贸易收支关系越来越朝着"中方逆差,日方顺差"的方向发展,对中国的
贸易越来越成为日本对外贸易顺差的主要来源。中日双边贸易在 2001 年尚
有中方顺差 21.6 亿美元,2002 年转变为中方逆差 50.3 亿美元;2003 年中方
逆差更扩大到 147.3 亿美元,同比增长 192.8%;2004 年高达 208.18 亿美元,
同比增长 41.2%;2005 年为 164 亿美元,同比下降 21.2%;2006 年为 241 亿
美元,同比增长 46.4%;2007 年突破 300 亿美元,为 319 亿美元,同比增长
32.6%;2008 年为 345 亿美元,同比增长 8.1%;2009 年为 330.3 亿美元,同
比下降 4.2%;2010 年中方逆差高达 556.5 亿美元,同比增长 68.5%(见表
4-2 和图 4-8)。

表4-2　中日双边贸易额(单位:亿美元)①

年份/年	出口额	进口额	贸易差额	贸易总额	年份/年	出口额	进口额	贸易差额	贸易总额
1992	116.79	136.82	−20.03	253.61	2001	449.58	427.97	21.61	877.55
1993	157.77	232.89	−75.12	390.66	2002	484.34	534.67	−50.33	1 019.01
1994	215.79	263.27	−47.48	479.06	2003	594.09	741.48	−147.39	1 335.57
1995	284.67	290.04	−5.37	574.71	2004	735.09	943.27	−208.18	1 678.36
1996	308.86	291.81	17.05	600.67	2005	839.86	1 004.08	−164.22	1 843.94
1997	318.39	289.95	28.44	608.34	2006	916.23	1 156.73	−240.5	2 072.96
1998	296.6	282.75	13.85	579.35	2007	1 020.62	1 339.51	−318.89	2 360.13
1999	324.11	337.63	−13.52	661.74	2008	1 161.32	1 506.00	−344.68	2 667.32
2000	416.54	415.1	1.44	831.64	2009	979.1	1 309.4	−330.3	2 288.5

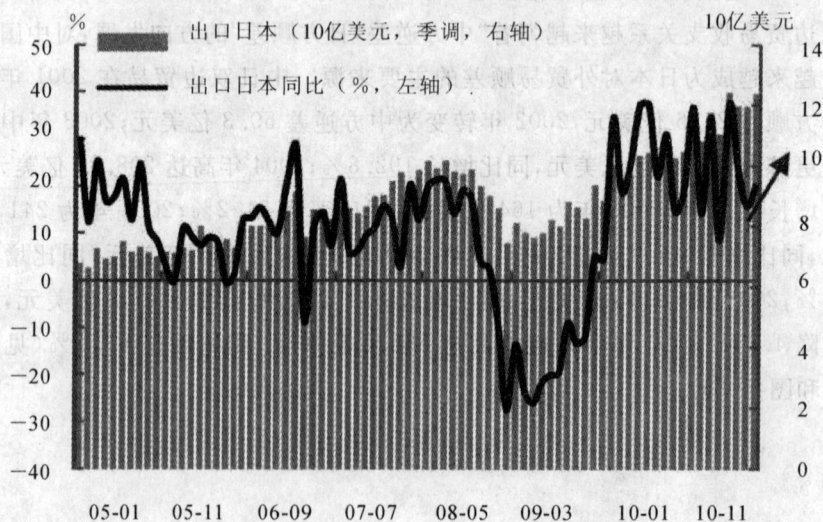

图4-8　中国对日本的出口额

①　数据来源:http://comtrade.un.org/。

中日贸易出现不平衡的主要原因在于:第一,中日贸易主要是基于比较优势原理的互补性贸易,其贸易的主体是产业间贸易。中日双边贸易分工中,日本对中国出口的主要是高科技、高附加值的高端产品,而中国对日本出口则以低技术含量、低附加值的初级产品和低端劳动密集型产品为主(陈晓明,2009)。第二,中日双边汇率的影响,以及中日两国市场的需求增长速度不同。一方面,尽管中国对日出口商品的价格效应较小,但人民币兑日元实际汇率却存在大幅度升值,导致中国对日出口增长速度放缓;然而人民币对日元大幅度升值的价格效应导致中国对日本进口增长迅速。同时随着中国经济的持续增长,国内的需求也开始迅速增加,尤其是对高新技术产品的需求增长迅速;而日本生产资本密集型的高端产品正好迎合了中国的需求,使日本的出口贸易额大幅度增加。与此同时,中国对日出口商品则仍然以初级产品和工业制成品为主,比如食品和纺织品等生活必需品居多;然而这些产品几乎没有什么需求弹性,需求量总是维持在一定的水平,从而导致中国对日本的出口额无法大幅提高(孙东玥,2009)。

4.2 人民币实际汇率、贸易总量与中国经济增长的实证分析

4.2.1 马歇尔-勒纳条件的数理模型

在 19 世纪末新古典边际主义革命期间,边际主义者将马歇尔的弹性概念引入到国际收支问题的分析中,创立了国际收支的弹性分析法。弹性分析法关注的焦点依然是贸易项目差额,它考察了在国内价格水平不变的条件下,汇率变动对进出口的影响。这一分析方法最早可以追溯到查尔斯·比克迪克(Charles Bickerdike,1920)发表的一篇论文中。弹性分析法假定国民收入水平的变动不影响贸易流量,然后试图建立必要的条件通过对国际竞争力的影响以改善贸易项目收支,因而实际上它阐述了通过贬值来改善贸易收支的必要条件。当然,若反过来理解,就成为升值能否减少贸易收支的必要条件。通常,贸易项目差额可以表示为

$$dN = dX - dM \tag{4.1}$$

并且,出口商品的外币价值 X 可以进一步表示为

$$X = Q_x P_x^*\tag{4.2}$$

式(4.2)中,Q_x 表示出口量,P_x^* 表示出口商品的外币价格。假定 E 表示名义汇率,那么,出口商品的本币价格 P_x 可以表示为

$$P_x = E P_x^*\tag{4.3}$$

则出口商品的供给价格弹性为

$$\varepsilon_x = \frac{\mathrm{d}Q_x}{Q_x} \Big/ \frac{\mathrm{d}P_x}{P_x}\tag{4.4}$$

对外国来说,出口商品的需求价格弹性为

$$\eta_x = -\frac{\mathrm{d}Q_x}{Q_x} \Big/ \frac{\mathrm{d}P_x^*}{P_x^*}\tag{4.5}$$

对式(4.3)两边求导,可得

$$\frac{\mathrm{d}P_x}{P_x} = \frac{\mathrm{d}E}{E} + \frac{\mathrm{d}P_x^*}{P_x^*}\tag{4.6}$$

将式(4.6)代入式(4.4)可得

$$\varepsilon_x = \frac{\mathrm{d}Q_x}{Q_x} \Big/ \left(\frac{\mathrm{d}E}{E} + \frac{\mathrm{d}P_x^*}{P_x^*}\right)\tag{4.7}$$

根据式(4.5)可得

$$\frac{\mathrm{d}Q_x}{Q_x} = -\eta \Big/ \frac{\mathrm{d}P_x^*}{P_x^*}\tag{4.8}$$

将式(4.8)代入式(4.7),可得

$$\frac{\mathrm{d}P_x^*}{P_x^*} = \frac{-\varepsilon_x}{\eta_x + \varepsilon_x} \frac{\mathrm{d}E}{E} < 0\tag{4.9}$$

再将式(4.9)代入式(4.5),可得

$$\frac{\mathrm{d}Q_x}{Q_x} = \frac{\eta_x \varepsilon_x}{\eta_x + \varepsilon_x} \frac{\mathrm{d}E}{E} > 0\tag{4.10}$$

对式(4.2)两边求导,出口贸易商品的价值变化为

$$\frac{\mathrm{d}X}{X} = \frac{\mathrm{d}Q_x}{Q_x} + \frac{\mathrm{d}P_x^*}{P_x^*}\tag{4.11}$$

将式(4.9)和式(4.10)代入式(4.11),得到

$$\frac{\mathrm{d}X}{X} = \frac{\varepsilon_x(\eta_x - 1)}{\eta_x + \varepsilon_x} \frac{\mathrm{d}E}{E}\tag{4.12}$$

同样,在进口贸易方面,进口贸易商品 M 的外币价值为

$$M = Q_m P_m^*\tag{4.13}$$

在式(4.13)中,Q_m 表示进口量,P_m^* 表示进口贸易商品的外币价格。则进口贸易商品的国内价格 P_m 可以表示为

$$P_m = E P_m^* \tag{4.14}$$

进口商品的供给价格弹性为

$$\varepsilon_m = \frac{\mathrm{d}Q_m}{Q_m} \Big/ \frac{\mathrm{d}P_m^*}{P_m^*} \tag{4.15}$$

对本国来说,进口贸易商品的需求价格弹性为

$$\eta_m = -\frac{\mathrm{d}Q_m}{Q_m} \Big/ \frac{\mathrm{d}P_m}{P_m} \tag{4.16}$$

对式(4.14)两边求导,可得

$$\frac{\mathrm{d}P_m}{P_m} = \frac{\mathrm{d}E}{E} + \frac{\mathrm{d}P_m^*}{P_m^*} \tag{4.17}$$

将式(4.17)代入式(4.16)可得

$$\eta_m = \frac{\mathrm{d}Q_m}{Q_m} \Big/ \left(\frac{\mathrm{d}E}{E} + \frac{\mathrm{d}P_m^*}{P_m^*} \right) \tag{4.18}$$

根据式(4.16)可得

$$\frac{\mathrm{d}Q_m}{Q_m} = -\eta_m \Big/ \frac{\mathrm{d}P_m}{P_m} \tag{4.19}$$

将式(4.19)代入式(4.18),可得

$$\frac{\mathrm{d}P_m^*}{P_m^*} = \frac{-\eta_m}{\eta_m + \varepsilon_m} \frac{\mathrm{d}E}{E} < 0 \tag{4.20}$$

将式(4.20)代入式(4.15),可得

$$\frac{\mathrm{d}Q_m}{Q_m} = \frac{-\eta_m \varepsilon_m}{\eta_m + \varepsilon_m} \frac{\mathrm{d}E}{E} > 0 \tag{4.21}$$

对式(4.13)两边求导,进口贸易商品的价值变化为

$$\frac{\mathrm{d}M}{M} = \frac{\mathrm{d}Q_m}{Q_m} + \frac{\mathrm{d}P_m^*}{P_m^*} \tag{4.22}$$

将式(4.20)和式(4.21)代入式(4.22),得到

$$\frac{\mathrm{d}M}{M} = \frac{\eta_m(\varepsilon_m + 1)}{\eta_m + \varepsilon_m} \frac{\mathrm{d}E}{E} \tag{4.23}$$

最后,将式(4.12)和式(4.23)代入式(4.1),可得

$$\mathrm{d}N = \left[X \frac{\varepsilon_x(\eta_x - 1)}{\eta_x + \varepsilon_x} + M \frac{\eta_m(\varepsilon_m + 1)}{\eta_m + \varepsilon_m} \right] \frac{\mathrm{d}E}{E} \tag{4.24}$$

假定贸易平衡,则有 $X = M$,所以只有下述条件得到满足:

$$\frac{\varepsilon_x(\eta_x-1)}{\eta_x+\varepsilon_x}+\frac{\eta_m(\varepsilon_m+1)}{\eta_m+\varepsilon_m}>0 \qquad (4.25)$$

此时,汇率贬值 $dE/E>0$,才会改善贸易项目收支,即 $dN>0$。其中,ε_x 和 η_x 分别为出口商品的供给弹性和需求弹性,ε_m 和 η_m 则分别为进口商品的供给弹性和需求弹性。由式(4.25)还可以推出一些特殊条件。比如对一个小国经济来说,其出口的需求弹性和进口的供给弹性均可视为无穷大,因此,对式(4.25)取极限,则有

$$\lim_{\eta_x,\varepsilon_x\to\infty}\left[\frac{\varepsilon_x(\eta_x-1)}{\eta_x+\varepsilon_x}+\frac{\eta_m(\varepsilon_m+1)}{\eta_m+\varepsilon_m}\right]=\varepsilon_x+\eta_m>0 \qquad (4.26)$$

因此,只要满足上述条件,贬值无疑可以增加一个小国经济的净出口。此外,如果假定本国有闲置的生产能力(非充分就业),则增加的出口需求将会被自动满足,即出口的供给弹性无穷大。再假定进口品的供给不受约束,即进口的供给弹性也无穷大(王海南,2006)。那么,对式(4.25)取极限,可得

$$\lim_{\varepsilon_x,\varepsilon_m\to\infty}\left[\frac{\varepsilon_x(\eta_x-1)}{\eta_x+\varepsilon_x}+\frac{\eta_m(\varepsilon_m+1)}{\eta_m+\varepsilon_m}\right]=\eta_x+\eta_m-1>0 \qquad (4.27)$$

若将式(4.27)进一步写成 $\eta_x+\eta_m>1$,此即为著名的马歇尔-勒纳条件。

1937 年罗宾逊(Robinson)在其《就业理论论文集》外汇篇中发展了弹性理论,着重研究了一国采取本币贬值政策时,进出口供求弹性对调节贸易收支平衡的作用。1948 年,另一位美国经济学家劳埃德·梅茨勒(Metzler)在《国际贸易论》一书中,对罗宾逊夫人的理论学说进行了修订和补充,进而形成了弹性论中的又一个核心论点,即毕克迪克-罗宾逊-梅茨勒条件(Birkerdike Robinson Metzler Condition),认为本币贬值能否改善贸易收支以及能在多大程度上改善贸易收支,不仅取决于进出口商品的需求价格弹性,而且还取决于进出口商品的供给价格弹性。即当摒弃假设条件中贸易商品的供给完全有条件这一假定时,本币贬值改善贸易收支的毕克迪克-罗宾逊-梅茨勒条件就为

$$\frac{\eta_x\eta_m(S_X+S_M+1)+S_XS_M(\eta_x+\eta_m-1)}{(\eta_x+S_X)(\eta_m+S_M)}>1 \qquad (4.28)$$

其中,S_X,S_M 分别表示出口供给价格弹性和进口供给价格弹性。

可以看出,当式(4.27)成立时,式(4.28)一定成立,但是如果马歇尔-勒纳条件不成立,只要 $\eta_x\eta_m(S_X+S_M+1)>S_XS_M(1-\eta_x-\eta_m)$,式(4.28)仍然成立,货币贬值仍然可以改善贸易收支。所以,马歇尔-勒纳条件是毕克迪克-罗宾逊-梅茨勒条件的一个特例(王海南,2006)。

4.2.2　计量模型和变量的构建

假定中国的进口贸易需求 IM_D 是中国国民收入 Y,进口商品价格 P_M,中国国内商品价格 P_d,人民币实际汇率 E 等变量的函数;中国出口贸易需求 EX_D 是贸易伙伴国收入水平 Y^*,中国国内出口商品价格 P_{ex},中国贸易伙伴国出口商品价格 P_{ex}^*,人民币实际汇率 E 等变量的函数。因此得出中国出口贸易的需求函数和进口贸易的需求函数

$$EX_D = EX_D(Y^*, P_{ex}, P_{ex}^*, E) \tag{4.29}$$

$$IM_D = IM_D(Y, P_M, P_d, E) \tag{4.30}$$

在式(4.29)和式(4.30)中,EX_D 表示中国出口贸易需求函数,IM_D 表示中国进口贸易需求函数。同时假定中国商品供给的价格弹性无穷大。假定 $P_d = P_{ex} = P$(P 表示中国的一般价格水平),$P_M = P_{ex}^* = P^*$(P^* 表示中国的贸易伙伴国一般物价水平)。鉴于本章考察的是人民币实际汇率变动对中国进出口贸易的影响,而且有实际汇率 $E = \dfrac{SP^*}{P}$,因此式(4.29)和式(4.30)可以改写为

$$EX_D = EX_D(Y^*, E) \tag{4.31}$$

$$IM_D = IM_D(Y, E) \tag{4.32}$$

式(4.31)和式(4.32)表示中国出口贸易可以认为由人民币实际汇率(E)和外国国民收入水平 Y^* 决定,而中国从外国产品的进口贸易则被认为由人民币实际汇率和中国国民收入 Y 决定。假定式(4.31)和式(4.32)中的变量都采取乘积的函数形式(Wilson&Takacs,1979),对式(4.31)和式(4.32)中的等式取对数,则有

$$\ln EX_{Dt} = \alpha_1 + \beta_1 \ln Y_t^* + \lambda_{ex} \ln E_t + \varepsilon_1 \tag{4.33}$$

$$\ln IM_{Dt} = \alpha_2 + \beta_2 \ln Y_t + \lambda_{im} \ln E_t + \varepsilon_2 \tag{4.34}$$

在式(4.33)和式(4.34)中,当 $\lambda_{ex} > 0$ 时,人民币汇率贬值能够降低进口额;当 $\lambda_{im} < 0$ 时,人民币汇率贬值能够提高出口额。此时马歇尔—勒纳条件成立,反之则不成立(卢向前、戴国强,2005)。一般以出口和进口之差来表示进出口贸易的盈余,即贸易盈余=出口贸易-进口贸易。为了使模型的计算方便,本章使用出口贸易额和进口贸易额的比值来表示中国贸易盈余,令 TB 为中国出口贸易额和进口贸易额的比值。则贸易盈余 TB 可以表示为

$$TB = \frac{EX_t}{IM_t E_t} \qquad (4.35)$$

对式(4.35)的两边同时取对数,有

$$\ln TB_t = \ln EX_t - \ln IM_t - \ln E_t \qquad (4.36)$$

结合式(4.33),式(4.34)和式(4.36),可以得出

$$\ln TB = (\alpha_1 - \alpha_2) + \beta_1 \ln Y - \beta_2 \ln Y^* + (\lambda_{ex} + \lambda_{im} - 1)\ln E + \varepsilon \qquad (4.37)$$

式(4.37)中,人民币实际汇率 E 的系数是判断马歇尔-勒纳条件[①]是否成立的依据。如果 $\lambda_{ex} + \lambda_{im} - 1 > 0$,那么马歇尔-勒纳条件成立,反之不成立。

在已有的文献中,大部分关于实际汇率与进出口贸易的实证研究都采用不完全替代模型,总的来说,判断马歇尔-勒纳条件是否成立的标准大致可分为三种:第一种是分别对进口贸易方程和出口贸易方程进行估计,计算出进口贸易价格弹性和出口贸易价格弹性,将两者的绝对值相加。如果加总之和大于1,就判断马歇尔-勒纳条件成立(Bahmani-Oskooee,1998)。第二种方法也是分别对进口贸易方程和出口贸易方程进行估计,如果进口贸易的价格弹性(直接标价法下)小于0,出口贸易价格弹性大于0,就认为马歇尔-勒纳条件成立(卢向前、戴国强,2005)。第三种方法是将进口贸易和出口贸易同时放在同一个方程中,然后直接分析实际汇率对进出口贸易差额的影响,只要实际汇率(直接标价法下)贬值能改善贸易差额,就可以判定马歇尔-勒纳条件成立(Boyd,2001;Rose,1991;辜岚,2006)。本小节的研究以第一种标准来判断马歇尔-勒纳条件成立与否,各个变量可以解释如下:

出口贸易额(ex)和进口贸易额(im)。ex 表示中国的出口额,im 表示中国的进口额。从20世纪90年代以来,中国的进出口贸易发展迅速。1995—2001年中国进出口贸易保持了平稳小幅增长,贸易差额的数据也较平稳。从2001年底中国加入WTO后,进出口贸易额和贸易顺差额明显呈现加速上升趋势,而且出口贸易额增长幅度大于进口贸易额增长幅度,导致贸易顺差额呈上升趋势。由于受到全球性金融危机的影响,2008年第4季度开始,中国的进出口额开始大幅度下降,自2008年11月到2009年11月进出口总额同比连续为负增长;2009年12月首次同比出现正增长,同比增长32.7%,环比增

---

① 马歇尔-勒纳条件是指一国的进出口需求弹性之和大于1。按照国际收支弹性论,本国货币贬值,在国内外产品价格不变的情况下,将会带来本国贸易条件的恶化,使本国产品在外国市场变得相对便宜,外国产品在本国市场变得相对昂贵,本国出口增加而进口减少。如果满足马歇尔-勒纳条件,本国货币贬值能够带来本国国际收支的改善。

长 16.7%。由于中国的季度出口贸易额和进口贸易额有着明显的季节变动趋势,因此使用 X12 Census 乘法模型对这两个变量进行季节调整,调整后的数据季节因素不明显。

reer 为人民币实际有效汇率指数,在研究实际汇率的文献当中,通常将国内可贸易品价格和不可贸易品的相对价格作为实证模型中实际汇率的代表变量。然而,由于中国没有可贸易品价格和不可贸易品价格的统计分类,因此采用国际货币基金组织(IMF)计算的实际有效汇率指数(Real Effective Exchange Rate,REER)作为内部人民币实际汇率的代理变量。实际有效汇率一般采用指数形式表达,在这里由于采用的间接标价法,指数下降代表本币贬值,上升代表本币升值;有效汇率指数大于 100 表示本币相对于基期升值,小于 100 意味着综合贬值。

Y 为中国的实际收入,用中国季度国内生产总值 GDP 表示,可以用来衡量中国的经济增长。中国的季度 GDP 有明显的季节变动趋势,因此对季度 GDP 进行季节调整,季节调整后的数据,季节趋势不明显。

Y^* 为中国贸易伙伴的国民收入。本节选取的主要贸易伙伴为美国、日本、韩国、德国、新加坡、马来西亚、澳大利亚、美国、法国、意大利、加拿大、荷兰、中国香港和中国台湾地区,这些国家和地区与中国的贸易额占中国进出口贸易总额的比例在 1994 年高达 82.5%,在 2000 年为 76.5%,在 2008 年为 62.76%(见表 4 - 3)。中国贸易伙伴国的国民收入的衡量方式为 $\ln Y_t^* = \sum_i w_i \ln Y_{it}^*$,其中 Y_{it}^* 为第 i 国在 t 年的以人民币计价的实际 GDP。w_i

为权重,$w_{t,i} = \dfrac{trade_{t,i}}{\sum_i trade_{t,i}}$,其中 $trade_{t,i}$ 为第 t 年贸易伙伴 i 和中国双边进出口贸易额,w_i 等于 i 贸易伙伴与中国贸易额占 14 个贸易伙伴与中国贸易总额的比重。所以 Y^* 为中国的 14 个主要贸易伙伴的实际国内生产总值 GDP 乘以该国或者地区占中国与 14 个贸易伙伴贸易总额的权重加总得到。

本小节的数据区间为 1994—2008 年的季度时间序列数据,数据来源于《中国统计年鉴》、北京大学 CCER 数据库、IMF 的 International Financial Statistics 数据库。由于人民币汇率严格意义上的波动是从 1994 年的汇率机制改革开始的,所以研究人民币汇率变动对中国进出口贸易的影响,应该着重分析 1994 年以后的情况。

表 4-3　中国 14 个主要贸易伙伴占中国贸易总额的比重(％)①

年份	美国	日本	中国香港	韩国	中国台湾	德国	新加坡	马来西亚	澳大利亚	英国	法国	意大利	加拿大	荷兰	总计
1994	14.9	20.2	17.7	5	6.9	5	2.1	1.2	1.7	1.8	1.4	2	1.4	1.3	82.5
1995	14.5	20.5	15.9	6	6.4	4.9	2.5	1.2	1.7	1.7	1.6	1.8	1.5	1.4	81.4
1996	14.8	20.7	14.1	6.9	6.5	4.5	2.5	1.2	1.8	1.8	1.4	1.8	1.4	1.5	81
1997	15.1	18.7	15.6	7.4	6.1	3.9	2.7	1.4	1.6	1.8	1.7	1.4	1.2	1.7	80.3
1998	17	17.9	14	6.6	6.3	4.4	2.5	1.3	1.6	2	1.9	1.5	1.3	1.9	80.2
1999	17	18.3	12.1	6.9	6.4	4.5	2.4	1.5	1.6	2.2	1.9	1.6	1.3	1.8	79.7
2000	15.7	17.5	11.4	7.3	6.4	4.2	2.3	1.7	1.8	2.1	1.6	1.5	1.5	1.7	76.5
2001	15.8	17.2	11	7	6	4.6	2.1	1.8	1.8	2	1.5	1.5	1.4	1.7	75.6
2002	15.7	16.4	11.1	7.1	5.3	4.5	2.3	2.3	1.7	1.8	1.3	1.5	1.3	1.7	74
2003	14.8	15.7	10.3	7.4	6.9	4.9	2.3	2.4	1.6	1.7	1.6	1.4	1.2	1.8	73.9
2004	14.7	14.5	9.8	7.8	6.8	4.7	2.3	2.3	1.8	1.7	1.5	1.4	1.3	1.9	72.4
2005	14.87	12.97	9.61	7.87	6.42	4.45	2.33	2.16	1.91	1.72	1.45	1.31	1.35	2.03	70.5
2006	14.92	11.78	9.43	7.63	6.13	4.44	2.32	2.11	1.87	1.74	1.43	1.4	1.32	1.96	68.5
2007	13.9	10.85	9.07	7.35	5.73	4.33	2.17	2.13	2.02	1.81	1.55	1.44	1.39	2.13	65.89
2008	13	10.41	7.94	7.26	5.04	4.45	2.05	2.09	2.33	1.78	1.51	1.49	1.34	2	62.76

4.2.3　中国贸易总量的实证分析

1.单位根检验

传统时间序列分析一般都是假定时间序列是平稳的。然而,实际上大多

---

①　数据来源:根据各期中国统计年鉴和 http://comtrade.un.org/的数据整理所得。

数的宏观经济序列和金融时间序列都是非平稳的变量。为了克服"伪回归"现象,一般采用协整分析的方法来处理非平稳序列。在做协整检验之前,必须判断各变量的平稳性质。使用 ADF 法检验 $\ln reer$,$\ln ex$,$\ln im$,$\ln y$ 和 $\ln y^*$ 的稳定性,检验结果如表 4-4 所示。经过 ADF 单位根检验可知,这五个变量都是非平稳的变量,它们的一阶差分,即 $\Delta\ln reer$,$\Delta\ln ex$,$\Delta\ln im$,$\Delta\ln y$,$\Delta\ln y^*$ 在 5% 显著性水平下是平稳的,说明 $\ln reer$,$\ln ex$,$\ln im$,$\ln y$ 和 $\ln y^*$ 五个变量为一阶单整时间序列。

表 4-4　Augment Dickey-Fuller 的检验结果

变量	ADF 统计量	临界值(5%)	检验形式	结论
$\ln reer$	-2.4921	-3.4878	(c,t,1)	不平稳
$\ln ex$	-2.0924	-3.4878	(c,t,1)	不平稳
$\ln im$	-1.7403	-3.4865	(c,t,2)	不平稳
$\ln y$	-1.0523	-3.4892	(c,t,1)	不平稳
$\ln y^*$	0.2231	-3.4878	(c,t,0)	不平稳
$\Delta\ln reer$	-4.7768	-2.9117	(c,n,0)	平稳
$\Delta\ln ex$	-3.7095	-2.9117	(c,n,0)	平稳
$\Delta\ln im$	-8.6291	-2.9117	(c,n,1)	平稳
$\Delta\ln y$	-10.535	-3.4892	(c,t,0)	平稳
$\Delta\ln y^*$	-7.4840	-3.4892	(c,t,0)	平稳

2. 向量自回归模型的建立

向量自回归 VAR 模型采用多方程联立形成,它是用模型中所有内生的当期变量对它们的若干期滞后值进行回归,进而估计全部内生变量的动态关系模型。在向量自回归 VAR 模型建立的过程中,一个重点也是难点就是滞后期的选择问题,选择不同的滞后期,VAR 模型的结果截然不同。为了保持合理的自由度使得 VAR 模型的参数具有比较强的解释力,表 4-5 分别是出口需求方程和进口需求方程的 VAR 模型不同滞后期的 AIC,SC,HQ,FPE,LR 和 logL 的计算结果。由表 4-5 可以看出,2 期为出口需求方程的最优滞后期;在第 2 期,进口需求方程的各项指标也达到最优,因此 2 期也是进口需求方程的最佳滞后期。

表 4-5　出口方程和进口方程 VAR 模型滞后期的选择

	Lag	LogL	LR	FPE	AIC	SC	HQ
出口方程	1	383.836	547.483	2.70e−10	−13.521 3	−12.792 0	−13.262
	2	393.858	17.491 *	2.61e−10 *	−13.558 4 *	−13.083 3 *	−13.351 *
	5	419.626	16.205	2.86e−10	−13.513 7	−11.761	−12.836
进口方程	1	278.921	385.382	1.22e−08	−9.706 2	−9.268 2 *	−9.536 8
	2	296.045	29.889 *	9.14e−09 *	−10.002 *	−9.235 2	−9.705 2 *
	5	311.887	7.039 7	1.44e−08	−9.595 9	−7.844 0	−8.918 4

3. 协整检验

由于出口需求方程和进口需求方程 VAR 模型的滞后期都为 2,因此用 Johansen 协整检验法检验变量的协整关系时,确定滞后期为 1。检验结果(见表 4-6)表明,在 5％的显著性水平下,迹检验和最大特征值检验都表明出口贸易和进口贸易存在协整关系。这说明出口需求方程和进口需求方程都存在着长期均衡关系,将协整关系写成数学表达式为

$$\ln ex = 0.405\ln y^* - 1.375\ln reer + 15.841 \qquad (4.38)$$
$$\quad\quad\quad (2.933) \quad\quad (-5.026)$$

$$\ln im = 1.233\ln y + 2.598\ln reer - 14.397 \qquad (4.39)$$
$$\quad\quad\quad (-7.209) \quad\quad (-4.110)$$

从式(4.38)和式(4.39)表明,在 1994—2008 年期间,国外经济增长变动对中国出口贸易的影响系数为 0.405,说明国外经济增长 1％,中国出口贸易变动 0.405％;中国经济增长对中国进口贸易的影响系数为 1.233,说明中国经济增长变动 1％,中国的进口贸易增加 1.233％。人民币实际汇率变动对中国出口贸易的影响弹性系数为 −1.375,说明人民币实际汇率贬值 1％,中国出口贸易增加 1.375％。人民币实际汇率变动对中国进口贸易的弹性系数为 2.598,说明人民币实际汇率升值 1％,中国进口贸易增加 2.598％。可以看

出,进口贸易受人民币实际汇率变动的影响程度明显大于出口贸易受人民币实际汇率变动的影响程度,两者的绝对值之和大于1,这说明中国是符合马歇尔-勒纳条件的。这与很多国内的学者的结论是一致的,如戴祖祥(1997)对中国1981—1995年的数据进行估计,发现进出口贸易弹性之和显著大于1,满足马歇尔-勒纳条件。卢向前、戴国强(2005)对1994—2003年人民币实际汇率波动与中国进出口贸易之间的长期均衡关系进行了检验,结果表明,马歇尔-勒纳条件是成立的,人民币实际汇率对中国进出口贸易存在显著的影响。

表 4 - 6 出口需求方程和进口需求方程的 Johanson 协整检验结果

	原假设	特征值	迹统计量	5%的临界值	概率
进口需求方程滞后期为1	None *	0.433 0	50.876	35.192	0.000 5
	At most 1	0.232 8	17.964	20.261	0.100 5
	At most 2	0.043 6	2.591 0	9.164 5	0.659 5
出口需求方程滞后期为1	None *	0.281 0	37.938	35.011	0.023 6
	At most 1 *	0.237 4	18.802	18.397	0.043 9
	At most 2	0.051 7	3.082 6	3.841 4	0.079 1

4.格兰杰因果检验

本节继续使用格兰杰因果检验来考察进出口贸易对中国经济增长的作用。格兰杰因果检验要求变量必须平稳,因此需要对各个变量的一阶差分 $\Delta \ln reer$,$\Delta \ln ex$,$\Delta \ln im$,$\Delta \ln y$,$\Delta \ln y^*$ 进行格兰杰因果检验,检验结果如表4-7和表4-8所示。

人民币实际汇率与中国出口贸易存在双向的格兰杰因果关系,即人民币实际汇率变动是出口变动的格兰杰原因,反之,出口变动也是人民币实际汇率变动的格兰杰原因。国外总需求与中国出口存在单向的格兰杰因果关系,即国外总需求变动是中国出口变动的格兰杰原因,反之,中国出口变动并不是国外总需求变动的格兰杰原因(见表4-7)。

表 4 - 7　　出口贸易的格兰杰因果检验结果

原假设		F 统计量	显著性水平	结论
$\Delta\ln reer$ 不是 $\Delta\ln ex$ 的 Granger 原因	滞后期 为 1	2.251	0.094	拒绝
$\Delta\ln ex$ 不是 $\Delta\ln reer$ 的 Granger 原因		2.426	0.077	拒绝
$\Delta\ln y^*$ 不是 $\Delta\ln ex$ 的 Granger 原因		2.731	0.040	拒绝
$\Delta\ln ex$ 不是 $\Delta\ln y^*$ 的 Granger 原因		0.690	0.602	接受

　　人民币实际汇率与进口贸易存在单向的格兰杰因果关系,即人民币实际汇率变动是进口贸易变动的格兰杰原因,反之,进口贸易变动并不是人民币实际汇率变动的格兰杰原因。中国经济增长和进口贸易存在单向的格兰杰因果关系,即中国经济增长变动是进口贸易变动的格兰杰原因,反之,进口贸易变动并不是中国经济增长变动的格兰杰原因(见表 4 - 8)。

表 4 - 8　　进口贸易的格兰杰因果检验结果

原假设		F 统计量	显著性水平	结论
$\Delta\ln reer$ 不是 $\Delta\ln im$ 的 Granger 原因	滞后期 为 1	3.118	0.083	拒绝
$\Delta\ln im$ 不是 $\Delta\ln reer$ 的 Granger 原因		0.111	0.953	接受
$\Delta\ln y$ 不是 $\Delta\ln im$ 的 Granger 原因		7.959	0.007	拒绝
$\Delta\ln im$ 不是 $\Delta\ln y$ 的 Granger 原因		1.765	0.166	接受

5.脉冲响应分析

　　从图 4 - 9 可以看出,在第 1 期到第 2.5 期,出口贸易扰动项对中国经济增长扰动项的冲击为负值,说明短期内出口贸易不利于中国经济增长,原因可能在于出口贸易对中国经济增长的积极作用存在滞后效应,所以说,短期内出口贸易对经济增长的促进作用不明显。从第 2.5 期开始,出口贸易扰动项对中国经济增长扰动项的冲击一直为正值,并且呈现快速上升的趋势,说明长期内,出口贸易促进了中国的经济增长。从图 4 - 10 可以看出,进口贸易扰动项对中国经济增长扰动项的冲击为正值,且呈现持续上升的趋势,说明进口贸易对中国经济增长也有较大的积极作用。

Response of LNGDP1_SA to Generalized One
S.D. LNEX_SA Innovation

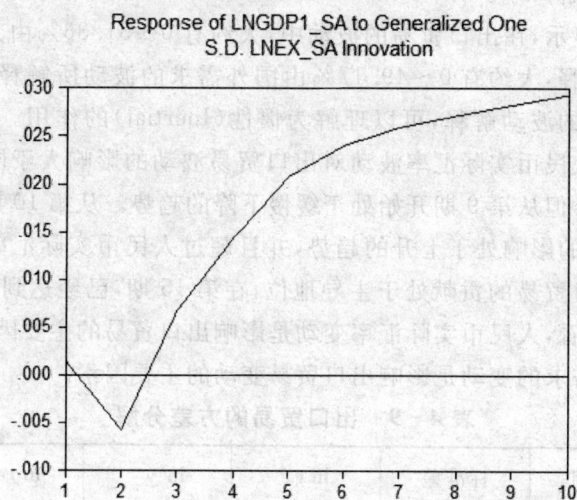

图 4 - 9 中国经济增长对出口的脉冲效应

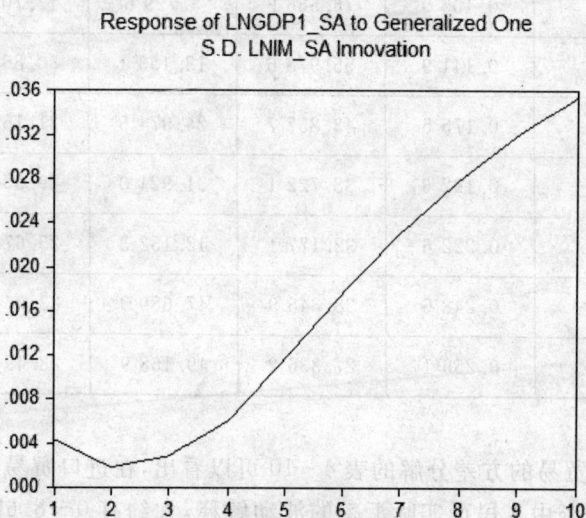

Response of LNGDP1_SA to Generalized One
S.D. LNIM_SA Innovation

图 4 - 10 中国经济增长对进口的脉冲响应

6. 方差分解

表 4-9 显示,在出口贸易的波动中,大约有 0~31.36% 由人民币实际汇率的波动来解释,大约有 0~49.17% 由国外需求的波动所解释,其余部分由出口贸易自身的波动解释,可以理解为惯性(Inertial)的作用。综合看,虽然在第 1~9 期人民币实际汇率波动对出口贸易波动的影响大于国外需求对出口贸易的影响,但从第 9 期开始处于缓慢下降的趋势。从第 10 期开始国外需求对出口贸易的影响处于上升的趋势,并且超过人民币实际汇率对出口贸易的影响,对出口贸易的贡献处于主导地位,在第 15 期,已经达到 49.17%。这说明从短期来看,人民币实际汇率变动是影响出口贸易的主要因素;然而从长期来看,国外需求的变动是影响出口贸易变动的主要因素。

表 4-9 出口贸易的方差分解

时期	标准差	ln *ex*	ln *y**	ln *reer*
1	0.031 7	100.000 0	0.000 0	0.000 0
3	0.066 5	96.313 8	1.380 5	2.305 6
5	0.105 9	76.566 9	5.729 6	17.703 4
7	0.141 9	55.978 6	13.153 1	30.868 1
9	0.175 5	43.857 7	24.974 5	31.167 6
10	0.192 6	38.722 1	31.921 0	29.356 8
12	0.222 6	32.177 1	42.152 3	25.670 5
14	0.248 6	28.345 9	47.689 9	23.964 0
15	0.259 1	27.336 2	49.168 9	23.494 8

从对进口贸易的方差分解的表 4-10 可以看出,在进口贸易的波动中,大约有 0~15.87% 由人民币实际汇率的波动解释;大约有 0~8.62% 由中国经济增长的波动解释;进口贸易的波动有 70% 以上是由其自身来解释,同样可以理解为进口贸易自身的惯性作用。从整体上来看,人民币实际汇率波动对进口贸易的影响大于中国经济增长对进口贸易的影响,这和协整分析的结论是一致的。

表 4 - 10 进口贸易的方差分解

时期	标准差	ln im	ln y	ln $reer$
1	0.079 9	100.000	0.000 0	0.000 0
3	0.121 7	86.628	0.716 0	12.655
5	0.159 5	82.520	2.134 8	15.344
7	0.193 9	80.315	3.813 3	15.871
9	0.225 3	78.867	5.370 5	15.761
11	0.254 0	77.870	6.690 7	15.438
13	0.280 0	77.180	7.765 3	15.054
15	0.303 7	76.706	8.621 9	14.671

4.3 人民币实际汇率、贸易收支与经济增长：中美、中日比较分析

　　现有的部分文献研究发现汇率与贸易收支的关系因贸易伙伴的不同而表现出差异性，比如 Bahmani Oskooee & Brooks(1999)分析表明汇率与贸易收支关系的国别差异总会导致总量数据分析不够准确，所以在这种情况下运用双边数据进行计量研究会更有针对性。为了解双边实际汇率波动对贸易收支可能产生的影响，并克服总量分析可能带来的偏差，本小节以中国的两个最大贸易伙伴国美国和日本作为中国双边贸易收支的分析对象国，来讨论人民币实际汇率对中美、中日双边贸易收支影响的差异。

4.3.1 计量模型和变量的构建

　　结合式(4.37)，并对 Bahmani Oskooee & Brooks(1999)模型进行变形，整理得本节的计量模型

$$\ln TB_{jt} = \alpha_0 + \alpha_1 \ln e_{jt} + \alpha_2 \ln Y_t + \alpha_3 \ln Y_{jt}^* + \varepsilon_t \tag{4.40}$$

式(4.40)中的 TB_{jt}, e_{jt}, Y_t, Y_{jt}^* 分别表示在 t 期中国与贸易伙伴 j 国的贸易收支项目、双边实际汇率、中国的经济增长(用 GDP 表示)、j 国的经济增长(用 j 国的 GDP 表示)。根据式(4.40),中美和中日的贸易收支方程可表示为

$$\ln TB_{usa} = \gamma_0 + \gamma_{1Chi} \ln Y_{Chi} + \gamma_{2usa} \ln gdp_{usa} + \gamma_{3usa} \ln E + \varepsilon_{usa} \qquad (4.41)$$

$$\ln TB_{Jap} = \lambda_0 + \lambda_{1Chi} \ln Y_{Chi} + \lambda_{2Jap} \ln gdp_{Jap} + \lambda_{3Jap} \ln E + \varepsilon_{Jap} \qquad (4.42)$$

按照传统国际收支理论,如果中国的经济增长上升,既会促进中国的出口贸易的供给,也会增加中国的进口贸易的需求,但通常认为其对出口贸易供给的促进作用小于对进口贸易需求的拉动作用,由于进口贸易增加幅度大于出口贸易增加的幅度,贸易收支恶化,$\gamma_{1Chi} < 0$,$\lambda_{1Chi} < 0$。同样,随美国和日本的国民收入上升,不仅会促进美国和日本的对中国的进口贸易供给,而且会拉动美国和日本对中国的出口贸易的需求,但通常认为其对中国进口贸易供给的促进作用小于对中国出口贸易需求的拉动作用,使得中国出口贸易增加,贸易收支得到改善,因此 $\gamma_{2usa} > 0$,$\lambda_{2Jap} > 0$。若满足马歇尔-勒纳条件,则人民币汇率的贬值会改善中美和中日的贸易收支,因此 $\gamma_{2usa} < 0$,$\lambda_{2Jap} < 0$。

本小节的各个变量可以解释如下:

实际有效汇率 $reer$:为了准确把握人民币汇率的实际调整方向和波动情况,以人民币实际有效汇率指数来作为中美和中日双边实际汇率的代表变量。人民币实际有效汇率指数是由人民币实际汇率与其他国家货币的双边实际汇率按照贸易权重加权平均之后的指数,所以人民币实际有效汇率指数代替中美、中日的双边实际汇率,可以更为有效地反映人民币相对于所有其他国家货币的平均比值。

国内 gdp_{Chi}:选用中国国内生产总值 GDP,来作为中国国内的总需求和经济增长的代表变量。

美国经济增长 gdp_{usa}:选用美国国内生产总值 GDP,来作为反映美国总需求的代表变量。

日本经济增长 gdp_{Jap}:选用日本国内生产总值 GDP,来作为反映日本总需求的代表变量。

中美贸易收支 TB_{usa}:中国对美国的出口贸易与进口贸易之比,即 $TB_{usa} = ex_{usa}/im_{usa}$。

中日贸易收支 TB_{Jap}:中国对日本的出口贸易与进口贸易之比,即 $TB_{Jap} = ex_{Jap}/im_{Jap}$。

本小节选取了 1983—2008 年的年度时间序列数据,数据来源于《中国对外经济统计年鉴》、《中国海关统计年鉴》、《中国统计年鉴》、国际货币基金组织

的 IFS 数据库和 http://comtrade.un.org/。

4.3.2 中美、中日双边贸易收支的实证分析

1. 单位根检验

首先对变量的平稳性进行检验,使用 ADF 法检验 $\ln reer$, $\ln TB_{Jap}$, $\ln TB_{usa}$, $\ln gdp_{Chi}$, $\ln gdp_{Jap}$ 和 $\ln gdp_{usa}$ 六个变量的稳定性,检验结果如表 4-11 所示。经过 ADF 检验可知,这六个变量均是非平稳的时间序列;它们的一阶差分 $\Delta\ln reer$, $\Delta\ln TB_{Jap}$, $\Delta\ln TB_{usa}$, $\Delta\ln gdp_{Chi}$, $\Delta\ln gdp_{Jap}$ 和 $\Delta\ln gdp_{usa}$ 在 5% 显著性水平下是平稳的时间序列。

表 4-11 **Augment Dickey-Fuller 的检验结果**

变量	ADF 统计量	临界值(5%)	检验形式	结论
$\ln reer$	-2.3615	-3.6032	(c,t,0)	不平稳
$\ln TB_{Jap}$	-2.1855	-2.9918	(c,t,3)	不平稳
$\ln TB_{usa}$	-2.2430	-3.6032	(c,t,0)	不平稳
$\ln gdp_{Chi}$	-1.4251	-3.6032	(c,t,1)	不平稳
$\ln gdp_{Jap}$	-1.9730	-3.6032	(c,t,2)	不平稳
$\ln gdp_{usa}$	-1.8510	-3.6121	(c,t,1)	不平稳
$\Delta\ln reer$	-3.8594	-2.9918	(c,0,0)	平稳
$\Delta\ln TB_{Jap}$	-4.9937	-2.9918	(c,0,1)	平稳
$\Delta\ln TB_{usa}$	-5.4033	-2.9918	(c,0,0)	平稳
$\Delta\ln gdp_{Chi}$	-3.9715	-2.9918	(c,0,2)	平稳
$\Delta\ln gdp_{Jap}$	-2.7320	-1.9556	(c,0,0)	平稳
$\Delta\ln gdp_{usa}$	-3.8757	-3.6328	(c,t,0)	平稳

2.协整分析

根据 AIC 和 SIC 最小化的准则,中美和中日贸易收支的向量自回归
VAR 模型的滞后期为 2。基于 VAR(2),用 Johansen 协整检验法检验中美和
中日双边贸易收支的协整关系时,确定滞后期为 1。协整检验的结果表明(见
表 4-12),在 5% 的显著性水平上,中美贸易收支、人民币实际汇率、中国经济
增长和美国经济增长具有协整关系和长期均衡关系。同样,在 5% 的显著性
水平上,中日贸易收支、人民币实际汇率、中国经济增长和日本经济增长也具
有协整关系和长期均衡关系。从式(4.43)和式(4.44)标准化的协整参数可以
看出,贸易收支的各个协整方程系数的符号基本符合预期。人民币实际汇率
的系数为负值,说明马歇尔-勒纳条件得到满足。

由于中美、中日之间的协整方程式均是对数形式,所以各个变量的系数可
以直接解读为人民币实际汇率和经济增长对贸易收支的长期弹性系数。从协
整方程式(4.43)可以看出,人民币实际汇率对中美贸易收支的弹性很小,人民
币实际汇率贬值 1%,仅能改善中美贸易收支 0.116%;美国的经济增长对中
美贸易收支的弹性最大,达到了 6.209,即美国经济增长增加 1%,就会改善中
美贸易收支 6.209%;这说明中美之间的贸易收支,对美国经济增长的波动非
常敏感。中国经济增长对中美贸易收支具有负面消极影响,中国经济增长提
高 1%,反而使得中美贸易收支下降 1.929%。

$$\ln TB_{usa} = 44.991 - 0.116\ln reer + 6.209\ln gdp_{usa} - 1.929\ln gdp_{Chi} \qquad (4.43)$$
$$\quad (2.21) \qquad (4.11) \qquad (2.27) \qquad (3.49)$$

从中日之间贸易收支的估计方程式(4.44)中可以看出,人民币实际汇率
对中日贸易收支的长期弹性为 0.45,人民币实际汇率弹性系数明显大于中美
贸易的长期弹性系数。然而中国的经济增长和日本的经济增长对中日之间贸
易收支却是影响甚微,中国经济增长对中日贸易收支影响的弹性系数仅为
-0.014,说明中国经济增长增加 1%,会使得中日贸易收支下降 0.014%。日
本经济增长对中日贸易收支影响的弹性系数为 0.512,说明日本经济增长增
加 1%,会使得中日贸易收支改善 0.512%。

$$\ln TB_{Jap} = -1.864 - 0.450\ln reer + 0.512\ln gdp_{Jap} - 0.014\ln gdp_{Chi} \qquad (4.44)$$
$$\quad (5.33) \qquad (3.87) \qquad (3.25) \qquad (6.19)$$

从式(4.43)和式(4.44)可以得出初步的结论:中美及中日双边贸易收支
的影响因素存在差异,人民币实际汇率对双边贸易收支变动的影响程度并不
相同,各国需求因素对贸易收支的影响也不相同。

表 4 - 12 Johanson 协整检验结果

原假设	特征值	迹统计量	5%的临界值	概率
中美贸易收支协整检验(滞后期＝1)				
None *	0.664 1	65.218	54.079	0.003 7
At most 1 *	0.498 8	39.029	35.192	0.018 4
At most 2 *	0.473 7	22.451	20.261	0.024 6
At most 3	0.254 2	7.041 9	9.164 5	0.124 2
中日贸易收支协整检验(滞后期＝1)				
None *	0.857 6	99.125	54.079	0.000 0
At most 1 *	0.666 2	52.335	35.192	0.000 3
At most 2 *	0.489 2	26.000	20.261	0.007 2
At most 3 *	0.337 3	9.876 4	9.164	0.036 6

3. 格兰杰因果检验

协整检验只能分别表明人民币实际汇率与中美、中日贸易收支存在长期的均衡关系,但并不能确定是否具备统计意义上的因果关系。格兰杰因果检验要求变量必须平稳,因此需要对各变量一阶差分 $\Delta \ln reer$,$\Delta \ln TB_{Jap}$,$\Delta \ln gdp_{Chi}$,$\Delta \ln gdp_{Jap}$ 和 $\Delta \ln gdp_{usa}$ 进行格兰杰因果检验。

根据表 4 - 13 可以看出,存在人民币实际汇率到中日贸易收支的单向格兰杰因果关系,即人民币实际汇率变动是中日贸易收支变动的格兰杰原因;反之,中日贸易收支变动不是人民币实际汇率变动的格兰杰原因。中美贸易收支和人民币实际汇率不存在格兰杰因果关系,即人民币实际汇率不是中美贸易收支变动的格兰杰原因,与此同时,中美贸易收支也不是人民币实际汇率变动的格兰杰原因。

表 4 - 13　格兰杰因果检验结果

原假设		F 统计量	显著性水平	结论
$\Delta\ln reer$ 不是 $\Delta\ln TB_{Jap}$ 的 Granger 原因		4.872	0.039	拒绝
$\Delta\ln TB_{Jap}$ 不是 $\Delta\ln reer$ 的 Granger 原因	滞后期为 1	0.019	0.892	接受
$\Delta\ln reer$ 不是 $\Delta\ln TB_{usa}$ 的 Granger 原因		0.045	0.510	接受
$\Delta\ln TB_{usa}$ 不是 $\Delta\ln reer$ 的 Granger 原因		0.769	0.390	接受

4. 方差分解

在误差修正模型的基础上,本小节运用方差分解技术来分析中美、中日贸易收支变动的主要影响因素。对影响贸易收支进行方差分解,就得到每个因素冲击对贸易收支变动影响的贡献度。中美、中日的贸易收支、中国经济增长、美日经济增长和人民币实际汇率变量的冲击可以分别称为贸易收支的冲击、国内需求的冲击、国外需求的冲击和相对价格的冲击,从而可以更好地区分中美、中日贸易收支随机冲击的来源。

从表 4 - 14 中美双边贸易收支波动的方差分解结果可以看到,在第 5 期,美国需求因素对中美贸易收支的贡献度为 14.7%,中国需求因素对中美贸易收支的贡献度为 7.40%;到第 10 期,美国的需求因素对中美贸易收支的贡献度为 47%,而中国需求因素对中美贸易收支的贡献度为 27.4%。人民币实际汇率对贸易收支的贡献度很小,不足 1%。这说明不考虑贸易收支自身冲击的影响,无论是在短期内还是长期内,人民币实际汇率对中美贸易收支的影响甚微,美国需求因素对中美贸易收支的贡献度也远大于中国需求贡献度,美国需求因素是影响中美贸易收支的决定性因素。

表 4 - 14　中美贸易收支波动的方差分解

时期	标准差	$\ln TB$	$\ln reer$	$\ln gdp_{Chi}$	$\ln gdp_{usa}$
1	0.158 3	100.000	0.000 0	0.000 0	0.000 0
3	0.189 3	93.327	0.895 2	1.556 6	4.220 3
5	0.219 7	77.069	0.874 7	7.389 7	14.666
7	0.272 3	53.345	0.588 5	17.478	28.587
9	0.364 6	32.743	0.472 4	25.270	41.513
10	0.432 0	25.159	0.479 2	27.374	46.986

　　根据表 4-15 中日双边贸易收支的方差分解结果可以看出,除了贸易冲击自身的因素,在短期内,日本需求因素对中日贸易收支的贡献最大,第 2 期为 35.36%,第 3 期为 43.29%。从长期来看,日本的需求因素对中日贸易收支的贡献虽然有所下降,但是仍然占主导地位,在第 10 期为 38.15%。中国的需求因素对中日贸易收支的贡献比较稳定,一直维持在 13%~15%左右。人民币实际汇率对中日贸易收支的贡献度在第 2 期为 5.47%,至第 5 期上升为 20.09%,到第 6 期达到最高值为 20.32%,到第 10 期为 19.37%,说明人民币实际汇率也是影响中日贸易收支的重要因素。

表 4-15　中日贸易收支波动的方差分解

时期	标准差	$\ln TB$	$\ln reer$	$\ln gdp_{Jap}$	$\ln gdp_{Chi}$
1	0.100 8	100.000	0.000 0	0.000 0	0.000 0
2	0.155 9	43.670	5.465 4	35.359	15.504
3	0.182 0	34.810	5.967 5	43.298	15.923
5	0.198 3	29.392	20.092	36.579	13.935
6	0.200 7	28.781	20.318	36.869	14.029
10	0.206 7	27.600	19.365	38.159	14.874

　　人民币实际汇率对中美双边贸易收支和中日双边贸易收支的影响程度之所以存在很大的差异,原因可能在于中美双边贸易结构和中日双边贸易结构存在很大的差异,中美之间的贸易大多数是产业内贸易,而中日之间的贸易大多数产业间贸易。中美之间产业内贸易之所以比中日贸易要稍强,其中一个重要的原因在于美国方面严格限制对中国的高新技术和高科技产品的出口贸易,这就严重阻碍了美国和中国按照比较优势的原则和资源禀赋的原则进行国际分工和国际贸易。实际汇率的波动对产业间贸易的影响远远大于对产业内贸易的影响,主要原因在于产业内贸易中贸易产品的之间的可替代性比较强,因此厂商对于其产品价格的控制力也就比较弱,如果一国名义汇率或者实际汇率发生变动,厂商不会轻易改变其产品的价格,所以说,与产业间贸易相比,实际汇率的变动对产业内贸易影响也就比较小(王中华,2007)。

4.4 本章小结

本章利用 1994—2008 年的中国贸易总量的季度时间序列数据对人民币汇率影响中国经济增长的贸易机制进行了实证分析。为了克服总量分析可能带来的偏差,本章同时以中国的两个最大贸易伙伴国美国和日本作为中国双边贸易收支的分析的对象国,来讨论人民币实际汇率对中美和中日双边贸易收支的影响。这对于正确认识中国贸易账户在国别间的分布格局及其动态调整机制,并有针对性地采取措施以纠正中国的贸易失衡和当前人民币汇率制度改革等都有具有极为重要的意义。本章得出的主要结论如下:

第一,在 1994—2008 年期间,人民币实际汇率变动是影响中国进出口贸易的重要因素。国外经济增长 1%,中国出口贸易变动 0.405%;中国经济增长变动 1%,中国的进口贸易增加 1.233%。人民币实际汇率贬值 1%,出口贸易增加 1.375%。人民币实际汇率升值 1%,中国进口贸易增加 2.598%。可以看出,中国进口贸易受人民币实际汇率变动的影响程度明显大于出口贸易受人民币实际汇率变动的影响程度,两者的绝对值之和大于 1,中国是符合马歇尔—勒纳条件的。

第二,中国的进出口贸易是影响中国经济增长的重要因素。出口贸易和中国经济增长存在单向的格兰杰因果关系,进口贸易和中国经济增长存在双向的格兰杰因果关系。出口贸易和进口贸易都促进了中国的经济增长。

第三,人民币实际汇率对中美、中日之间的贸易收支变动的影响程度并不相同,人民币实际汇率对中日贸易的影响大于其对中美贸易的影响。实际汇率对中美和中日之间贸易收支的影响程度之所以存在着差异性,一个重要原因可能在于中美双边贸易和中日双边贸易在结构上存在着很大的差别。

第四,人民币实际汇率并不是影响中美之间贸易收支的主要因素,美国方面的需求因素才是真正影响中美双边贸易收支的主要因素。从长期看,美国经济增长引致的需求对中美贸易收支的弹性非常大。因此,人民币汇率升值并不能够从根本上解决美方贸易顺差问题,因为美国对中国贸易收支恶化的根本原因在于美国自身对中国的出口贸易商品有着强烈的需求,所以说,美国以中美贸易失衡为借口来攻击人民币汇率是缺乏事实根据的,人民币实际汇率因素对中美贸易收支的影响微乎其微。在中国已经成为"世界工厂"的国际分工体系下,中美贸易失衡在短期内难以改变,也不是单单只靠人民币汇率升值就能解决的。

第 5 章　人民币实际汇率对中国经济 增长影响的投资机制分析

投资机制是人民币实际汇率影响中国经济增长的重要机制之一,大量的外商直接投资(FDI)流入中国,有效地提高了中国技术水平,对中国的经济增长具有积极意义。本章就对人民币实际汇率对中国经济增长影响的投资机制进行实证性的分析。首先对中国利用外商直接投资的现状进行描述,其次分析汇率影响经济增长的传导机制,再次,对人民币实际汇率影响经济增长的投资机制进行实证性的检验,最后是本章小结。

5.1　中国利用外商直接投资的现状分析

5.1.1　中国利用外商直接投资的阶段和总量分析

根据外商直接投资的规模、增长速率、外资政策及其空间分布,可以将外商直接投资在中国的发展划分为五个阶段。

1. 初始阶段:1979—1982 年

1979 年是中国利用外商直接投资历史上的一个重要转折点。1979 年 7 月第五届全国人大通过了《中外合资经营企业法》,成立了国务院下设外商投资管理委员会。这期间设立了 4 个经济特区,一些小规模的外资企业主要位于经济特区和沿海的一些城市,外商直接投资规模较小,增长缓慢,投资者主要是以中外合作的方式进入中国。期间,中国政府批准的外资项目不到 1 000 个,协议和实际利用的外资额大约为 60 亿美元和 12 亿美元。这一时期,投资者都是试探性的、短期的投资,尽量回避风险,目的是来了解中国的政治经济环境。投资者主要来自中国的香港和澳门,其他国家的投资者还在观望。文化和地理上的接近使得港澳地区在早期时对中国大陆的直接投资成为可能。大部分投资集中于小规模的组装和出口加工业。

2. 初具规模阶段:1983—1985 年

针对利用外资投资工作进展缓慢的情况,国务院于 1983 年 5 月召开第一次全国利用外资工作会议,确立了利用外商投资、发展外商投资企业是中国对外开放战略中的一项长期政策。1984 年 5 月中国决定开放 14 个沿海城市，1985 年 5 月,中国又决定将长江三角洲、珠江三角洲、闽南三角洲地带开辟为沿海经济开发区,并将吸收外商直接的审批权限下放到地方和部门,地方政府也着手改善基础设施、简化外资项目审批手续,陆续出台众多针对外商的优惠政策。这期间还采取措施逐步完善外商投资立法,使投资环境有了初步的改善,加快外商投资步伐。这样导致了 1984 年和 1985 年外资的加速发展,新批准的外资项目在两年间翻倍。1983—1985 年中国共批准外商直接投资项目 5399 个,外商投资协议金额 103 亿美元,实际使用金额 35.33 亿美元,中国的外商直接投资已初具规模。

3. 发展阶段:1986—1991 年

1986 年以后正是中国经济调整的阶段,中国国民经济进入治理整顿时期。这期间调整产业结构、压缩社会总需求和整顿流通秩序,影响了外商直接投资的规模和增长速度。为了增强外商对中国投资环境的信心,1988 年到 1991 年间,中国调整和颁布了一系列有关外商投资的政策法规,1986 年国务院颁布了《关于鼓励外商投资的规定》,明确了一系列的给予出口外商投资企业和使用先进技术的外资企业优惠政策,随后各省区也出台了众多优惠政策以吸引外资企业。1986 年 4 月还颁布了《中华人民共和国外资企业法》,允许外国企业和其他经济组织或个人在中国境内设立独资企业。1988 年通过了《中华人民共和国中外合作经营企业法》,从法律上保障了各种形式的外资企业。对外资企业给予的优惠条件还包括降低土地使用费、降低税率、降低一些生产投入的价格、放松对国家战略性要素的控制以及提高政府的服务意识和办事效率等。政策法规以及优惠政策的变化显著改善了中国的投资环境,直接导致了外商直接投资的快速增长。在 1986—1991 年之间,外商直接投资每年增长 44%,1991 年实际利用的外商直接投资达到 47 亿美元,其中的 60%以上投向了制造业,越来越多的省区给予了外资优惠政策,推动了外商直接投资在中国的空间扩散。到 20 世纪 90 年代初,沿海的省区如山东、江苏、广东、辽宁以及福建等已经吸引了大量的外资项目,外向型经济得到了飞速发展(见图 5-1 和图 5-2)。

4. 高速增长阶段:1992—至今

中国利用外商直接投资真正的飞跃始于 1992 年,进入第三阶段。邓小平同志的"南巡讲话"、全方位开放格局的形成以及建立社会主义市场经济目标的确定等为吸引外商投资注入了强心剂。各级政府采取了一系列的措施加快改革开放步伐,如经济决策权的下放、国有企业改制、削减生产计划等。许多服务业如零售业、批发业、旅游业、银行业和保险业逐步向外资企业开放。一系列的商业和经济法规也先后颁布,众多内地主要城市和沿边沿江城市对外开放,20 世纪 90 年代末鼓励外资投向基础设施项目,并给予优惠政策。期间,中国的实际利用外商直接投资呈现几何级数增长,在 1991 年仅为 43.66 亿美元,到 1992 年上升到 110.07 亿美元,增长率高达 152.11%,1993 年的外商直接投资为 275.15 亿美元,增长率高达 149.98%;1995 年外商直接投资达到 375.21 亿美元,1998 年外商直接投资达到 454.63 美元。加入世界贸易组织后的第一年(2002 年)实际利用外商直接投资突破 500 亿美元,达到 527.43 亿美元;在 2004 年中国实际利用外商直接投资突破 600 亿美元,达到 606.3 亿美元;2005 年中国外商直接投资小幅下降,为 603.25 亿美元;2006—2008 年,外商直接投资呈现高速上升的趋势,平均增长率为 15.45%(见图 5-3)。

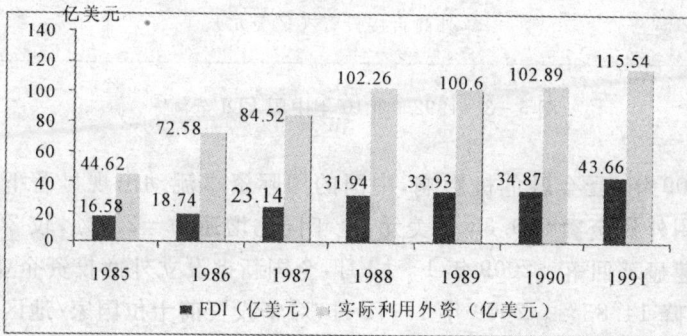

图 5-1　1985—1991 年我国实际利用外资及 FDI 金额

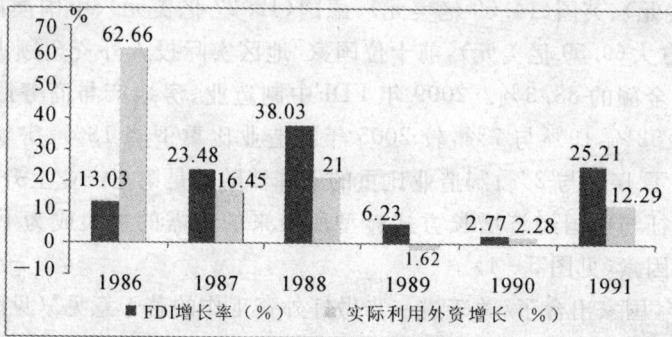

图 5-2　1985—1991 年实际利用外资及 FDI 增长率

图 5-3 1992—2010 年中国 FDI 金额①

在 2009 年,受金融危机影响,中国的国际资本流动出现显著下降,2009 年实际使用外资金额 900.33 亿美元,全年同比增速为－2.6％,较 2008 年的 24％的增速显著回落。2009 年 1～12 月,全国新批设立外商投资企业 23 435 家,同比下降 14.83％。2009 年 1～12 月,对华投资前十位国家/地区(以实际投入外资金额计)依次为:中国香港(539.93 亿美元)、中国台湾省(65.63 亿美元)、日本(41.17 亿美元)、新加坡(38.86 亿美元)、美国(35.76 亿美元)、韩国(27.03 亿美元)、英国(14.69 亿美元)、德国(12.27 亿美元)、中国澳门(10 亿美元)和加拿大(9.59 亿美元),前十位国家/地区实际投入外资金额占全国实际使用外资金额的 88.3％。2009 年 FDI 中制造业、房地产与商务服务业的比重分别为 52％,19％与 7％,较 2005 年制造业比重下降 18％,房地产与商务服务上升了 14％与 2％;制造业比重的下降伴随的是第三产业上升,服务业的本土化特征与中国经济增长方式转型所带来的内需的扩大成为 FDI 的流入重要影响因素(见图 5-4)。

2010 年,国家出台了《关于进一步做好外资工作的若干意见》(见附录 1),各部门和各地方政府也出台了一大批鼓励吸收外商直接投资的政策措施,并在全国范围内集中开展打击侵犯知识产权和制售假冒伪劣商品专项行动,我

① 数据来源于:北京大学 CCER 数据库和中宏数据库。

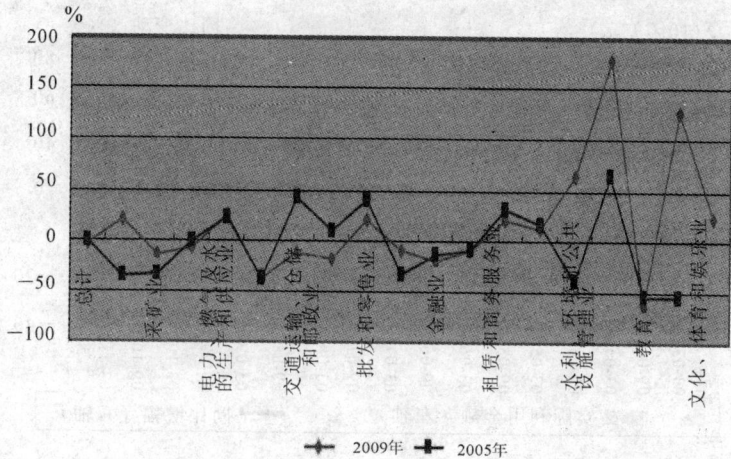

图 5-4　2009 年中国 FDI 流入的行业分布

国投资环境进一步改善。全年全国非金融领域新批设立外商投资企业 27 406 家,同比增长 16.9%;实际使用外资金额 1 057.4 亿美元,同比增长 17.4%,首次突破 1 000 亿美元,创历史最高水平,同时扭转了 2009 年下降 2.6%的局面,其中,12 月实际使用外资同比增长 15.6%,为 2009 年 8 月以来连续第 17 月实现增长。2010 年吸收外资的主要特点:一是外资产业结构继续优化。全年服务业实际使用外资金额同比增长 28.6%,占同期全国非金融领域实际使用外资金额的比重为 46.1%;制造业实际使用外资金额增长 6%,占比达到 46.9%;外商投资农、林、牧、渔业增长 33.8%,占比为 1.8%。二是中西部地区吸收外资的比重有所提高,东、中、西部地区实际使用外资占全国的比重分别为 85%,6.5%和 8.5%,分别比 2009 年同期降低 1.2 个百分点、增加 0.6 个百分点和增加 0.6 个百分点。三是对华投资前十位国家/地区中大部分实际投资继续保持增长。前十位国家/地区实际投入外资金额占全国实际使用外资金额的 90.1%。美国对华实际投资 40.52 亿美元,同比增长 13.31%;欧盟二十七国对华实际投资 65.89 亿美元,同比增长 10.71%[①]。2011 年上半年我国实际利用外资增长 18.4%,增幅低于 1～5 月的 23.4%和 1～4 月的 29.4%;期内,全国外商投资新设立企业增长 8.8%,增幅低于 1～5 月的 9.4%,与 1～4 月持平(见图 5-5)。

---

①　数据来源:中经网统计数据库。

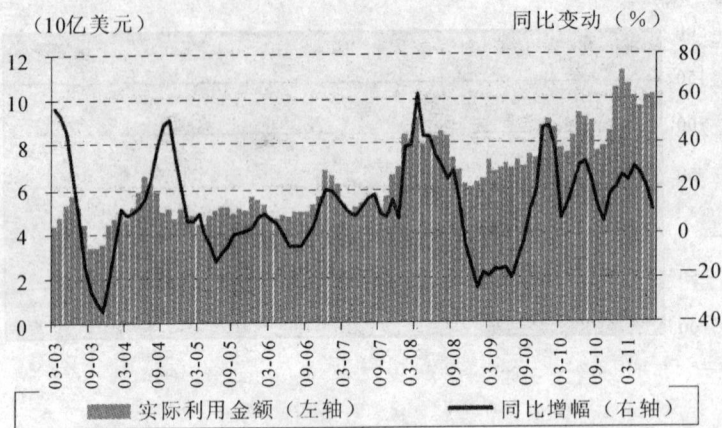

图 5-5　2003—2011 年我国实际利用外资增长率

　　外商直接投资项下资金流出基本平稳，经受住了国际金融危机的冲击。2001—2010 年，外商投资企业的直接投资项下流出（包括企业清算、减资、归还外方投资和外方转股等形式）合计 1 103 亿美元，相当于同期外商直接投资流入的 10%。尤其是本轮国际金融危机期间，2008 年外商投资企业流出增长比较平稳，在 2009 年经历较快增长后，2010 年流出量又有较大回落。2001—2010 年，外商投资企业累计利润汇出 2 617 亿美元，占来华直接投资存量的22%，年均增长 30%。其中，2002—2007 年年均增长 36%，国际金融危机爆发的 2008—2010 年转为年均增长 6%，利润汇出增长势头放缓。另据外商投资企业联合年检数据显示，2009 年末，外商投资企业外方留存利润为 1 708 亿美元，比 2008 年增长 45%。这显示外国投资者在国际金融动荡中，仍继续看好中国市场前景①（见图 5-6）。在吸收外商直接投资较快回升的同时，国家加快实施"走出去"战略，2010 年对外投资流量再创历史新高。2010 年全年我国境内投资者共对 129 个国家和地区的 3 125 家境外企业进行了直接投资，实现非金融类对外直接投资 590 亿美元，同比增长 36.3%。截至 2010 年底我国累计非金融类对外直接投资 2 588 亿美元。2010 年对外投资的主要特点：一是以海外收购方式实现的对外投资比例逐年提高。2010 年以收购方式实现的直接投资 238 亿美元，占投资总额的 40.3%，而 2009 年为 192 亿美元，占比为 34%。收购领域主要涉及采矿业、制造业、电力生产和供应业、专

①　数据来源：国家外汇管理局。

业技术服务业等。二是对主要经济体的投资呈现快速增长的态势。2010 年
我国对香港直接投资 337.7 亿美元,同比增长 20.1%;澳大利亚 29.3 亿美
元,同比增长 20.5%;东盟 25.7 亿美元,同比增长 12%;欧盟 21.3 亿美元,增
长 297%;美国 13.93 亿美元,同比增长 81.4%;日本 2.07 亿美元,同比增长
120%。三是地方对外投资态势迅猛,达到 163.2 亿美元,同比增长 72.7%,
创历史新高,浙江、辽宁、山东、上海、江苏、广东、安徽、北京等位居地方对外投
资的前列①。

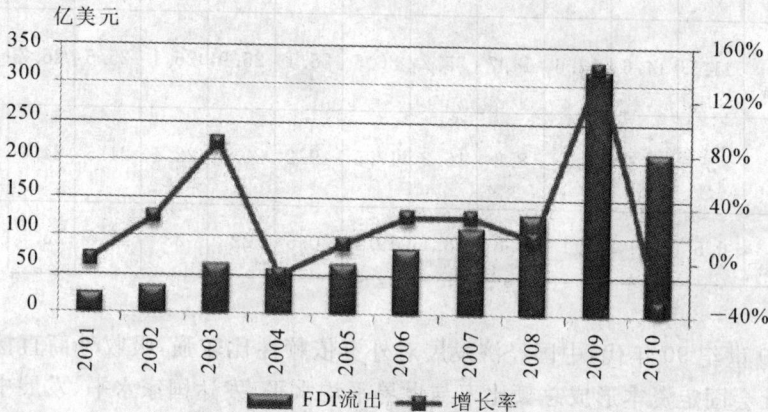

图 5-6　2001—2010 年来华直接投资撤资等流出情况②

5.1.2　外商直接投资在中国经济中的地位分析

外商直接投资在国内经济中的地位主要分析外商直接投资流入存量占国
内生产总值的比重(FDI/GDP)和吸收外商直接投资占全社会固定资本形成
总额比率。与世界其它国家相比,中国外商直接投资流入存量占国内生产总
值的比重在 20 世纪 90 年代处于比较高的水平,比如 1995 年,中国的外商直
接投资流入存量占国内生产总值的比重为 13.4%,同期发展中国家的平均水
平为 14.7%,发达国家的平均水平为 8.8%,世界的平均水平为 9.8%。
2000—2007 年,中国的 FDI/GDP 不仅大大低于世界平均水平,还低于发达国
家平均水平。2005—2007 年,中国外商直接投资流入存量占国内生产总值的
比重呈下降趋势,比如 2007 年,中国的 FDI/GDP 仅为 10.1%,而发展中国家

---

①　数据来源:中经网统计数据库。
②　数据来源:国家外汇管理局。

的平均水平为 29.8%,发达国家的平均水平为 27.2%,世界的平均水平为 27.9%(见表 5-1)。所以,相对于中国的国内生产总值 GDP 水平,中国外商直接投资引进规模没有想象的那么大,还有较大的增长空间。

表 5-1　FDI 流入存量占国内生产总值的比重国际比较[①]　　　（%）

期间/年	1980	1985	1990	1995	2000	2001	2002	2003	2004	2005	2006	2007
中国	0.4	2	5.1	13.4	16.2	15.4	14.9	13.9	12.7	11.8	10.5	10.1
发展中国家	11.5	14.6	13.6	14.7	25.2	26.5	25.1	25.9	26.1	25.5	26.7	29.8
发达国家	5	6.3	8.1	8.8	16.2	17.5	19.2	20.9	22.1	21.5	24.9	27.2
世界	6.5	8.1	9.1	9.8	18.1	19.4	20.5	22	23	22.5	25.5	27.9

　　20 世纪 90 年代,中国经济发展对外资依赖性比较强,吸收外商直接投资占全社会固定资本形成总额比率与世界平均水平、发达国家水平、发展中国家水平相比都高出不少(吕海霞,2009)。比如在 1994—1995 年,中国 FDI 占全社会固定资本形成总额的比重为 16.35%,同期发展中国家的平均水平为 11.4%,发达国家的平均水平为 8.4%,世界的平均水平为 9.2%。然而在 2000—2007 年,中国外商直接投资占全社会固定资本形成总额的比重逐年降低,开始低于发展中国家水平,2000 年中国外商直接投资占全社会固定资本形成总额的比重为 10.33%,同期发展中国家的平均水平为 16%,发达国家的平均水平为 21.7%,世界的平均水平为 20.3%。2007 年中国外商直接投资占全社会固定资本形成总额的比重下降为 5.39%,同期发展中国家的平均水平为 12.6%,发达国家的平均水平为 15.6%,世界的平均水平为 14.8%(见表 5-2)。这说明从相对量上看,中国的外商直接投资引进量还远远不够,需要引进更多的外商直接投资。

----

①　数据来源:UNCTAD,《2008 世界投资报告》,http://www.unctad.org/wir,转引自(吕海霞,2009)。

表 5 − 2 外商直接投资占全社会固定资本形成总额比率① (%)

期间/年	1980−1989	1990−1994	1994−1995	2000	2001	2002	2003	2004	2005	2006	2007
中国	1.6	8.84	16.35	10.33	10.54	10.41	8.63	7.71	6.38	6.14	5.39
发展中国家	3.1	5.6	11.4	16	13.6	10.4	9.5	12.4	11.4	12.5	12.6
发达国家	2.8	3.4	8.4	21.7	12	8.9	6.5	6.4	8.9	12.8	15.6
世界	2.9	3.8	9.2	20.3	12.3	9.3	7.4	8.2	9.7	12.9	14.8

5.2 实际汇率变动影响外商直接投资的传导机制分析

5.2.1 实际汇率变动影响外商直接投资传导机制的理论分析

1.资本化率理论

1970 年芝加哥大学的阿利伯教授在其《对外直接投资理论》一文中,提出了用不同国家的资本化率差异来解释国际投资活动的理论,即资本化率理论。资本化率是指使收益流量资本化的程度,用公式表示为 $K = \dfrac{C}{I}$,这里 K 为资本化率,C 为资产价值,I 为资产收益流量。资本化率越高,表示可使同量的收益流量形成较高价值的资产,也意味着资本预期收益的较快增长;反之,同量收益只能形成较低价值的资产,同时也意味着资本预收益期的较慢增长。Aliber(1970)认为,资本化率是一个外生变量,与一国的货币强弱等因素有关,一国的货币越强,资本化率越高;反之,越低。由于当今世界不存在一个完全自由的世界货币市场,强币的币值较稳定,汇率坚挺而上浮;而弱币比较容易贬值,汇率疲软而下浮。因此,跨国公司的对外直接投资是持强币国向持弱币国流动的。因为强币国资本化率高,在同等收益情况下形成更高的资产价值,在东道国资产收购中处于优势地位。阿利伯的模型如图 5 − 7 所示,其中,Y 代表利润收入;K 代表收入的资本化价值;Y_M 表示投资国企业出口销售所

---

① 数据来源:发展中国家、发达国家和世界的数据来自 UNCTAD,《2008 世界投资报告》,http://www.unctad.org/wir,中国的数据根据《中国统计年鉴整理》所得,转引自(吕海霞,2009)。

得的利润；K_M 表示该项收入按本国通货资本化后的价值；Y_F 表示该企业在出口市场直接投资将获得的收入；K_F 表示跨国生产收入的资本化价值；Y_D 和 K_D 则分别表示东道国企业自行生产供应国内市场所获得的收入及其按东道国通货资本化后的价值。

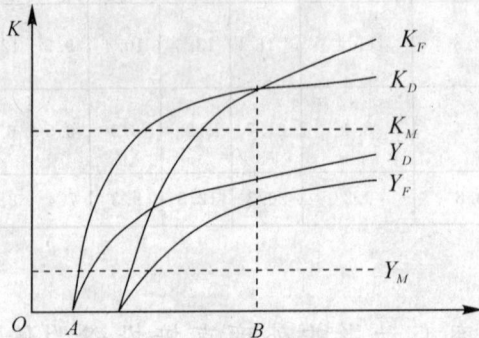

图 5-7　Aliber 模型

这个模型说明了市场规模和利用外国市场可供选择方法之间的关系。如果市场规模小于 OA，投资国选择出口；如果市场规模大于 OB（见图 5-7），则进行对外直接投资，此时外国公司可以得到的资本化收益上升到了高于当地竞争对手的水平。因此，在其他因素不变的情况下，强货币国家里具有资本化率高的企业将向弱货币国进行直接投资。比如日本从 20 世纪 70 年代到 90 年代的对外直接投资高潮，与日本对美元汇率的上升有着联系。可见，在当今货币市场不完全的条件下，汇率成为了影响对外直接投资的重要因素之一（戴楠,2008）。

2. 相对财富效应

相对财富效应由 Froot & Stein(1991) 提出,在其他因素相对不变的假设下,汇率水平变化影响到跨国投资者财富存量的相对价值。因此,汇率水平必然影响到外国投资者在本国与外国资产需求的转移,从而实现财富最大化或风险转移的目标。Froot & Stein(1991) 的研究是在资本市场是不完全的前提下做出了汇率水平与 FDI 之间存在明显关联的论断。Froot & Stein(1991) 调查了实际汇率对 FDI 的影响,使用的是 1974—1987 年从工业化国家流向美国的年度 FDI 数据,他们把整个 FDI 数据流入分成 13 个行业,发现在回归结果中有 13 个变量的系数都是负的,其中 5 个以上统计上是有显著意义的,关系最强的是制造业尤其化工业。并且他们也做了国别间的回归,分别是流入美国、西德、加拿大、英国以及日本的 FDI 值,回归结果表明被估计的汇率系数都是负的,其中美国和西德的汇率系数值是在统计上有显著性意义的,其他的几个显著性不高。他们的研究发现,美国 1970—1980 年间涌入的大规模外商直接投资应归功于同一时期疲软的美元汇率。假设外国公司在美国的融资限额是以该外国公司以美元计价的净价值为限,那么美元的贬值会增加其以美元计价的市场净值,因此该公司会得到更多的融资金额,该外国公司可能会更积极在美国进行直接投资。以上的结论表明,当 FDI 的东道国相对于母国货币贬值时,将使相同数量的外资购买更多东道国的商品,从而吸引 FDI 的流入。Froot & Stein(1991)还给予了两个启示:第一,当财富效应不必区分汇率变动对不同类型 FDI 的效应时,他们的实证研究为不同类型的 FDI 将对汇率变化做出不同反应的论断提供了依据。第二,与影响厂商财富的其他要素相比,要将相对财富收益和货币变动区分开来进行实证研究很难(戴楠,2008)。Froot & Stein(1991)认为,由于全球资本市场信息不完全,导致外部融资比内部融资更昂贵,因而直接投资是间接投资的一种有效替代。在汇率水平发生变化时,直接投资可以在一定程度上实现调整汇率变化的风险贴水和从结构上优化财富存量。在全球资本市场得以发展的情况下,上述功能的实现主要体现在外国资本的跨国并购。按照 IMF 和 OECD 对 FDI 的定义,大部分跨国并购属于 FDI 范畴;当本币升值时,由于国外资产在东道国购买力下降而引起并购 FDI 流入的减少;相反,当本币贬值时,将导致更多国内资产被国外资本收购,即并购 FDI 流入增多。因此,按照资本市场不完全的解释,汇率变化对 FDI 流动影响是投资者实现收益最大化的必然结果,即汇率变化通过财富效应对 FDI 流向产生影响。不但汇率水平通过财富效应影响到国际投资者的投资决策,汇率预期亦通过财富效应影响着外国投资者投资。在存在汇率升值预期的假定下,汇率将通过财富效应导致 FDI 流入。

3. 竞争力效应

汇率变化的直接结果是使同一产品以不同货币计价的相对价格发生变化,而相对价格变化将影响需求的国际间转移和企业国际竞争力,即汇率调整具有竞争力效应。要把握汇率水平通过竞争力效应对 FDI 产生的影响,需要区分不同情况。对"市场导向"型 FDI 而言,一国货币相对另外一国货币贬值(或低估),将提高进口产品的相对价格,降低出口产品的相对价格,因而汇率水平是影响企业竞争力的重要因素。企业为了改变汇率变化导致的竞争力下降的不利影响,一个可能的选择是通过在市场所在国直接投资替代出口。Cushman(1985)认为,汇率变化对"市场导向型 FDI"的影响还得审慎考虑该跨国企业投入品来源。当使用本国要素作为投入品时,东道国货币贬值将提高要素进口成本,从而提高跨国企业的生产成本和降低其产品的国内外竞争力,对东道国 FDI 流入产生不利影响。因此,东道国货币的国际价格对市场导向型 FDI 在东道国市场竞争力影响具有不确定性,故对国际资本流动规模与方向的影响亦具有不确定性。但对"成本或要素导向型 FDI"而言,由于其使用的是东道国廉价要素作为投入品,并且产品最终目标是出口,所以当东道国货币贬值,可以从三个方面提高其国际竞争力:一是要素成本优势;二是东道国货币贬值的出口相对价格优势;三是东道国货币贬值带来的、相对于非东道国企业而言的要素价格优势。当东道国货币贬值时,将导致"成本或要素导向型 FDI"流入;相反,则减少。

4.部门效应

在简单的两部门经济体中(贸易品和非贸易品部门),一国币值变化对该国不同部门吸引 FDI 的能力产生不同影响。当一国货币贬值导致对贸易品需求上升时,外国直接投资可能更多地投入贸易品部门,从而减少非贸易品部门的生产。不仅如此,由于本币贬值导致贸易品需求上升,进而导致生产要素需求增加,从而提高非贸易品生产要素成本,降低非贸易品利润,故本币贬值还从供给方面对非贸易品部门产生紧缩效应,引起 FDI 流入出现行业偏向的可能。Goldberg(1993)认为,汇率调整具有资源重新配置效应,而资源的重新配置依赖于重新分配成本多少和汇率变化的信号,这既包括国内资源的重新配置,也包括国外投资在不同行业间的配置。因此,从这个层面上看,一国货币币值变化将导致 FDI 在不同部门之间资源配置的转移,从而具有行业偏向特征。汇率变化除了通过需求和供给层面对 FDI 的部门流向产生影响之外,还可能通过预期收益和生产成本直接对部门利润产生影响。从理论上看,币值变化引起部门价格和利润变化是否对投资产生影响并未得到很好的解释,但一个简单的结论是,由于企业的逐利性,行业利润高将导致更多的资本流入。因此,在其他条件不变的情况下,一国货币贬值将提高贸易品部门的行业利润,并导致 FDI 流入该行业(崔远淼,2007)。

5.风险规避

风险规避理论的核心思想是基于风险厌恶的假设,更高的汇率波动性会降低期望收益的确定性等价水平。厂商的利润函数表示为汇率确定性等价水平的函数,厂商的期望利润是汇率水平的增函数,是汇率波动性的减函数。在风险规避理论基础上加入市场力量后,Caballero(1990)发现如果加价幅度很高的话,投资行为不受汇率不确定性的影响。Campa & Goldberg(1995)发现高加价的公司对汇率波动性的反映相对于低加价的公司更不敏感。

Gottschalk，Barrell & Hall(2004)引入了不完全竞争市场结构,用表示市场集中度的赫芬达尔指数的高低表示市场力量的强弱,考察市场力量如何影响企业投资对汇率波动性反映的敏感程度,发现在垄断程度较高的行业中企业对汇率波动性的敏感程度并没有因为定价能力的提高而减弱。

Brzozowski(2003)认为绝大多数跨国公司进行 FDI 具有风险规避性,汇率的波动增加了企业搜集信息等成本,在 FDI 收益不能确定的情况下,虽然运用金融手段(如外汇远期交易等)可以抵消部分或全部由汇率波动带来的损失,但这必定增加了跨国公司的投资成本,也无法规避所有的汇率风险。Wilhborg(1978)认为汇率的波动程度等价于投资者所面对的汇率风险,东道国汇率频繁或剧烈的波动对于风险厌恶偏好的外商直接投资者往往具有负面效应。Aizenman(1994)认为汇率波动程度与外商直接投资之间存在一种正相关的关系。他强调大的汇率波动将刺激外商直接投资,因为汇率的频繁波动对贸易的影响大于对跨国投资的影响,因此海外投资将有利于规避汇率风险。

人民币汇率制度的变化将对中国的外商直接投资的规模和结构形成怎样的影响? 人民币汇率是影响外商直接投资的重要因素,根据以上理论本章可以将人民币汇率变化对外商直接投资的影响机制分为以下的四个效应:第一,人民币汇率变化的财富效应,即人民币汇率变化改变外商直接投资对我国资产的购买力,从而对外商直接投资的所有权优势形成影响;第二,人民币汇率变化的需求效应,即人民币汇率变化改变以人民币衡量的市场规模,从而对产品市场需求的国际分布以及我国的区位优势产生影响;第三,人民币汇率变化的成本效应,即人民币汇率变化改变了以人民币衡量的我国的要素成本,对我国的区位优势形成影响;第四,人民币汇率变化的风险效应,即人民币汇率波动增加了以我国货币衡量收益的不确定性,从而增加外商直接投资收益的风险(Kohlhagen,1977;Froot & Stein, 1991;Dixit & Pindyck, 1994;Klein & Rosengren, 1994;于津平,2007)。

5.2.2　实际汇率变动影响外商直接投资传导机制的数理模型分析

根据孙霄翀、刘士余、宋逢明(2006)的分析,汇率影响外商直接投资的模型主要有"成本导向型 FDI"和"市场导向型 FDI"两种情况。

1. 成本导向型外商直接投资模型

假定产品的国际价格为 P^*,同时假定 P^* 与直接投资 I^* 标价货币相同。Q,L,K 分别表示企业产量,使用的劳动力和资本数量;w,r 代表劳动力和资本的单位成本;A 代表企业的技术能力;e 代表汇率水平,用间接标价法表示。

外商用直接投资 I^* 购买资本 K 和劳动 L 来组织生产,并将产品 Q 在国际市场以价格 P^* 出售,所以外商直接投资利润最大化的投资决策问题为

$$\max P^* Q - I^* \tag{5.1}$$

$$\text{s. t} \begin{cases} Q = \max (AL^\alpha K^\beta) \\ \text{s. t } \dfrac{I^*}{e} = wL + rK \end{cases} \quad (\alpha + \beta < 1) \tag{5.2}$$

假设外商直接投资的生产函数为 $C - D$ 生产函数形式。根据 Chakrabarti & Scholnick(2002)模型,假定生产规模报酬率递减,即 $\alpha + \beta < 1$。

外商直接投资(FDI)的决策分为两次优化,首先是在 FDI 投资量 I^* 时最大化产能 $Q(I^*)$,然后结合东道国的市场状况来决定最有投资规模 $\underset{I^*}{\arg\max}(P^* Q(I^*) - I^*)$,即式(5.1)。

根据式(5.2)中的两个模型,构建拉格朗日乘子。

$$l = AL^\alpha K^\beta + \lambda\left(\frac{I^*}{e} - wL - rK\right) \tag{5.3}$$

由式(5.3),可以求解得到

$$L = \frac{\alpha}{\alpha + \beta}\frac{1}{w}\frac{I^*}{e} \tag{5.4}$$

$$K = \frac{\beta}{\alpha + \beta}\frac{1}{r}\frac{I^*}{e} \tag{5.5}$$

所以

$$Q(I^*) = A\phi \left(\frac{1}{w}\right)^\alpha \left(\frac{1}{r}\right)^\beta \left(\frac{I^*}{e}\right)^{\alpha+\beta} \tag{5.6}$$

其中

$$\phi = \left(\frac{\alpha}{\alpha+\beta}\right)^\alpha \left(\frac{\beta}{\alpha+\beta}\right)^\beta \tag{5.7}$$

结合式(5.1),外商投资者的决策问题为

$$\max_{I^*} P^* Q(I^*) - I^* = P^* \phi \left(\frac{1}{w}\right)^\alpha \left(\frac{1}{r}\right)^\beta \left(\frac{I^*}{e}\right)^{\alpha+\beta} - I^* \tag{5.8}$$

由一阶条件得出最优投资量为

$$I^* = [P^* \phi(\alpha+\beta)]^{\frac{1}{1-\alpha-\beta}} A^{\frac{1}{1-\alpha-\beta}} e^{\frac{-\alpha-\beta}{1-\alpha-\beta}} w^{\frac{-\alpha}{1-\alpha-\beta}} r^{\frac{-\beta}{1-\alpha-\beta}} \tag{5.9}$$

可以得出外商的最优投资量与各因素关系的分析如下:

$$\frac{\partial I^*}{\partial e} = \frac{-\alpha-\beta}{1-\alpha-\beta} e^{\frac{-1}{1-\alpha-\beta}}\phi_1 < 0 \tag{5.10}$$

$$\frac{\partial I^*}{\partial w} = \frac{-\alpha}{1-\alpha-\beta} w^{\frac{\beta-1}{1-\alpha-\beta}}\phi_2 < 0 \tag{5.11}$$

$$\frac{\partial I^*}{\partial r}=\frac{-\beta}{1-\alpha-\beta}r^{\frac{\alpha-1}{1-\alpha-\beta}}\phi_3<0 \qquad (5.12)$$

$$\frac{\partial I^*}{\partial A}=\frac{1}{1-\alpha-\beta}A^{\frac{\alpha+\beta}{1-\alpha-\beta}}\phi_4>0 \qquad (5.13)$$

其中：

$$\phi_1=[P^*\varphi(\alpha+\beta)]^{\frac{1}{1-\alpha-\beta}}A^{\frac{1}{1-\alpha-\beta}}w^{\frac{-\alpha}{1-\alpha-\beta}}r^{\frac{-\beta}{1-\alpha-\beta}} \qquad (5.14)$$

$$\phi_2=[P^*\varphi(\alpha+\beta)]^{\frac{1}{1-\alpha-\beta}}A^{\frac{1}{1-\alpha-\beta}}e^{\frac{-\alpha-\beta}{1-\alpha-\beta}}r^{\frac{-\beta}{1-\alpha-\beta}} \qquad (5.15)$$

$$\phi_3=[P^*\varphi(\alpha+\beta)]^{\frac{1}{1-\alpha-\beta}}A^{\frac{1}{1-\alpha-\beta}}e^{\frac{-\alpha-\beta}{1-\alpha-\beta}}w^{\frac{-\alpha}{1-\alpha-\beta}} \qquad (5.16)$$

$$\phi_4=[P^*\varphi(\alpha+\beta)]^{\frac{1}{1-\alpha-\beta}}e^{\frac{-\alpha-\beta}{1-\alpha-\beta}}w^{\frac{-\alpha}{1-\alpha-\beta}}r^{\frac{-\beta}{1-\alpha-\beta}} \qquad (5.17)$$

外商直接投资的最优弹性分析如下：

$$\varepsilon_e=\frac{\partial I^*}{\partial e}\frac{e}{I^*}=-\frac{\alpha+\beta}{1-\alpha-\beta} \qquad (5.18)$$

$$\varepsilon_w=-\frac{\alpha}{1-\alpha-\beta} \qquad (5.19)$$

$$\varepsilon_r=-\frac{\beta}{1-\alpha-\beta} \qquad (5.20)$$

由式(5.10)～式(5.13)可见，外商最优直接投资额与企业技术能力 A 正相关，外商直接投资与实际汇率 e 负相关，与劳动力成本 u 和资本成本 r 负相关。根据外商直接投资弹性公式(5.18)、公式(5.19)和公式(5.20)可知，实际汇率升值对外商直接投资的抑制作用等于等比例同时提高本国的劳动力成本和资本成本的影响。所以说，对中国来讲，以成本为主要导向的外商直接投资企业，即在中国建立生产基地，而且外商投资企业的产品主要出口海外进行销售，会受到人民币实际汇率升值的抑制。所以说，随着人民币实际升值和中国资源成本和劳动力成本的的逐步提高，"成本导向型"的外商直接投资会在中国逐步减少（孙霄翀、刘士余、宋逢明，2006）。

2.市场导向型外商直接投资模型

与成本导向型直接投资有很大的不同，市场导向型外商投资企业生产的产品在投资所在的东道国国内销售。外商投资企业所生产的产品 Q 在东道国国内市场以价格 P 出售，外商投资企业所得利润通过外汇市场以汇率 e 转化为外商直接投资母国的货币。在以上假设下，建立外商直接投资模型：

$$\max PQe-I^* \qquad (5.21)$$

$$\text{s. t}\begin{cases} Q=\max(AL^{\alpha}K^{\beta}) \\ \text{s. t } \dfrac{I^*}{e}=wL+rK \end{cases} \quad (\alpha+\beta<1) \qquad (5.22)$$

$$I^* = [P\phi(\alpha+\beta)]^{\frac{1}{1-\alpha-\beta}}A^{\frac{1}{1-\alpha-\beta}}w^{-\frac{\alpha}{1-\alpha-\beta}}r^{\frac{1}{1-\alpha-\beta}}e \qquad (5.23)$$

根据式(5.21)、式(5.22)和式(5.23),可以得出实际汇率对外商直接投资的影响为

$$\frac{\partial I^*}{\partial e} = [P\phi(\alpha+\beta)]^{\frac{1}{1-\alpha-\beta}}A^{\frac{1}{1-\alpha-\beta}}w^{\frac{\alpha}{1-\alpha-\beta}}r^{\frac{\beta}{1-\alpha-\beta}} > 0 \qquad (5.24)$$

$$\varepsilon_e = 1 \qquad (5.25)$$

根据式(5.24)可知,东道国的实际汇率升值对于"市场导向型"外商直接投资来说具有明显的促进作用。"成本导向型"和"市场导向型"外商直接投资,受成本和技术影响都是相同的,一方面,技术进步、生产效率提高会促进外商直接投资;另一方面,劳动力、资本成本升高则会抑制外商直接投资。然而"成本导向型"、"市场导向型"外商直接投资两者受实际汇率的影响相反,实际汇率升值一方面可以提高"市场导向型"外商直接投资企业利润,促进"市场导向型"直接投资的增长;另一方面,会提高外商直接投资的生产成本,进而抑制"成本导向型"外商直接投资。根本原因在于,"市场导向型"外商直接投资企业的生产和销售均在所在投资的东道国国内发生,所以外资企业的生产成本和销售收入均以东道国的国内货币表示,因此以东道国本币表示的净利润与汇率无关。因此当东道国的实际汇率升值时,以外币表示的利润水平必然是提高的,从而进一步刺激了外商直接投资的增加。与"市场导向型"的外商直接投资相反,"成本导向型"外商直接投资企业的产品销售基本上是海外实现,所以外资企业产品的销售收入以外币表示,而外资企业产品生产在东道国的国内发生,生产成本以东道国的本币表示,当东道国汇率升值时,外商直接投资以外币衡量收益不变,因而以外币表示的成本升高,所以使得"成本导向型"外资企业的利润降低,从而减弱了外商继续投资激励。所以,对于中国来说,如果外商直接投资是以中国庞大的国内市场为导向的,则人民币实际汇率升值会对外商直接投资有促进作用(孙霄翀、刘士余、宋逢明,2006)。

5.3 人民币实际汇率、FDI与中国经济增长的实证分析

5.3.1 人民币实际汇率、FDI与中国经济增长的长期协整关系分析

1.变量选择与数据

外商直接投资:fdi,各季度实际利用外商直接投资额。

人民币实际汇率：$reer$，本章采用的是国际货币组织(IMF)公布的，经消费价格指数调整的，以双边贸易比重为权数的实际有效汇率指数(2000 年＝100)。

中国经济增长：gdp，中国的季度国内生产总值 GDP。

本章所采用的样本为 1994 年第 1 季度到 2008 年第 4 季度的季度时间序列数据。数据来源于《中国经济景气月报》和国家统计局网站。为了消除各变量季节变动的影响，本章使用 Census X12 乘法模型对外商直接投资、人民币实际有效汇率和中国经济增长数据分别进行了季节调整，同时对经过季节调整后的变量取对数，分别用 $\ln reersa$，$\ln fdisa$，$\ln gdpsa$ 表示。

2. 单位根检验

首先检验变量的平稳性，使用 ADF 法检验 $\ln fdisa$，$\ln reersa$，$\ln gdpsa$ 的平稳性，检验结果如表 5－3 所示。经过 ADF 检验可知，$\Delta\ln fdisa$，$\Delta\ln reersa$，$\Delta\ln gdpsa$ 在 5％显著性水平下是平稳时间序列，说明外商直接投资($\ln fdisa$)、人民币实际汇率($\ln reersa$)和中国经济增长($\ln gdpsa$)三个变量均是一阶单整的时间序列。

表 5－3 **Augment Dickey-Fuller 的检验结果**

变量	ADF 统计量	临界值	检验形式	结论
$\ln gdpsa$	-1.0523	-3.4892	$(c,t,1)$	不平稳
$\ln fdisa$	-2.4242	-2.9117	$(c,n,0)$	不平稳
$\ln reersa$	-2.3781	-2.9126	$(c,n,1)$	不平稳
$\Delta\ln gdpsa$	-10.528	-3.5482	$(c,n,0)$	平稳
$\Delta\ln fdi$	-9.0964	-1.9465	$(n,n,1)$	平稳
$\Delta\ln reersa$	-4.1821	-1.9465	$(n,n,0)$	平稳

3. VAR 模型的建立

在 VAR 模型建立的过程中，一个难点就是滞后期的选择问题，VAR 模型滞后期数比较敏感，不同的滞后期数可能会有不同的结果。因此，建立多变量 VAR 模型，首先要确定模型的最优滞后期 K 值。表 5－4 是 $\ln reersa$，

$\ln gdpsa$,$\ln fdisa$ 三个变量的 VAR 模型滞后期数为 1~4 期的 AIC,SC,HQ,FPE,LR 和 logL 的计算结果。由表 5-4 可以看出,在滞后 2 期时,AIC 与 SC 同时达到最小,因此可以确定 2 期为最优滞后期。为检验 $\ln reersa$,$\ln gdpsa$,$\ln fdisa$ 三个变量 VAR(2)模型的稳定性,计算 VAR(2)模型差分方程的特征根。通过计算可知 VAR(2)模型所有特征值都小于 1,都位于单位圆以内,因而 VAR(2)模型是稳定的。

表 5-4　VAR 模型滞后期的选择

Lag	LogL	LR	FPE	AIC	SC	HQ\
1	246.774	333.856	3.94e−08	−8.537 2	−7.918 4	−8.367 8
2	259.835	22.797 79 *	3.41e−08 *	−8.684 9 *	−8.099 2 *	−8.388 5 *
3	263.947	6.729 3	4.10e−08	−8.507 1	−7.412 2	−8.083 7
4	270.975	10.733	4.48e−08	−8.435 4	−7.012 1	−7.885 0

4. 协整分析

基于 $\ln reersa$,$\ln gdpsa$,$\ln fdisa$ 三个变量向量自回归 VAR(2)模型,用 Johansen 协整分析法检验人民币实际汇率、外商直接投资和中国经济增长三个变量的协整关系时,确定滞后期为 1。检验结果表明如表 5-5 所示。

从表 5-5 可以看出,在 5% 的显著性水平下,最大特征值检验和迹检验都表明人民币实际汇率、外商直接投资和中国经济增长三个变量只存在一个协整关系。这说明人民币实际汇率、外商直接投资和中国经济增长三者之间存在着长期的均衡稳定的关系。将三个变量的协整关系写成为

$$\ln gdpsa = 4.038\ln fdisa - 3.606\ln reersa \qquad (5.26)$$
$$(-4.58) \qquad (2.75)$$

式(5.26)主要考察的是外商直接投资和人民币实际汇率对中国经济增长的影响,外商直接投资对中国经济增长有着积极的促进作用,外商直接投资变动 1%,中国经济增长变动 4.038%。人民币实际汇率与中国经济增长呈现反向的变动机制,说明人民币实际汇率贬值,促进了中国的经济增长;反之,人民币实际汇率升值,将对中国经济增长有消极的作用。

表 5 - 5　**Johanson 协整检验结果(迹检验和最大特征值检验)**

滞后期为 1				
原假设	特征值	迹(trace)统计量	5%的临界值	概率
None *	0.325 7	31.850	24.275	0.004 6
At most 1	0.141 6	8.991 0	12.320	0.169 6
At most 2	0.002 2	0.129 0	4.129 9	0.767 1
原假设	特征值	最大特征值统计量	5%的临界值	概率
None *	0.325 7	22.859	17.797	0.007 9
At most 1	0.141 6	8.861 9	11.224	0.126 5
At most 2	0.002 2	0.129 0	4.129 9	0.767 1

5.3.2　人民币实际汇率、FDI 与中国经济增长的短期动态关系分析

1. 格兰杰因果检验

格兰杰因果检验要求变量必须是平稳的,经过 ADF 检验,得知中国经济增长、外商直接投资和人民币实际汇率三个变量的一阶差分均是平稳时间序列,因此可以对 $\Delta \ln gdpsa$,$\Delta \ln fdisa$,$\Delta \ln reersa$ 三个变量进行格兰杰检验。格兰杰因果检验的滞后期选择也是非常重要的,滞后期不同,格兰杰因果检验结果也会截然不同。根据 AIC 和 SC 最小化准则,选取滞后期为 1,检验结果如表 5 - 6 所示。

可以得出如下的结论:第一,外商直接投资变动和中国经济增长变动存在单向的格兰杰因果关系,即外商直接投资变动是中国经济增长变动的格兰杰原因,反之,中国经济增长变动并不是外商直接投资变动的原因。第二,人民币实际汇率变动和中国经济增长变动存在着双向的格兰杰因果关系,即中国经济增长变动是人民币实际汇率变动的原因;反之,人民币实际汇率变动也是中国经济增长变动的格兰杰原因;前者进一步验证了中国存在着巴拉萨—萨缪尔森效应,而后者主要是因为人民币实际汇率贬值,促进了外商直接投资,而外商直接投资的增加进一步促进了中国的经济增长。第三,人民币实际汇率变动和外商直接投资变动存在着双向的格兰杰因果关系,说明人民币实际汇率变动是外商直接投资变动的原因,外商直接投资变动也是人民币实际汇率变动的格兰杰原因。

表 5-6 格兰杰因果检验结果

原假设	F 统计量	显著性水平	结论
$\Delta \ln gdpsa$ 不是 $\Delta \ln reersa$ 的 Granger 原因	2.783	0.072	拒绝
$\Delta \ln reersa$ 不是 $\Delta \ln gdpsa$ 的 Granger 原因	5.373	0.000	拒绝
$\Delta \ln gdpsa$ 不是 $\Delta \ln fdisa$ 的 Granger 原因	0.002	0.963	接受
$\Delta \ln fdisa$ 不是 $\Delta \ln gdpsa$ 的 Granger 原因	5.768	0.000	拒绝
$\Delta \ln fdisa$ 不是 $\Delta \ln reersa$ 的 Granger 原因	8.789	0.000	拒绝
$\Delta \ln reersa$ 不是 $\Delta \ln fdisa$ 的 Granger 原因	2.800	0.025	拒绝

2. 方差分解

基于 $\ln reersa$，$\ln fdisa$，$\ln gdpsa$ 三个变量的 VAR(2)模型，对中国经济增长($\ln gdpsa$)标准误差(S. E.)进行了方差分解。表 5-7 为 1～20 期 $\ln gdpsa$的标准误差被分解成人民币实际汇率、外商直接投资、中国经济增长所贡献的比重变化情况。外商直接投资的变化对中国经济增长变化的贡献比重从第 2 期的 3.33%上升为第 20 期的 6.96%，增长趋势缓慢。人民币实际汇率变化对中国经济增长变化贡献的比重在第 2 期仅为 0.92%，此后一直处于缓慢上升的趋势，到第 8 期为 3.89%，到第 16 期为 16.23%，到第 20 期已达到 20.62%。这说明人民币实际汇率变动对中国经济增长变动的贡献率较大，而且随着时间的推移，其贡献率呈现不断增大趋势。

表 5-7 中国经济增长的方差分解结果

时期	标准差	$\ln gdpsa$	$\ln fdisa$	$\ln reersa$
1	0.060 6	100.000 0	0.000 0	0.000 0
2	0.072 5	95.753 7	3.327 9	0.918 3
5	0.109 4	95.327 6	3.868 0	0.804 2
8	0.139 1	91.565 1	4.540 5	3.894 3
10	0.158 5	87.826 1	5.085 0	7.088 5
16	0.214 9	77.369 6	6.399 0	16.231
18	0.233 0	74.698 7	6.704 6	18.596
20	0.250 7	72.422 7	6.958 2	20.618

3.脉冲响应函数

对中国经济增长 $\ln gdpsa$,外商直接投资 $\ln fdisa$ 和人民币实际汇率 $\ln reersa$ 三个变量进行脉冲响应函数分析如图 5-8 至图 5-13 中所示,主要采用广义脉冲法,以克服 Cholesky 脉冲响应法中由于各个变量的次序不同而导致脉冲结果不同的弊端,横轴表示滞后期数,纵轴表示变化率。

从图 5-8 中可以看出,第 1~4 期人民币实际汇率扰动项对中国经济增长扰动项的冲击为正值,即人民币实际汇率变动和中国经济增长变动呈现同方向的变动趋势;从第 5 期开始,人民币实际汇率扰动项对中国经济增长扰动项的冲击为负值,即人民币实际汇率和中国经济增长呈现相反方向变动的趋势。这说明短期内人民币实际汇率贬值对中国经济增长产生消极作用,具有"紧缩效应";然而从长期看人民币实际汇率贬值促进了中国经济增长,具有"扩张效应"。从图 5-9 可以看出,中国经济增长扰动项对人民币实际汇率扰动项的冲击为正值,说明了中国经济增长促进人民币实际汇率的升值,进一步证明了巴拉萨-萨缪尔森效应在中国是成立的。

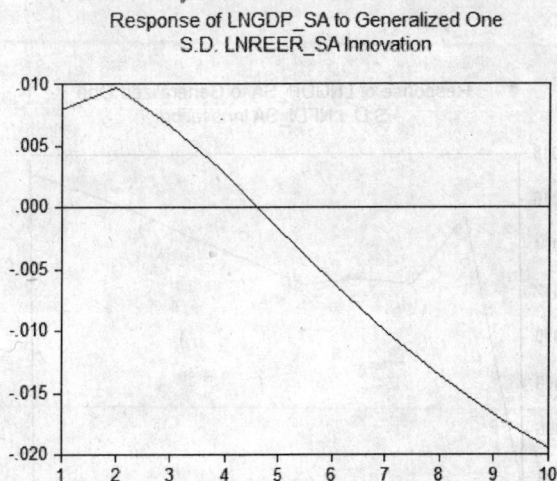

图 5-8　经济增长对实际汇率的脉冲响应

从图 5-10 中可以看出,从长期来看,外商直接投资扰动项对中国经济增长扰动项的冲击一直为正值,且呈现明显的上升趋势,说明外商直接投资促进中国的经济增长。从图 5-11 中可以看出,中国经济增长扰动项对外商直接投资扰动项的冲击也一直为正值,说明中国经济增长也促进了外商直接投资,但是长期内呈现边际效应递减的趋势。

Response of LNREER_SA to Generalized One
S.D. LNGDP_SA Innovation

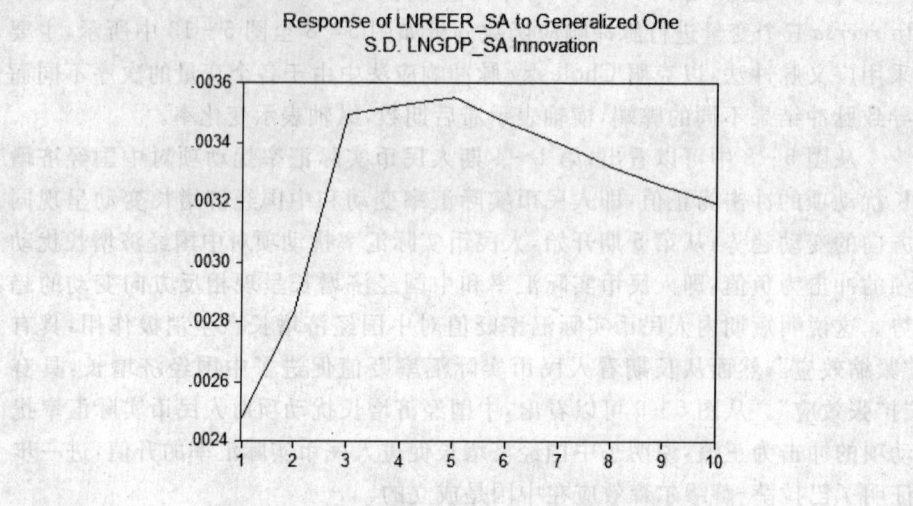

图 5-9   实际汇率对经济增长的脉冲响应

Response of LNGDP_SA to Generalized One
S.D. LNFDI_SA Innovation

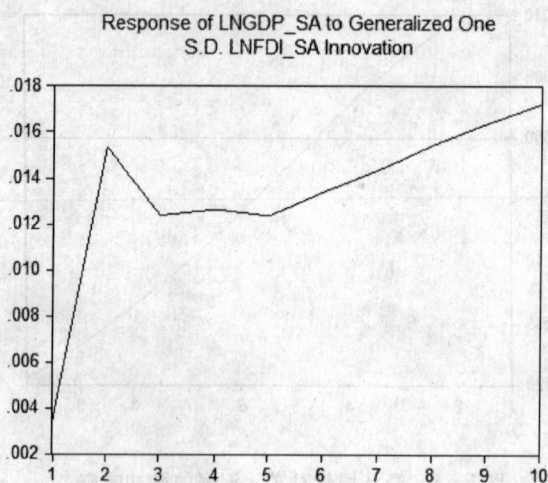

图 5-10   经济增长对 FDI 的脉冲响应

Response of LNFDI_SA to Generalized One
S.D. LNGDP_SA Innovation

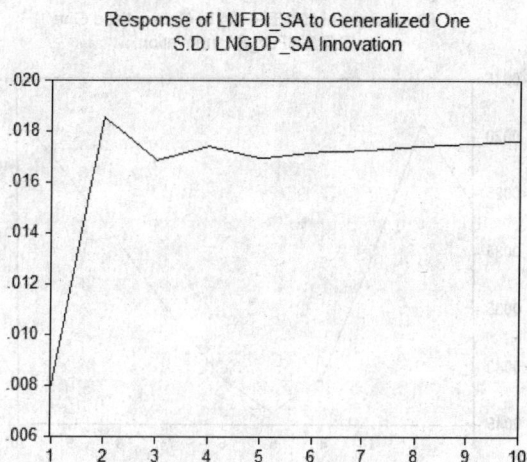

图 5-11　FDI 对经济增长的脉冲响应

从图 5-12 中可以看出,外商直接投资扰动项对人民币实际汇率扰动项的冲击一直为负值,并且在第 5 期达到最低值,之后外商直接投资扰动项对人民币实际汇率扰动项的冲击值缓慢上升,说明无论是在短期内还是长期内,外商直接投资的增加都促使人民币实际汇率的贬值,这和协整方程的结论是一致的。从图 5-13 中可以看出,人民币实际汇率的扰动项对外商直接投资扰动项的冲击在第 1 期达到最低点,以后开始缓慢上升,而且一直为负值,从而进一步证明了外商直接投资变动和人民币实际汇率变动呈现反向的关系。

根据图 5-10 和图 5-11 的分析可以进一步得出如下的结论:一方面,长期以来人民币实际汇率贬值的财富效应和成本效应促进了外商直接投资的流入,原因在于人民币实际汇率贬值的财富效应使得外商直接投资增加,进而为中国提供了更多的先进技术要素和资本要素,从而有利于中国的经济增长。人民币实际贬值的成本效应使得以外国货币表示的外商直接投资在中国的生产成本和投资成本下降,相应地提高了出口导向型外商直接投资企业的利润,高回报和高利润自然会刺激外商直接投资的流入。另一方面,随着当前人民币汇率的升值预期的加强,将来必然会抑制外商直接投资流入中国,这说明在中国的外商直接投资大多数是"成本导向型"的外商直接投资,而非"市场导向型"的外商直接投资,原因在于"成本导向型"外商直接投资的产品销售基本上是在海外实现,其产品的销售收入以外币表示,而"成本导向型"外商直接投资企业的生产在东道国国内发生,生产成本以东道国表示。在以外币表示的外

Response of LNREER_SA to Generalized One
S.D. LNFDI_SA Innovation

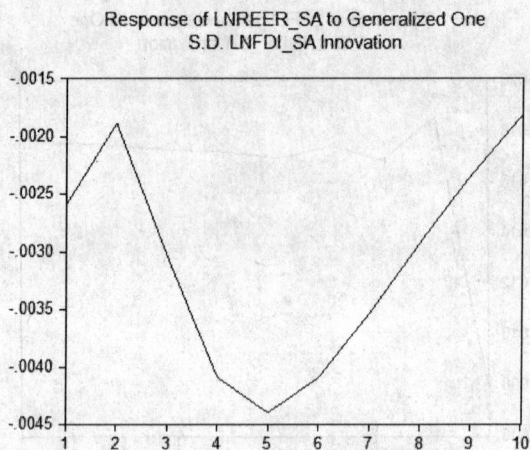

图 5-12 实际汇率对 FDI 的脉冲响应

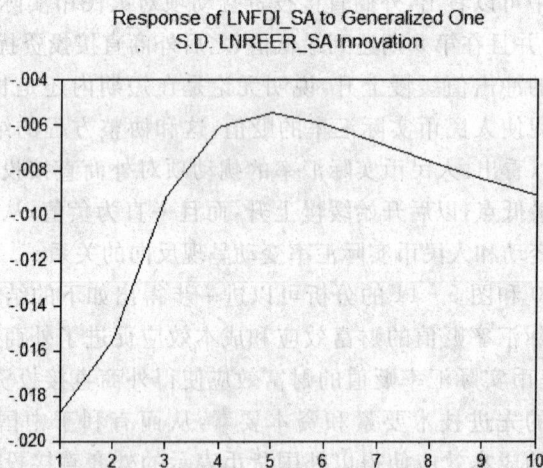

Response of LNFDI_SA to Generalized One
S.D. LNREER_SA Innovation

图 5-13 FDI 对实际汇率的脉冲响应

商投资企业销售收入和以本币表示的外商投资企业成本存在汇率风险的敞口,在本国货币升值时,由于其外币表示的收益不变,然而以外币表示的成本却升高,从而使得"成本导向型"外商直接投资企业利润降低,进而削弱了继续在东道国投资的激励。这和中国的现实情况相符,中国出口增长的一个显著特点是外商投资企业起着举足轻重的作用,中国是目前吸引 FDI 的第一大国,也是世界出口贸易增长最快的国家之一,出口贸易的高速增长与外资的超高速流入有着密不可分的关系。FDI 具有出口导向型特征,外商直接投资的逐年递增,对中国出口贸易的发展和经济增长产生了重要的影响。1985 年 FDI 企业出口额仅占全国总出口额的 1.08%,1990 年上升到12.58%,1996 年为 40.71%;从 2000 年之后,基本维持在 50%以上的水平,2004 年上升到 57.7%,2009 年为 55.94%,2010 年为 54.65%(见图 5 - 14 和图 5 - 15)。外商直接投资企业的出口增长已经成为中国出口增长的源泉,外商投资企业也已成为中国对外贸易中的重要力量,大型跨国公司的出口更是中国出口增长和出口结构升级的主力军。

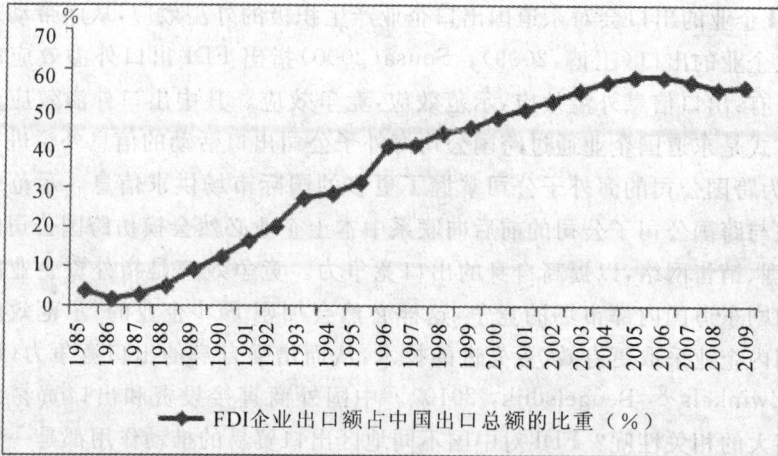

图 5 - 14 FDI 企业出口额占出口总额的比重

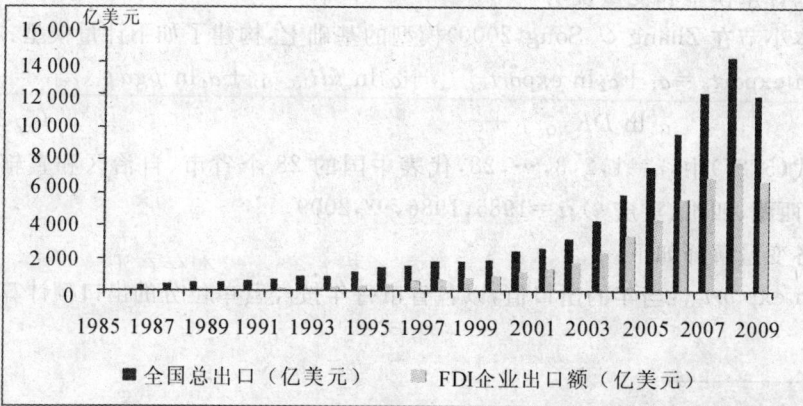

图 5 - 15 FDI 企业出口总额和全国总出口额

5.3.3　FDI 对中国出口贸易影响的实证检验

自 Mundell(1957)提出贸易与投资替代模型以来,关于出口贸易与 FDI 的研究不断深入。国外相关研究大多集中在出口与外商直接投资的关系方面,其代表性的有 Mundell 的相互替代理论、小岛清(Kiyoshi Kojima)的互补理论、Markuson & Svensson 的互补理论以及 Bhagwati & Dinopoulos 的补偿投资理论。总结起来,他们认为外商直接投资对东道国出口贸易的促进作用包括两个方面:一是直接效应,即通过外商投资企业自身的出口来带动东道国的出口;二是间接效应,即外商直接投资通过对当地企业的影响促进其出口,FDI 企业的出口会对东道国出口企业产生积极的外溢效应,从而带动东道国本土企业的出口(王博,2009)。Sousa(2000)指出 FDI 出口外溢效应的主要途径有:出口信息外溢效应,示范效应,竞争效应。其中出口外溢效应最直接的方式是东道国企业通过跨国公司海外子公司出口活动的信息外溢进行学习,因为跨国公司的海外子公司掌握了更多的国际市场供求信息。示范效应是指在与跨国公司子公司的前后向联系中本土企业必然会模仿跨国公司的技术、管理、销售网络,以提高自身的出口竞争力。竞争效应是指外资企业的进入会加剧东道国内部市场的竞争,这样必然会加剧 FDI 企业的"示范效应",促进国内企业采取更有效、更先进的技术,从而增强自身的出口竞争力(Lee,2009;Zwinkels & Beugelsdijk,2010)。中国外商直接投资和出口贸易到底具有多大的相关性呢? FDI 对中国不同地区出口贸易的推动作用都是一样的吗? 本小节通过建立计量模型来研究 FDI 对中国出口贸易的影响。

1.计量模型和变量说明

本小节在 Zhang & Song(2000)模型的基础上,构建了如下计量模型:

$$\ln export_{it} = \alpha_1 + \alpha_2 \ln export_{i,(t-1)} + \alpha_3 \ln fdi_{i,(t-1)} + \alpha_4 \ln pgdp_{i,(t-1)} + $$
$$\alpha_5 \ln DK_{i,(t-1)} + \varepsilon \tag{5.27}$$

式(5.27)中,$i = 1,2,3,\cdots,28$,代表中国的 28 个省市、自治区和直辖市(除了西藏、四川、重庆[①]);$t = 1985,1986,\cdots,2009$。

各变量解释如下:

$\ln export_{i,t}$:当年的出口值,以各省市每年按经营单位分的出口额计算。

[①]　西藏的外商直接投资的引进量很少,绝大多数的年份都没有引进,因此书中不做分析;重庆和四川放在一起不合理,而如果分开,又无法获得连续的数据,因此本书对重庆和四川也不做分析。

$\ln \exp ort_{i,(t-1)}$：上一年按经营单位分的出口额，引进这个变量主要是考虑到上一期的出口额会对下一期的出口产生较大的影响。

$\ln fdi_{i,(t-1)}$：上一年的外商直接投资，主要是考虑到 FDI 对出口的滞后效应。外商直接投资所带来的生产设施的改进，新的技术应用等总需要一定的时间，因此外商直接投资对出口的影响总存在滞后效应。

$\ln pgdp_{i,(t-1)}$：上一年的人均国内生产总值，以表示各地区的经济增长速度。引进这个变量，主要是为了考察各地区的经济增长速度对出口贸易产生的影响，从理论上讲，经济增长速度越快，对 FDI 的吸引力越大，进而使得 FDI 对出口的贡献应越大。

$\ln DK_{i,(t-1)}$：上一年国内资本总额。本小节以各地区每年按支出法统计的国内生产总值中的国内资本形成总额计算。这主要是为了考察国内资本会对出口产生什么样的影响，以往的研究发现，国内资本也是影响出口表现的一个重要因素。

本小节利用 1985—2009 年的年度省级面板数据，数据均来自各期的《中国统计年鉴》《中国对外贸易统计年鉴》和北京大学 CCER 经济金融数据库。Aitken & Harrsion(1999)认为基于面板数据的分析比单纯用时间序列数据或者截面数据分析能更好地反映 FDI 的效应。由于面板数据既包括时间序列数据，又包括截面数据，因此使最小二乘法（OLS）失效。为此，本小节采用Arellano & Bond(1995)以及 Blundell & Bond(1998)提出的系统 GMM（SYS－GMM）估计方法，Hansen & Singleton(1982)也建议使用 GMM 方法对带有预期变量的动态优化模型进行估计，系统 GMM 首先通过一阶差分解决了变量不稳定性问题，然后通过工具变量解决了内生性问题，最后通过引入滞后因变量解决了序列相关问题（祝伟大，2010）。

2. FDI 对中国出口影响的总体分析

在表 5-8 中列出了对中国 28 个省市、自治区和直辖市相关经济变量进行总体实证检验的结果，回归结果表明：

第一，方程式(5.28)单独考察滞后一期的外商直接投资对中国出口的影响，系数为 0.527，在不考虑其他因素的条件下，滞后一期的外商直接投资每增加 1%，出口额就会增加 0.527%。这说明外商直接投资促进了中国的出口贸易，在中国出口额快速上升的过程中，外资企业发挥着不可替代的作用。

第二，方程式(5.29)是在式(5.28)的基础上考虑了上一期的出口额对本期出口的影响，可以看出，在只考虑外商直接投资与上一期的出口额时，上一期的出口增加 1%，当期出口额就会增加 0.503%。即上一期的出口对本期出口有着显著的影响,说明了本期出口与上一期出口之间有很强的关联性,它是在上一年出口的基础上实现的。

第三,方程式(5.30)是在式(5.29)的基础上增加了人均 GDP 的回归分析,可以看出,经济快速增长对各地区的出口贸易表现有着显著的促进作用,即经济增长越快,出口额增加的越快。

第四,方程式(5.31)是综合考虑了各个因素后的回归分析,可以看出,滞后一期的外商直接投资每增加 1%,就会拉动出口增加 0.311%,即外商直接投资对中国出口有着显著的促进作用;上一期出口增加 1%,本期出口就会增加 0.420%;滞后一期的人均 GDP 增加 1%,出口就会增加 0.194%;滞后一期国内资本形成总额增加 1%,出口就会增加 0.253%,说明除了外商直接投资以外,国内资本的增长也同样促进了中国的出口贸易。

表 5-8　FDI 对中国出口贸易影响的总体分析

方程式	(5.28)	(5.29)	(5.30)	(5.31)
$\ln fdi_{i,(t-1)}$	0.527 (5.10)***	0.208 (4.94)***	0.360 (3.85)***	0.311 (5.26)***
$\ln \exp ort_{i,t}$		0.503 (2.70)**	0.316 (2.58)**	0.420 (2.53)*
$\ln pgdp_{i,(t-1)}$			0.289 (2.39)**	0.194 (4.09)***
$\ln DK_{i,(t-1)}$				0.253 (6.22)***
回归方法	GMM	GMM	GMM	GMM

3.FDI 对出口贸易影响的区域差异分析

在中国外商直接投资量和出口双双呈现出"东高西低"的特征。从投资流向看,东部沿海地区是非金融部门外国在华直接投资的主要流向地区,西部地区的投资增长也十分迅速。因为中国的东部沿海地区因便利的交通条件和优惠的对外开放政策而吸引了大量的 FDI,东部地区 FDI 占全国比重在 85%以上,2009 年占全国的比重高达 86.2%,2010 年为 85%;2010 年,江苏省是全国吸收外国在华直接投资最多的省份,占比为 22%;排名第二至第五的是广东、上海、辽宁和浙江,占比分别是 14%,12%,7% 和 7%;其中,江苏、浙江外国在华直接投资比 2009 年增长 52%,在五省中增幅最大。金融部门外国在华直接投资主要流向北京、福建、上海、天津等地区,投资额占比分别为 24%,24%,22% 和 12%。与此同时,中、西部地区 FDI 占全国的比重基本低于15%,由于中部地区投资环境的改善,FDI 从 1991 年至 2004 年呈逐年上升趋势,2005 年后有所波动,2008 年占全国比重为 8.05%,2009 年为 5.9%,2010年为 6.5%。西部地区从 2001 年后维持在 3% 左右,2008 年提高幅度较大,达到 7.16%;2009 年为 7.9%;2010 年上升为 8.5%(见图 5-16)。在出口方面,外商直接投资在东部地区的出口总额中所占的比重逐年上升,近年来已经超过 50%,东部地区 FDI 对当地出口贸易的贡献已经超过内资企业,成为了出口贸易的主导力量。在中西部地区,虽然 FDI 和出口所占的比重近年来有所上升,但其比重仍然很小,一直低于 20% 的水平,在出口贸易方面东部地区的外资企业贡献远远高于中西部地区(严兵,2006)。由此发现,外资在地域格局上出现的"东高西低"梯度分布特征并未改变,侧面反映了对外开放从沿海向内地的推进过程,以及 FDI 带来经济发展的区域差异性(张鹏,2010)。

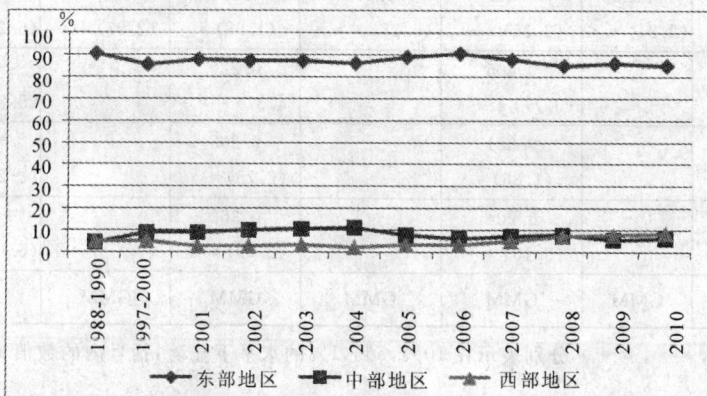

图 5-16　FDI 流入三大区域的比例

在表 5-9 中列出采用 Panel Data 模型对中国东部、中部和西部的实证检验结果,可以得出如下的结论:

第一,只考虑外商直接投资一个变量对出口的影响时,东部、中部、西部的回归系数分别为 0.622,0.364,0.302,即东部地区的外商直接投资增加 1%,出口就会增加 0.622%,而在中部和西部,外商直接投资增加 1%,出口分别增加 0.364% 和 0.302%。这说明外商直接投资对东部地区出口的促进效应远远地大于对中部和西部地区出口的促进效应。

第二,综合考虑各个变量对出口的影响时,滞后一期外商直接投资的回归系数在东部、中部和西部分别是 0.358,0.216,0.193。即在综合考虑各个因素时,东部的外商直接投资增长 1%,出口就会增加 0.358%;远远高于中部和西部的 0.216% 和 0.193%。这同样也说明外商直接投资对出口的促进作用存在着明显的区域差异效应。

第三,西部地区 $\ln pgdp_{i,(t-1)}$ 和 $\ln DK_{i,(t-1)}$ 的系数为负值,说明西部地区经济的增长和国内资本投资与出口贸易的增长是负相关;即随着西部地区内资企业的增加,反而对本地区的出口贸易产生负向的作用,从而进一步说明西部地区 FDI 企业出口与内资企业出口竞争力是负相关的。其原因可能在于外商直接投资对西部地区加工贸易的影响较大,而对一般贸易有抑制作用。所以说,由于加工贸易两头在外的性质,FDI 虽然在表面上改善了西部地区的出口贸易结构,但其实质优化作用是有限的。

表 5-9 FDI 对出口影响的区域差异分析

	(5.32)东部 1	(5.33)东部 2	(5.34)中部 1	(5.35)中部 2	(5.36)西部 1	(5.37)西部 2
$\ln fdi_{i,(t-1)}$	0.622	0.358	0.364	0.216	0.302	0.193
	(2.24)**	(2.35)**	(6.28)***	(1.98)*	(2.97)**	(6.22)***
$\ln \exp ort_{i,t}$		0.405		0.220		0.382
		(3.77)***		(4.37)***		(5.90)***
$\ln pgdp_{i,(t-1)}$		0.081		0.203		−0.019
		(1.86)*		(2.75)**		(−2.68)**
$\ln DK_{i,(t-1)}$		0.204		0.362		−0.239
		(3.16)**		(2.79)**		(6.37)***
回归方法	GMM	GMM	GMM	GMM	GMM	GMM

注:*,**,*** 分别表示在 10%,5%,1% 的水平下显著,括号内的数值为 T 检验值。

5.4 本章小结

本章在向量自回归模型的基础上研究了人民币实际汇率对中国经济增长影响的投资传导机制,得到如下主要结论:

第一,人民币实际汇率与中国经济增长有着密切的关系,这种关系是双向的。一方面,在短期内人民币实际汇率贬值不利于中国经济增长,具有"紧缩效应"。然而在长期内人民币实际汇率贬值促进中国经济增长,具有"扩张效应"。另一方面,中国经济增长引起人民币实际汇率升值,说明巴拉萨-萨缪尔森效应在中国是成立的。

第二,外商直接投资变动和中国经济增长变动存在单向的格兰杰因果关系,外商直接投资变动是中国经济增长变动的格兰杰原因,反之,中国经济增长变动不是外商直接投资变动的原因。人民币实际汇率变动和中国经济增长变动存在着双向的格兰杰因果关系,中国经济增长变动是人民币实际汇率变动的原因;反之,人民币实际汇率变动也是中国经济增长变动的格兰杰原因;前者进一步验证了中国存在着巴拉萨-萨缪尔森效应,而后者主要是因为人民币实际汇率贬值,促进了外商直接投资,而外商直接投资的增加促进了中国的经济增长。

第三,外商直接投资变动和人民币实际汇率变动呈现相反的关系,随着当前人民币汇率的升值预期,会抑制外商直接投资流入中国,说明在中国的外商直接投资大多数是"成本导向型"的外商直接投资,而非"市场导向型"的外商直接投资。其原因在于"成本导向型"的中国外商直接投资的产品大部分是用于出口贸易,销售在海外实现,收入以外币表示,而生产在中国国内发生,成本以人民币表示。所以存在汇率风险敞口,人民币汇率升值时,其外币收益不变,而以外币表示的成本升高并利润降低,从而削弱了外商在中国继续投资激励。

第四,外商直接投资对中国出口有着明显的促进作用,外商直接投资对中国出口的贡献,一方面是通过进入出口导向型的企业,直接扩大中国出口产业的规模,强化中国出口产业的国际竞争力;另一方面,外国投资企业通过产业链的作用,对其上游、下游产业产生连锁效应,带动了中国出口竞争力的提高和出口量的增长,这种出口导向的 FDI 对扩大中国出口规模、优化出口结构、促进产业结构升级和增强国际竞争力发挥了积极的作用同时。外商直接投资对出口促进作用也存在明显的地域效应,对东部地区出口的促进作用远远地大于中部和西部。其根本原因在于中国东部地区的经济增长速度远远地大于中部地区和西部地区,因此吸引更多的外资企业,从而增加了本地区的出口。

第 6 章 人民币实际汇率错位的 经济增长效应分析

人民币实际汇率影响中国经济增长的贸易机制和投资机制从本质上讲，就是人民币实际汇率错位的经济增长效应。根据行为均衡汇率(BEER)的方法，本章首先需要检验人民币实际汇率与其解释变量之间是否存在长期协整稳定关系，如果存在协整关系，就可以根据协整方程的系数和解释变量的长期均衡值得出人民币的长期均衡汇率，在此基础上就可以测算人民币实际汇率错位的程度。最后，分析了人民币实际汇率错位的经济增长效应。

6.1 人民币行为均衡汇率模型的方程估计

6.1.1 人民币行为均衡汇率的模型设定

1. 人民币均衡汇率的历史演进

均衡汇率是指处于均衡状态的汇率，而实际汇率错位(Misalignment)是指现实的实际汇率对其长期均衡水平的偏离(Williamson，1985)。当前，最具有影响力的均衡汇率理论是行为均衡汇率理论(Behavioral Equilibrium Real Exchange Rate，简称 BEER)和基本要素均衡汇率理论(Fundamental Equilibrium Real Exchange Rate，简称 FEER)两种理论。最早的均衡汇率理论是指购买力平价理论，它是由卡塞尔在 1922 年提出来的。根据购买力平价理论，均衡汇率使得同一种商品在各国的价格是相同的，当商品不存在套利机会时，一价定理就成立。购买力平价理论存在严格的前提假设条件，即商品是可贸易的，而且不存在运输费用，不存在关税等阻碍。但购买力平价理论并没有考虑现实的贸易条件、生产力和资本流动等基础经济影响因素，而且这些基础经济影响因素会对真实汇率产生结构性的影响。Balassa(1964)认为购买力平价理论作为均衡汇率理论存在系统偏差。这是因为由于各国劳动生产率在可贸易部门和不可贸易部门存在着差异，国际相对价格与劳动生产率存在着紧密的联系。所以，在现实的世界中，由于各国经济发展的不同阶段和参差不齐的水平，各国经过均衡汇率调整后的相对价格相等是一种例外，而并不是一种常态(胡再勇,2007)。

Williamson(1985)提出了基本均衡汇率(Fundamental Equilibrium Exchange Rate,简称 FEER)的概念,他所定义的基本均衡汇率指的是让内部和外部同时达到均衡时的汇率水平。所谓的内部均衡主要是指低通货膨胀和充分就业下的经济增长,而所谓的外部均衡主要是指可持续的资本流入水平。基本均衡汇率理论主要着眼于能在中期和长期持续起作用的基本经济因素对均衡汇率的影响,所以摆脱了短期的周期性因素以及临时性因素的影响。然而该方法的缺点在于实际操作性比较差,而且在实际经济生活中,这些均衡的经济条件可能是永远不可能实现的理想状态。

Williamson(1985)提出 FEER 模型时,将经常账户与资本金融账户的总和作为判断国际收支平衡的标准,认为宏观经济均衡的核心是经常账户(CA)和资本金融账户(KA)之和为零。

$$CA + KA = 0 \tag{6.1}$$

FEER 模型主要关注的是经常账户余额的决定,该理论认为决定经常账户的因素由国内外相对需求压力(用国内、国外的国民收入 y_d 和 y_f 代替)、贸易条件(TOT)以及实际有效汇率($REER$)组成;并且认为与经常账户的决定因素相比,资本账户余额的中期均衡值($\overline{KA}$)一般通过考虑一系列相关经济因素之后通过主观判断获得。FEER 模型假设经常账户与其决定因素的均衡值呈线性关系,即

$$CA = b_0 + b_1 REER + b_2 \, \overline{y_d} + b_3 \, \overline{y_f} + b_4 \, \overline{TOT} = -\overline{KA} \tag{6.2}$$

其中,$b_1 < 0$,$b_2 < 0$,$b_3 > 0$,b_4 的符号不好确定。由此得到的并使得经常账户余额与正常的、潜在的且可持续的资本账户余额相等的实际有效汇率就是与宏观经济均衡相适应的均衡汇率,威廉姆森将其称为 $FEER$,即

$$FEER = (-\overline{KA} - b_0 - b_2 \, \overline{y_d} - b_3 \, \overline{y_f} - b_4 \, \overline{TOT})/b_1 \tag{6.3}$$

根据式(6.3)来计算 $FEER$ 时,需要对各参数进行估计和判断:经常项目模型本国和主要贸易伙伴国的潜在产出;资本项目的均衡值(或经常项目账户均衡值的负数)。对于经常项目模型和潜在产出无论在概念上还是计算方法上都已经明确,但在实际操作中,经常项目和资本项目均衡值的计算方法存在很大的研究空间。长期以来,对资本项目均衡值的确定都带有很大的主观性,直到 1996 年才部分解决了资本项目均衡估计中存在的问题,其方法的核心是将资本项目均衡视为充分就业条件下所需要的储蓄和投资之差,储蓄和投资在充分就业条件下的水平通过一个关于实际产出与潜在产出的差距、财政赤字等变量的函数得到。这种方法基本上不需要依靠主观的判断,为测算均衡

的资本项目提供了一种较为客观可行的方法(刘玉贵,2009)。

Clark & MacDonald(1998)提出了行为均衡汇率(Behavioral Equilibrium Exchange Rate,简称 BEER)理论,不同于基本均衡汇率模型(FEER)的方法,BEER 方法不是计算同时能够实现内外部均衡时的实际汇率,而是用某些基本经济变量来解释实际观察到的实际汇率的运动,从而进一步确定长期均衡的实际汇率。所以,行为均衡汇率(BEER)方法可以直接应用协整检验技术来分析实际汇率与其基本经济要素之间是否存在长期均衡协整关系。Montiel(1999)指出,运用协整技术估算实际均衡汇率是非常理想的实证检验方法,远比购买力平价方法要好得多。如果证明存在协整关系,就可以认为实际汇率与其基本经济要素之间存在长期均衡的联系,说明实际汇率具有了均值反转的性质。因此可以将协整方程的均值看作均衡实际汇率,以此作为依据,用来评估汇率是否失调。行为均衡汇率 BEER 方法的优点在于不仅可以用于测算均衡汇率,而且又可以用于解释实际观测汇率的变动原因,而且具有较强的实际可操作性(冉茂盛、陈健,2005)。

Edwards(1989,1991)提出均衡真实汇率理论(Equilibrium Real Exchange Rate,简称 ERER)。Edwards 认为在长期,只有一些经济基础变量影响均衡真实汇率;而在短期,货币冲击是影响均衡真实汇率的重要的因素。Edwards(1989,1991)发展出了一个简约的单一方程方法(Reduced Form Single Equation Approach),用来估计和测算发展中国家的均衡真实汇率。这是由于基本均衡汇率理论(FEER)和行为均衡汇率理论(BEER)大多适用于发达国家,却没有考虑到发展中国家经济增长和发展中所特有的现实经济状况。Edwards(1989,1991)不仅提出了适用于发展中国家的长期均衡真实汇率的理论模型,而且还通过实证检验后发现,比较成功的发展中国家的经济发展很大程度上应该归功于将现实汇率维持在接近长期均衡真实汇率的水平上。

Stein(1994,1995)提出自然真实均衡汇率理论(Natural Real Exchange Rate,简称 NATREX)。自然均衡汇率是指在不考虑周期因素、投机资本流动和国际储备变动的情况下,由实际基本经济要素决定的、使国际收支实现均衡的中期和周期间的实际汇率,这一定义和 Nurkse 给均衡汇率所下的定义是基本一致的。自然均衡汇率是一种动态的均衡,它会随着各种内生、外生基本经济要素的持续变动而变动。在资本高速流动的情况下,劳动生产率、资本密集度以及对国外的净负债等经济要素会影响所需长期资本流入,改变均衡实际汇率。

自然均衡可以描述为

$$I-S+CA=0 \qquad (6.4)$$

式(6.4)中，I 是所需的投资，S 是所需的储蓄，CA 是所需的经常项目差额，假定上述各项经济指标是在充分产出、对通货膨胀预期正确的状态下取得的。当存在对货物的过度需求时，实际汇率 R 升值，以实现新的均衡。

一国所需的储蓄和投资依赖于本国当前的资本和财富存量以及对国外的净负债。当这些反映存量的指标变动时，NATREX 作为均衡汇率就变成了移动均衡。NATREX 模型主要反映投资、储蓄以及净资本流动的结果，投资（I）、储蓄（S）、净资本流动（$I-S$）分别会引起实物资产（K）、财富（$W=K-F$）、对国外净负债（F）的变化。这些存量指标的变化反过来又会改变所需的 I,S，经常项目差额，并需要新的均衡汇率。只有当经济达到长期均衡状态，即基本经济要素 Z 和实际资产的存量保持不变时，NATREX 才能恒定不变。

在现实中，基本经济要素会不断发生变化，其结果是 NATREX 被不断推向新的长期均衡点，但永远也不能达到稳定状态。实证分析的结果支持有关均衡汇率 R 不断变动的假设：由于外生的基本经济要素是非平稳的，因此实际汇率也是非平稳的（即没有固定的均值或趋势）。NATREX 的核心是一组一般均衡模型，即理性和最优化行为决定均衡实际汇率，这些模型为经验数据提供了有逻辑的经济判断。迄今自然均衡汇率理论已被成功地应用于西方许多国家，识别并且模拟了决定均衡汇率的基本经济要素（魏巍贤，2008）。

2. 人民币均衡汇率模型的设定

本章采用 Clark & MacDonald(1999)的行为均衡汇率方法（BEER）来测算人民币均衡实际汇率及实际汇率失调程度。行为均衡汇率（BEER）模型的基本思想是认为一国汇率同宏观经济基本面之间存在着长期稳定的协整关系，模型基于经济基本面的当期水平通过统计方法来计算汇率的均衡水平。由于 BEER 模型包含了非抵补利率平价理论，即考虑了在中期内国家间资本市场均衡导致的资本流动对汇率的影响，因此该模型在体现汇率长期变动趋势的同时，更好地反映了中期内汇率向均值回复（Mean-reverting）的机制。非抵补利率平价成立的基本假设是资本在国家间完全流动，并且国内和国际都存在成熟的资本市场，特别是债券市场。它的基本思想是：理性经济人根据汇率的预期变动和不同资本市场间不同币种资产的收益率差异（可用实际利差衡量）来进行资本的配置，资本的自由流动使得国内和国外的资本市场达到均衡。

行为均衡汇率方法可以将现实中观察到的实际汇率行为解释为影响实际汇率的长期变动、实际汇率的中期变动和实际汇率的短期变动等基本经济因素以及随机扰动项的变动。行为均衡汇率方法主要是通过估计简约(Reduced Form)汇率方程来确定均衡汇率水平,简约方程表达式为

$$q_t = \beta_1 \mathbf{Z}_{1t} + \beta_2 \mathbf{Z}_{2t} + \alpha \mathbf{T}_t + \varepsilon_t \qquad (6.5)$$

式(6.5)中,$\mathbf{Z}_1$ 为长期内影响均衡实际汇率基本经济要素的向量;$\mathbf{Z}_2$ 为中期内影响均衡汇率基本经济要素的向量;$\mathbf{T}$ 为影响均衡汇率的短期基本经济因素的向量和临时因素组成的向量;ε 为均衡汇率的随机干扰项。从总体上讲,可观测的均衡实际汇率由长期基本经济要素 Z_1、中期基本经济要素 Z_2 以及短期基本经济因素 T 解释。

Clark & MacDonald(1999)将实际汇率的当前均衡值 q' 定义为影响实际汇率变动的中期因素和长期因素的函数,所以当前均衡汇率(Current Equilibrium Rate)方程表达式为

$$q'_t = \beta_1 \mathbf{Z}_{1t} + \beta_2 \mathbf{Z}_{2t} \qquad (6.6)$$

式(6.6)中 q' 为根据决定实际汇率的经济基本面变量的当前值(Current Values)所得到的当前均衡实际汇率值。相应地,当前实际汇率错位(Current Misalignment)可以定义为现实中的实际汇率与其当前实际汇率均衡值之间的偏离:

$$cm = q_t - q' = q_t - \beta_1 \mathbf{Z}_{1t} - \beta_2 \mathbf{Z}_{2t} = \alpha \mathbf{T}_t + \varepsilon_t \qquad (6.7)$$

Clark & MacDonald(1999)认为决定均衡汇率的经济基本面各个变量的当前值也有可能会偏离其合意水平,所以有必要再定义一个实际汇率总失调 tm(Total Misalignment)。实际汇率总失调 tm 被定义为现实中的实际汇率与其长期持久均衡值 $\bar{q}$ 之间的偏离:

$$tm_t = q_t - \bar{q}_t \qquad (6.8)$$

式(6.8)中,$\bar{q}$ 为给定的影响实际汇率中长期经济基本面变量的持久值(即为剔除趋势波动后的值)所得到的长期均衡实际汇率值:

$$\bar{q}_t = \beta_1 \bar{\mathbf{Z}}_{1t} + \beta_2 \bar{\mathbf{Z}}_{2t} \qquad (6.9)$$

综合式(6.5)、式(6.8)和式(6.9)可以得出汇率总失调值:

$$tm = [\beta_1 (\mathbf{Z}_{1t} - \bar{\mathbf{Z}}_{1t}) + \beta_2 (\mathbf{Z}_{2t} - \bar{\mathbf{Z}}_{2t})] + \alpha \mathbf{T}_t + \varepsilon_t \qquad (6.10)$$

行为均衡汇率(BEER)在均衡的概念上不同于其他的方法,行为均衡汇率不是从宏观经济均衡模型中推导出的,而是由一组合适的反映汇率的解释变量所决定的。现实的实际汇率与其决定因素之间的系统联系可以直接估计出来,得出实际汇率的长期均衡路径,从而求出均衡实际汇率。行为均衡汇率

方法的突出优点在于简单,容易操作。

6.1.2　决定人民币均衡汇率的变量分析

根据行为均衡汇率(BEER)的方法,本小节首先需要估计人民币长期均衡实际汇率,在此基础上才能得出人民币汇率错位 tm 的程度。如果要估计持久人民币均衡实际汇率,需要首先确定影响人民币实际汇率的中长期经济基本面变量。本章基本借鉴吴丽华和王锋(2006),同时又考虑不同时期数据的可获得性问题,最终选取在中长期决定人民币实际汇率的经济基本因素主要包括:贸易条件(tot)、贸易开放度($open$)、外商直接投资(FDI)、劳动生产率($prod$)、净对外资产(nfa)和广义货币供应量(M2)。

人民币实际汇率(Real Exchange Rate,简称 REER):本章主要采用国际货币基金组织 IMF 以贸易权数为基础计算的人民币实际有效汇率指数作为人民币实际汇率的代理变量。人民币实际有效汇率指数上升代表人民币实际汇率升值,反之,人民币实际有效汇率指数下降代表人民币实际汇率贬值。

贸易条件(tot):贸易条件可以定义为一国出口贸易商品的国际价格与进口贸易商品国际价格的比值。大多数已有文献认为,如果一国贸易条件改善,则使得该国的实际汇率升值;反之,如果一国贸易条件恶化,则使得该国的实际汇率贬值。国内学者施建淮和余海丰(2005)认为,一国贸易条件的改善主要产生"收入效应"和"替代效应","收入效应"是指本国出口贸易商品的价格相对上升意味着本国居民实际收入的增加,从而也会对不可贸易商品产生更多的需求。"替代效应"是指进口贸易商品价格的相对下降,会刺激对进口贸易商品的需求。贸易条件改善的"收入效应"推动了不可贸易商品价格的上升,推动本国国内总体价格的上涨,贸易条件改善的"替代效应"则有利于国内总体价格的下降。所以说,贸易条件对实际汇率的影响是模糊的,符号取决于其替代效应和收入效应的大小。然而由于中国的统计口径中没有进出口商品价格指数的季度数据,所以本章使用出口额与进口额之比来代表中国的贸易条件,即贸易条件(tot)=出口额(ex)/进口额(im)。

贸易开放度($open$):贸易开放程度比较低的国家为了引进国外先进技术和进口关键设备,则需要高估本国汇率,同时为了限制国内居民对国外普通商品的进口需求,限制进口贸易的发展,必须实行严格的进口贸易管制。然而随着本国贸易开放程度的不断提高,为了促进本国出口贸易的增长,积累足够的外汇储备,便要求本币贬值,因此一国的贸易开放度与其实际汇率呈反向变动关系(吴丽华、王锋,2006)。贸易开放度可以用人民币计价的进出口总额占

GDP 的比重来衡量,即贸易开放度＝(出口额 ex ＋进口额 im)/国内生产总值(GDP)。

劳动生产率($prod$):劳动生产率对实际汇率的影响体现在巴拉萨-萨缪尔森效应,随着劳动生产率增长最终会带来实际汇率的升值。鉴于数据的可得性,本章劳动生产率的数据采用国内生产总值(GDP)与就业人数的比值来表示,即劳动生产率($prod$)＝国内生产总值(GDP)/就业人数。

国外净资产(nfa):国外净资产主要是指一国的外汇储备、黄金等资产,可以定义为国外资产与国外负债相抵后的净额。国外净资产可以用来衡量本国资本流动管制的情况,如果本国资本流动的管制趋紧,那么国外净资产将会减少,国外收益减少,本国经常项目恶化,此时要求实际汇率贬值以维持国际收支平衡。反之,如果本国资本流动的管制放松,那么国外净资产会增加,此时国外收益也增加,本国经常项目收支的状况得到改善,要求实际汇率升值以维持外部均衡的可持续性。所以国外净资产与实际汇率呈正向关系(吴丽华、王锋,2006)。本章使用国外净资产额与国内生产总值 GDP 的比率来做国外净资产的代理变量。国外净资产(nfa)＝国外净资产额/国内生产总值(GDP)。

广义货币供应量(M2):从均衡汇率的货币模型来考察,一国货币供应量就是决定均衡实际汇率的重要因素之一。广义货币供应量的收缩会导致本国通货膨胀率的下降,使得本国的经常项目收支改善,这时要求实际汇率升值以维持外部均衡;反之,广义货币供应量的扩张会导致本国通货膨胀率上升,使得本国的经常项目收支状况恶化,这时要求实际汇率贬值以维持外部均衡。综上所述,货币供应量与实际汇率呈反向变动关系。

外商直接投资(fdi):外商直接投资流入对实际均衡汇率的影响取决于FDI 流入的规模,如果净外资流入超过本国经常账户赤字将会导致实际均衡汇率升值;反之,如果净外资流入低于经常账户赤字,将会使得均衡实际汇率贬值。Montiel(1999)认为,如果一国的净资本流入超过债务的话,实际汇率将随着大规模外国直接投资流入而升值。

结合行为均衡汇率模型(BEER)和决定人民币汇率的基本变量,本章的计量模型可以设定为

$$\ln reer = \alpha_0 + \alpha_1 \ln prod + \alpha_2 tot + \alpha_3 \ln open + \alpha_4 \ln nfa + \alpha_5 \ln m_2 + \alpha_6 \ln fdi + \varepsilon$$

$$(+) \qquad (?) \qquad (-) \qquad (+) \qquad (-) \qquad (?) \quad (6.11)$$

式(6.11)右侧各个解释变量下方的正负号是决定人民币均衡汇率的各个基本因素的系数预期的符号,加号表示当决定人民币均衡汇率的各个基本经济要素增加时,人民币均衡汇率升值;减号表示当决定人民币均衡汇率的各个

基本经济要素增加时,人民币均衡汇率贬值;问号则表示两者关系暂时无法确定。

　　本章的样本区间为 1994 年第 1 季度到 2008 年第 4 季度,数据来源于《International Financial Statistics》、《中国经济景气月报》、《中宏数据库》和国家统计局官方网站;所有指数均以 2000 年为基期;所有变量为对数形式,而且都经过 Census X12 乘法模型的季节调整。

6.1.3　人民币均衡实际汇率的长期协整方程估计

1.单位根检验

　　首先使用 ADF 法对变量 $\ln reer$, $\ln prod$, $\ln open$, $\ln fdi$, $\ln m_2$, $\ln nfa$ 和 $\ln tot$ 的平稳性进行检验,检验结果如表 6 - 1 所示。经过 ADF 检验可知,这七个变量均是非平稳的变量。各个变量的一阶差分,即 $\Delta\ln reer$, $\Delta\ln prod$, $\Delta\ln open$, $\Delta\ln fdi$, $\Delta\ln m_2$, $\Delta\ln nfa$ 和 $\Delta\ln tot$ 在 5‰ 显著性水平下是平稳的变量,说明 $\ln reer$, $\ln prod$, $\ln open$, $\ln fdi$, $\ln m_2$, $\ln nfa$ 和 $\ln tot$ 七个变量均为一阶单整序列。

表 6 - 1　Augment Dickey-Fuller 的检验结果

变量	ADF 统计量	临界值(5%)	检验形式	结论
$\ln reer$	-2.510 1	-2.912 6	(c,n,1)	不平稳
$\ln prod$	0.343 6	-3.492 1	(c,t,3)	不平稳
$\ln open$	2.367 6	-3.493 6	(c,t,4)	不平稳
$\ln fdi$	-2.456 7	-3.492 1	(c,t,3)	不平稳
$\ln m_2$	-1.794 7	-3.487 8	(c,t,0)	不平稳
$\ln nfa$	0.562 2	-3.493 6	(c,t,4)	不平稳
$\ln tot$	-0.247 0	-2.911 7	(c,n,0)	不平稳
$\Delta\ln reer$	-4.449 2	-1.946 5	(n,n,0)	平稳

续表

变量	ADF 统计量	临界值(5%)	检验形式	结论
$\Delta\ln prod$	$-4.024\ 7$	$-2.915\ 5$	(c,0,3)	平稳
$\Delta\ln open$	$-3.146\ 4$	$-1.946\ 8$	(c,0,3)	平稳
$\Delta\ln fdi$	-11.294	$-2.914\ 5$	(c,n,2)	平稳
$\Delta\ln m_2$	$-5.111\ 1$	$-3.489\ 2$	(c,t,0)	平稳
$\Delta\ln nfa$	$-4.231\ 8$	$-2.915\ 5$	(c,0,3)	平稳
$\Delta\ln tot$	$-7.098\ 2$	$-1.946\ 7$	(n,n,0)	平稳

2. VAR 模型建立

在 VAR 模型建立的过程中,一个难点就是 VAR 模型滞后期的选择问题,不同的 VAR 模型滞后期,结果截然不同。表 6-2 是 $\ln reer$, $\ln prod$, $\ln m_2$, $\ln nfa$, $\ln tot$ 和 $\ln fdi$ 七个变量的 VAR 模型不同滞后期的 AIC, SC, HQ, FPE, LR 和 logL 的计算结果,在第 5 期时,AIC 和 SC 最小,HQ, FPE 和 LR 也达到最优值,因此确定第 5 期为最优滞后期。为检验 VAR(5)模型的稳定性,计算 VAR(5)模型差分方程的特征值,发现 VAR(5)模型所有特征值都小于 1,都位于单位圆以内,因而 VAR(5)模型是稳定的。

表 6-2 VAR 模型滞后期的选择

Lag	LogL	LR	FPE	AIC	SC	HQ
1	649.710	693.909	1.01e-18	-21.589	-15.465	-20.799
2	702.809	77.233	9.44e-19	-21.738	-17.906	-20.256
4	854.840	52.083	2.78e-19	-23.703	-16.294	-20.838
5	930.224	72.843 *	2.74e-19 *	-24.662 *	-19.545 *	-21.106 *

3. 协整分析

对于非平稳的,而且具有相同单位根性质的时间序列数据,可以利用 Johansen 检验来判断变量间是否具有协整关系。Johansen 协整分析法检验变量的协整关系时,确定滞后期为 4。检验结果表明(见表 6 - 3),在 5% 的显著性水平下,迹检验和最大特征值检验都表明存在协整关系。这说明 ln *reer*, ln *prod*, ln *open*, ln m_2, ln *nfa*, ln *tot* 和 ln *fdi* 七个变量之间存在长期的均衡稳定关系。

$$\ln reer = 1.903\ln prod + 2.510\ln nfa - 0.655\ln fdi - 0.576\ln open -$$
$$3.112\ln tot - 2.833\ln m_2 + 27.502 \tag{6.12}$$

协整方程式(6.12)表示人民币实际汇率与其决定因素之间长期均衡稳定关系。这些经济基本因素对人民币实际汇率的影响方向与预期是一致的。中国的劳动生产率和国外净资产与人民币实际汇率呈现正向变动的关系,劳动生产率和国外净资产的提高会使得人民币实际汇率升值;贸易条件、贸易开放度、外商直接投资和货币供应量呈现反向的变动关系,这些变量的增加会使得人民币实际汇率贬值。

表 6 - 3　Johanson 协整检验结果(迹检验和最大特征值检验)

滞后期=4				
原假设	特征值	trace 统计量	5% 水平临界值	概率
None *	0.884 5	333.617	125.615	0.000 0
At most 1 *	0.783 7	217.058	95.753	0.000 0
At most 2 *	0.661 1	134.365	69.818	0.000 0
At most 3 *	0.524 5	75.923	47.856	0.000 0
At most 4 *	0.407 9	35.779	29.797	0.009 1
原假设	特征值	Max-Eigen 统计量	5% 水平临界值	概率
None *	0.884 5	116.558	46.231	0.000 0
At most 1 *	0.783 7	82.693	40.077	0.000 0
At most 2 *	0.661 1	58.441	33.876	0.000 0
At most 3 *	0.524 5	40.144	27.584	0.000 7
At most 4 *	0.407 9	28.303	21.131	0.004 1

从影响程度大小来看,劳动生产率对人民币实际汇率的长期弹性系数为

1.903,即劳动生产率提高1%,人民币实际汇率升值1.903%。国外净资产占GDP的比重对人民币实际汇率的长期弹性系数为2.51,说明外国净资产占GDP的比重提高1%,人民币实际汇率升值2.51%。贸易开放度对实际汇率的长期弹性系数为－0.576,说明贸易开放度提高1%,人民币实际汇率贬值0.576%。贸易条件对人民币实际汇率的长期弹性系数为－3.112,说明贸易条件改善1%,人民币实际汇率贬值3.112%。广义货币供应量M2的系数为－2.833,说明广义货币供应量M2增加1%,人民币实际汇率贬值2.833%。外商直接投资FDI的长期弹性系数为－0.655,说明外商直接投资增加1%,人民币实际汇率贬值0.655%。

6.2　人民币均衡实际汇率和实际汇率错位的测算

6.2.1　人民币均衡实际汇率的测算

人民币实际汇率错位(Misalignment)是指人民币实际汇率与人民币均衡实际汇率的偏离。人民币实际汇率的长期均衡方程式(6.12)是估计人民币均衡实际汇率及实际汇率错位的重要基础,但目前为止还不能直接应用方程式(6.12)来估计人民币均衡汇率,原因在于要得到与经济内外均衡相一致的人民币均衡汇率,就必须提取人民币基本要素的"可持续"值(Edwards,1994)。要得到人民币可持续的长期均衡汇率值,首先就必须首先计算出决定人民币实际汇率的基本经济要素本身的长期可持续均衡值,然后将各个基本经济要素的长期可持续均衡值代入协整方程式(6.12),就可以得到与中国内部和外部经济均衡相一致的人民币长期均衡实际汇率值。

有多种方法可用来提取时间序列的长期可持续值,如移动平均法、Beveridge Nelson分解法、Hodrick Prescott(简称HP)滤波法、频谱滤波方法、指数平滑方法(BP)以及通过定性分析进行政策模拟等。其中最常用的是HP滤波,HP滤波法主要用于提取时间序列的长期趋势分量,主要优点是应用方便,并可避免其他方法的局限性。如移动平均法会丢失观测点,Beveridge Nelson分解法并不总能使用。

HP滤波方法是从经济时间序列中提取长期趋势成份的常用方法。HP滤波的基本原理是:假设经济时间序列$\{Y_t\}$由趋势成份$\{Y_t^T\}$与波动成份$\{Y_t^C\}$两部分构成,则HP滤波方法的基本原理实际上就是通过求解下列的最小化问题来分离其趋势成份:

$$\min\left\{\sum_{t=1}^{T}(Y_t - Y_t^T)^2 + \lambda\sum_{t=2}^{T-1}\left[(Y_{t+1}^T - Y_t^T) - (Y_t^T - Y_{t-1}^T)\right]^2\right\} \quad (6.13)$$

式(6.13)中存在一个权衡问题,即要在趋势成份对实际序列的拟合程度和趋势的光滑程度之间做出选择,因而 λ 的取值至关重要。当 λ＝0 时,满足最小化问题的趋势就是实际序列本身,尽管趋势成份与原序列十分接近(已经重合),但是并不具备趋势成份的光滑性要求,因此不能将其看作代表原序列长期变化的趋势成份;随着 λ 的增加,最小化问题求解出来的趋势成分变得越来越光滑;当 λ 趋于无穷大时,趋势成份与实际序列的接近程度显得微不足道。因此,光滑参数 λ 取值越大,得到的趋势成份越光滑。一般经验地认为,对于年度数据而言,λ 取值为 100;对于季度数据而言,λ 取值为 1 600;而对于月度数据来说,λ 取值为 14 400。

本章运用 HP 滤波对 $\ln prod$, $\ln open$, $\ln m_2$, $\ln nfa$, $\ln tot$, $\ln fdi$ 六个变量提取其长期均衡值见图 6-1 到 6-6。将 HP 滤波提取的决定人民币汇率各个基本因素的长期趋势值(trend)代入人民币实际汇率的协整方程式(6.12)中,得到人民币的长期均衡汇率值(见图 6-7)。

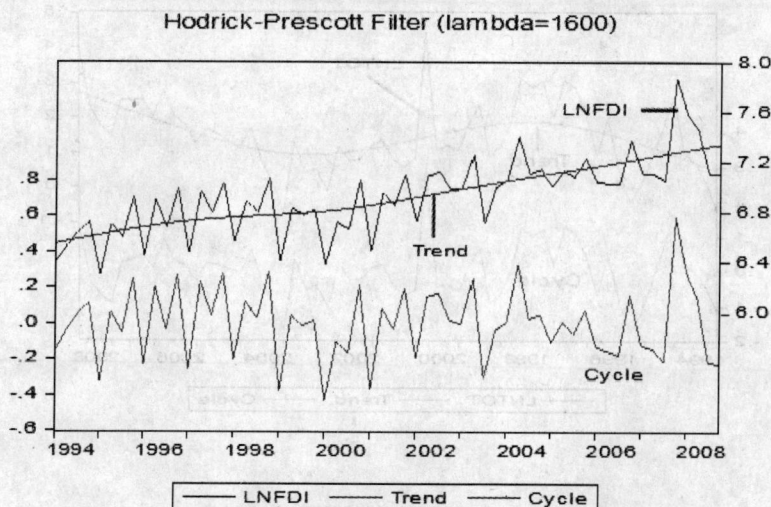

图 6-1　FDI 的 HP 滤波

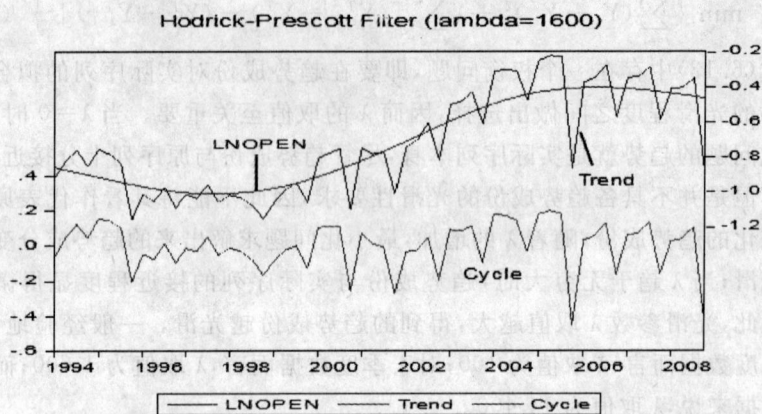

图 6-2 贸易开放度的 HP 滤波

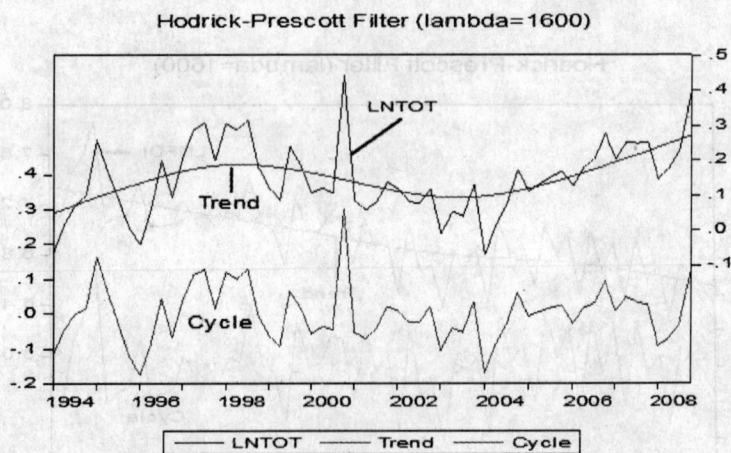

图 6-3 贸易条件的 HP 滤波

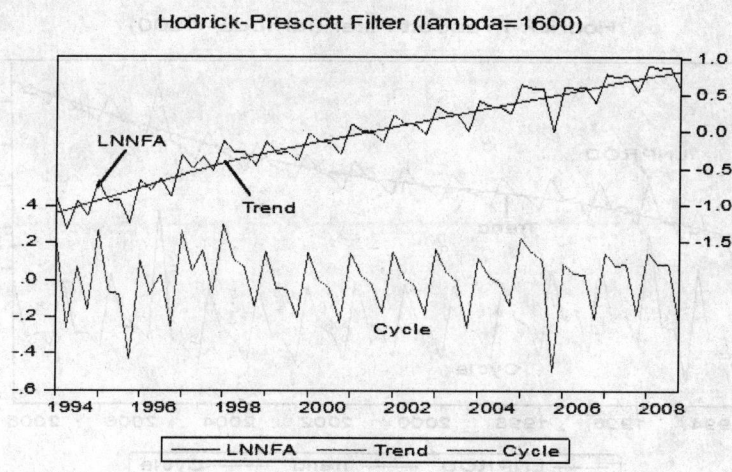

图 6 - 4 国外净资产的 HP 滤波

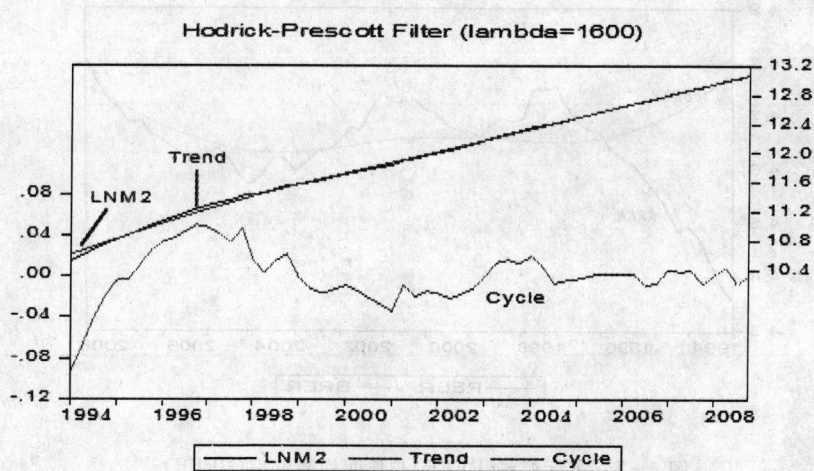

图 6 - 5 货币供应量的 HP 滤波

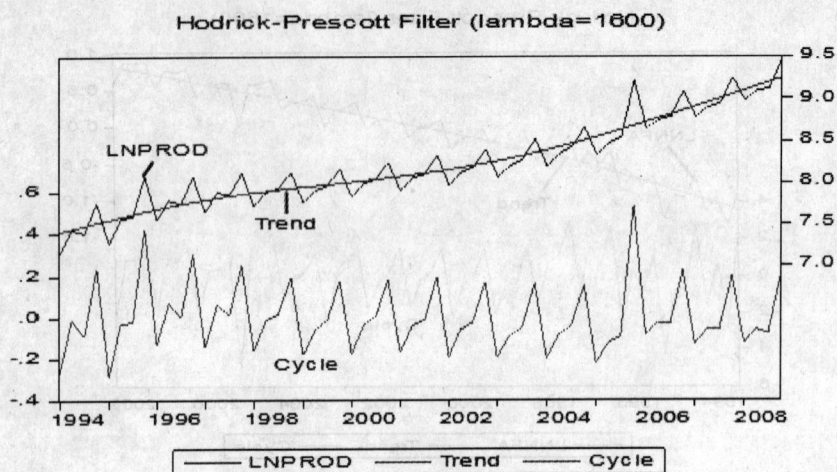

图 6-6 劳动生产率的 HP 滤波

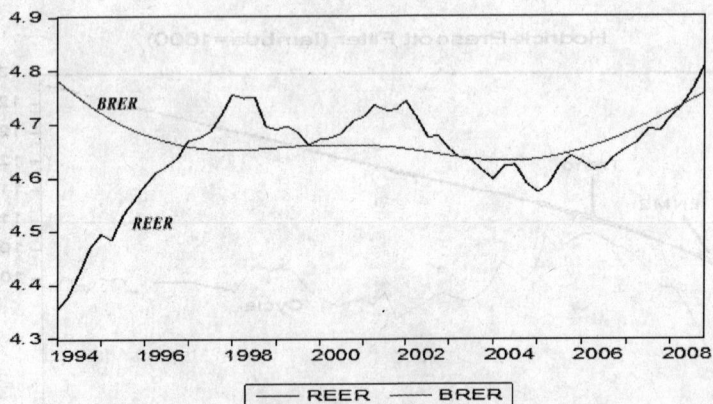

图 6-7 实际汇率(REER)与长期均衡汇率(BRER)

6.2.2 人民币实际汇率错位的测算

在人民币均衡实际汇率的基础上进一步测算出 1994—2008 年各季度人民币实际汇率的错位程度。人民币实际汇率错位程度的计算公式为

$$人民币实际汇率错位程度(misalignment) = \frac{人民币实际汇率 - 人民币长期均衡汇率}{人民币长期均衡汇率}$$

$$(6.14)$$

　　若 $misalignment > 0$,表示人民币实际汇率的现实值大于人民币实际汇率的均衡值,人民币实际汇率高估;$misalignment < 0$,表示人民币实际汇率的现实值小于人民币实际汇率的均衡值,人民币实际汇率低估[1]。人民币实际汇率与均衡实际汇率之间的错位程度计算结果如图 6-8 所示。

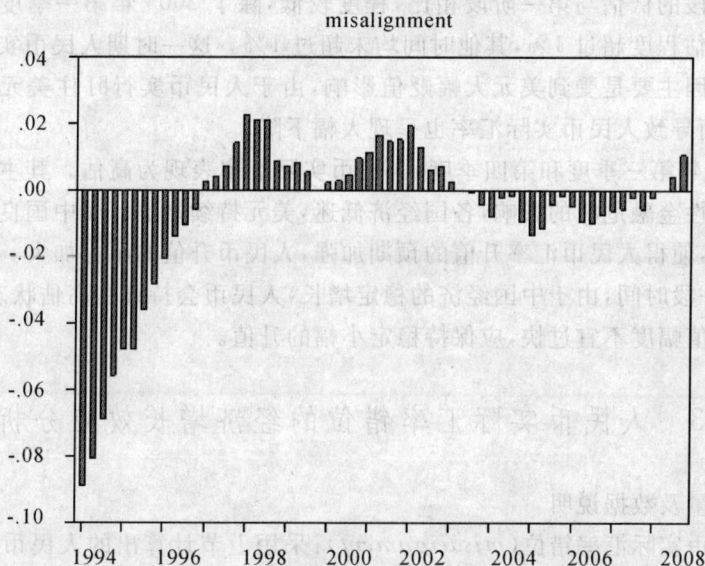

图 6-8　人民币实际汇率的错位程度

　　从 1994 年第一季度至 1996 年第四季度,人民币实际汇率表现为低估,在 1994 年的第 1 季度人民币实际汇率低估最为严重,实际汇率低估程度接近 10%,达到了 8.87%。在此期间人民币实际汇率低估的主要原因在于中国过热的投资导致外汇的调剂市场上人民币价格走低,而且人民币外汇调剂市场汇率在人民币实际汇率中所占的比重越来越大,因此人民币实际汇率呈现为严重的低估状态,与此同时,同期中国国内消费者价格指数的上升使得人民币实际汇率低估程度逐渐减小(冉茂盛、陈健,2005)。

　　从 1997 年第一季度至 2003 年第一季度,人民币实际汇率表现为高估。1998 年爆发了东南亚金融危机,中国政府坚持人民币汇率不贬值,由于此时

　　[1]　在本书中,人民币实际汇率上升表示人民币升值,人民币实际汇率下降表示人民币贬值。

央行银行采取了人民币盯住美元的汇率政策,所以直接导致人民币汇率升值。在 1998 年人民币汇率高估值明显高于其他年份,其中第一季度为 2.25%,第二季度为 2.09%,第三季度为 2.12%。后来,随着东南亚各国经济复苏,实际汇率趋于稳定,与此同时中国国内持续的通货紧缩使得人民币实际汇率高估的情况得到进一步缓解。

从 2003 年第二季度到 2008 年第二季度,人民币实际汇率表现为低估。然而此阶段的低估与第一阶段相比,程度较低,除了 2005 年第一季度和第二季度的低估程度超过 1%,其他时间均未超过 1%。这一时期人民币实际汇率下降的原因主要是受到美元大幅贬值影响,由于人民币实行盯住美元的汇率政策,从而导致人民币实际汇率也呈现大幅下降。

2008 年第三季度和第四季度,人民币实际汇率表现为高估。其主要原因在于全球性金融危机的影响,各国经济低迷,美元持续贬值。而中国良好的经济增长率,使得人民币汇率升值的预期加强,人民币升值的压力加大。可以预期,将来一段时间,由于中国经济的稳定增长,人民币会持续在高估状态,所以人民币升值幅度不宜过快,应保持稳定小幅的升值。

6.3　人民币实际汇率错位的经济增长效应分析

1.变量及数据说明

人民币实际汇率错位($misalignment$):采用上节计算出的人民币实际汇率错位程度,即

$$人民币实际汇率错位程度(misalignment)=\frac{实际汇率-长期均衡汇率}{长期均衡汇率}$$

中国经济增长率(y_{gr}):用中国季度国内生产总值 GDP 的环比增长率来代替,即 $y_{gr}=\frac{gdp_t-gdp_{t-1}}{gdp_{t-1}}$。

中国出口增长率(ex_{gr}):用出口贸易额的环比增长率来表示,即

$$ex_{gr}=\frac{ex_t-ex_{t-1}}{ex_t}。$$

本小节数据区间从 1994 年第 1 季度到 2008 年第 4 季度。首先对人民币实际汇率错位($misalignment$)、中国经济增长率(y_{gr})、中国出口增长率(ex_{gr})三个变量进行平稳性检验,使用 ADF 法检验这三个变量的稳定性,检验结果如表 6-4 所示。可以看出 $misalignment$,y_{gr},ex_{gr} 均为平稳变量。

表 6 - 4　ADF 单位根检验结果

变量	ADF 统计量	临界值(5%)	检验形式	结论
$misalignment$	−4.1829	−1.9465	(n,n,1)	平稳
y_{gr}	−3.1214	−2.9155	(c,n,3)	平稳
ex_{gr}	−4.4295	−2.9176	(c,n,5)	平稳

2. 人民币实际汇率错位与中国经济增长的方程分析

因为人民币实际汇率错位($misalignment$)、中国经济增长率(y_{gr})、中国出口增长率(ex_{gr})均为平稳性变量,可以直接进行最小二乘法(OLS)回归。得出计量方程为

$$ex_{gr} = 2.049misalignment + 0.055 \qquad (6.15)$$
$$(-2.05) \qquad\qquad (2.59)$$

$$y_{gr} = -1.394misalignment + 0.071 \qquad (6.16)$$
$$(-2.97) \qquad\qquad (-3.81)$$

式(6.15)表明,人民币实际汇率错位与中国出口增长存在反向的变动关系。由于实际汇率错位数值为负表示人民币实际汇率低估,实际汇率错位数值为正则表示人民币实际汇率高估,所以方程式(6.15)回归结果表明,人民币实际汇率低估有利于中国的出口贸易增长,人民币实际汇率高估则妨碍中国出口贸易增长。其原因在于人民币实际汇率低估将会提高中国出口贸易商品的相对价格和利润空间,有利于资源流向可贸易商品部门,从而促进中国可贸易商品部门生产率的提高;而人民币实际高估将降低出口贸易产品的价格竞争力,不利于吸引资源流向可贸易商品部门,从而将阻碍可贸易商品部门生产率的提高。

式(6.16)表明人民币实际汇率低估有利于中国经济增长,而人民币实际汇率高估则阻碍中国经济增长。人民币实际汇率低估影响中国经济增长的机制为:从资本项目上来说,人民币实际汇率低估会进一步降低外商直接投资企业在中国的投资成本,促进外商直接投资的增长,进而有利于中国的资本积累,推动中国的经济增长。从经常项目上来说,人民币实际汇率低估的成本效应会降低中国出口贸易商品的国外货币价格,导致了中国出口贸易快速增长。反之,人民币实际汇率高估将会使得中国进口替代产业和出口竞争产业的竞争力下降,导致经常项目的状况恶化,不利于中国的经济增长。

刘玉贵(2009)认为从一国的国内资源的配置效率上来看,实际汇率低估将会有助于本国可贸易品部门的增长,增强可贸易品部门在整个国民经济中的地位。而且如果可贸易品部门的资源配置效率更为突出的话,那么,实际汇率低估效应所引致的资源在部门间的再配置,最终将会形成一个相对规模较大的劳动生产率更高的可贸易商品部门(特别是制造业部门),因而最终将由于资源配置收益而推动经济的增长。这说明实际汇率低估的效应不仅可以通过劳动生产率的渠道促进经济增长,而且如果经济体中还具有剩余经济资源的话,实际汇率的低估效应所带来的可贸易品部门的繁荣将给国内不可贸易商品部门带来机会,进一步带动了不可贸易品部门的增长,此即为实际汇率低估效应带给不可贸易品部门的"收入效应"。除了"收入效应",实际汇率低估也同时会对不可贸易品部门产生"替代效应",汇率的低估效应所造成的可贸易品价格的相对上升,将会导致资源从不可贸易品部门流出,而是流向可贸易品部门。从总体上来说,如果汇率低估的收入效应大于其替代效应,那么实际汇率低估不仅有利于可贸易品部门的增长,而且也会促进不可贸易品部门的增长,从而促进整体经济的增长。

从世界范围来看,人民币实际汇率的低估促进中国经济增长的事实与许多快速增长经济体的经历是一致的,很难想象这些发达经济体所经历的持续增长是在汇率高估的倾向下取得的。例如,日本、中国香港、新加坡、韩国和中国台湾等在经济起飞初期都是把实际汇率作为与经济发展相关的重要政策工具,成功地避免汇率高估,甚至进一步实现在一定程度上的低估,从而实现较快的经济增长的。与此相反,同期大多数拉丁美洲美国和加勒比海国家所经历很慢的经济增长速度则可以归因于该国家或者地区实际汇率的高估(Edwards,1989),Johnson, Ostry & Subramanian(2007)认为非洲国家经济实践也表明汇率高估是其经济表现不佳的重要原因。Freund & Pierola(2008)的研究表明,汇率低估在引导发展中国家的生产者进入新产品和新市场上发挥非常重要的作用,是发展中国家促进本国出口增长的基本机制(刘玉贵,2009)。

3. 人民币实际汇率错位与中国经济增长的因果关系检验

为了对人民币实际错位与中国出口贸易增长、人民币实际汇率错位与中国经济增长的关系作进一步的考察,下一步运用格兰杰因果关系检验,以判别变量之间关系的存在性和方向。格兰杰因果检验要求变量必须为平稳性的变量,通过 ADF 检验,可知人民币实际汇率错位($misalignment$)、中国经济增长率(y_{gr})、中国出口贸易增长率(ex_{gr})三个变量均为平稳性变量,因此可以直接进行格兰杰因果检验,结果如表 6-5 所示。

表 6-5　人民币实际汇率错位、中国经济增长和出口增长的格兰杰因果检验

滞后期	原假设	F 统计量	显著性水平	结论
滞后期 等于 3	$misalignment$ 不是 y_{gr} 的 Granger 原因	3.925 3	0.013 7	拒绝
	y_{gr} 不是 $misalignment$ 的 Granger 原因	0.803 7	0.497 8	接受
滞后期 等于 4	$misalignment$ 不是 ex_{gr} 的 Granger 原因	2.774 3	0.038 0	拒绝
	ex_{gr} 不是 $misalignment$ 的 Granger 原因	2.080 8	0.098 7	拒绝

从表 6-5 可以看出,人民币实际汇率错位与中国经济增长存在单向的格兰杰因果关系,即人民币实际汇率错位是中国经济增长的格兰杰原因,但中国经济增长不是人民币实际汇率错位的格兰杰原因。人民币实际汇率错位与中国的出口增长存在双向的格兰杰因果关系,即人民币实际汇率错位是中国出口增长的格兰杰原因,同时中国出口增长也是人民币实际汇率错位的格兰杰原因。

6.4　本章小结

本章利用 1994 年第一季度到 2008 年第四季度的季度时间序列数据,在行为均衡汇率模型的基础上测算了人民币均衡实际汇率及人民币实际汇率的失调程度,并对人民币实际汇率错位的经济增长效应进行分析。得出的主要结论如下:

第一,人民币实际汇率在大部分时期偏离人民币均衡实际汇率轨迹,表现为人民币实际汇率的失调。其中,在 1994 年第一季度至 1996 年四季度期间,人民币实际汇率表现为低估,1994 年第一季度人民币实际汇率低估最为严重,其低估程度接近 10%,达到了 8.87%。1997 年第一季度至 2003 年第 1 季度,人民币实际汇率表现为高估。2003 年第二季度到 2008 年第二季度,人民币实际汇率表现为低估,然而此阶段的低估与第一阶段相比,程度较低。2008 年第三季度和第四季度,人民币实际汇率表现为高估。

第二,人民币实际汇率低估有利于中国出口贸易增长,人民币实际汇率高估则妨碍中国出口贸易增长。其原因在于人民币实际汇率低估将会提高中国出口贸易商品的相对价格和利润空间,有利于资源流向可贸易商品部门,从而促进中国可贸易商品部门生产率的提高;而人民币实际高估将降低出口贸易产品的价格竞争力,不利于吸引资源流向可贸易商品部门,从而将阻碍可贸易商品部门生产率的提高。

第三,人民币实际汇率低估有利于中国经济增长,而人民币实际汇率高估则阻碍中国经济增长。其原因在于,一方面人民币实际汇率低估会降低外商直接投资企业在中国的投资成本,进而有利于中国的资本积累,推动中国的经济增长;另一方面,人民币实际汇率低估的成本效应会使出口贸易快速增长,反之,人民币实际汇率高估将会使得经常项目和资本项目的状况恶化,不利于中国的经济增长。

第 7 章 人民币汇率改革的思考

随着中国经济的对外开放度和依存度越来越高,作为联系中国与世界经济"桥梁"的人民币汇率也越来越成为国内外关注的焦点。本章结合前六章的理论分析与实证分析结果,对人民币汇率制度改革进行研究。首先分析了人民币汇率制度的历史演变过程;其次分析了人民币汇率制度改革所面临的困境;最后,从确定合适的人民币汇率目标水平和完善人民币汇率机制出发,提出改进和完善人民币汇率制度的政策性建议,使得人民币实际汇率能够真正反映人民币均衡汇率水平,充分发挥人民币汇率对经济的杠杆作用。

7.1 人民币汇率制度的历史演变

7.1.1 传统体制下的人民币汇率制度(1949—1980 年)

这一时期,人民币汇率制度有两次重要的转轨,以两次转轨为界点,可以分为三个阶段。

1. 1949—1952 年中国国民经济恢复时期的人民币汇率制度

从 1949 年到 1952 年,人民币名义汇率的调整主要是由中国人民银行参照中国的物价对比方法,并按照中国国家政策要求加以明确规定的汇率调整。从 1949 年到 1950 年 3 月,中国主要实行的是"奖出限入"和"照顾侨汇"的宏观政策方针,在此阶段人民币名义汇率频繁下调。在 1949 年 1 月 18 日,1 美元兑 80 元人民币(旧币);到了 1950 年 3 月 15 日,1 美元却兑 42 000 元人民币(旧币)。在此期间人民币名义汇率总共调整 52 次,其中汇率下调为 49 次,人民币名义汇率下调的主要原因是当时中国通货膨胀现象比较严重。从 1950 年 3 月到 1952 年底,中国实施的是"鼓励出口,兼顾进口,照顾侨汇"的宏观政策方针,人民币名义汇率开始逐步调高。人民币名义汇率经过多次调整,在 1952 年 12 月 1 美元曾经折合 26 170 元人民币(旧币)。综上所述,从总体上看,中国国民经济恢复时期的人民币汇率相当具有弹性,在一定程度上能够适应经济和外贸事业发展要求,而这是与当时中国实行的经济体制和多元化的产权结构特征相适应的,进而在一定程度上促进了中国国民经济的恢复和稳定(吴倩,2007)。

2.1953—1972年的人民币汇率制度

从1953年开始,中国进入了有计划的社会主义经济建设时期,中国国内物价也开始全面稳定,国有经济成分也已经在中国对外贸易领域占据了统治地位,从而逐步形成了高度集中的指令性计划经济体制和单一的公有产权结构。在此时期,人民币名义汇率也不再单纯地起着调节进口贸易和出口贸易作用,中国对外经济贸易大部分是通过指令性计划进行垄断性经营的。出于编制计划和内部核算的需要,中国政府此结算采用的也是刚性的人民币汇率制度,所以在这个阶段多年以来1美元一直折合2.4618元人民币;只是在1971年12月18日,人民币名义汇率对美元贬值7.89%后,人民币名义汇率也相应上调至1美元折合2.2673元人民币(见图7-1)。该时期中国的对外进出口贸易价格是由国家物价部门行政规定,对外贸易盈亏也是由国家财政统一核算,因此,对外贸易企业也不必关心人民币名义汇率水平和汇率的变动幅度,所以说,人民币汇率制度对中国的对外进出口贸易流量几乎没有任何调节功能。

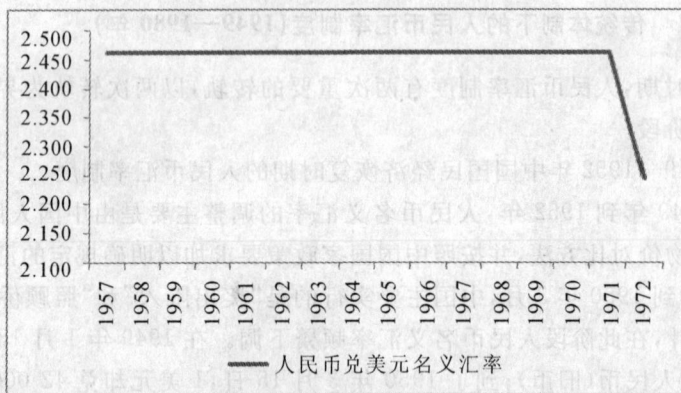

图7-1　1957—1972年人民币兑美元名义汇率[①]

3.1973—1979年的人民币汇率制度——盯住一篮子货币

在1973—1979年,人民币汇率主要采取"不断调整"的汇率政策,人民币汇率调整的具体方法就是当西方的主要发达国家的货币汇率在外汇市场上的浮动超过一定幅度时,就可以对以人民币表示的该国的货币汇率进行相应调

---

① 数据来源:各期中国统计年鉴。

整。因此,中国制定人民币汇率的原则修改为参照国际货币市场汇率变化随时调整。人民币汇率的计算方式也从过去的"物价对比法"修改为"参照一篮子货币法",选择在中国对外贸易中占较大份额的若干个国家的可自由兑换货币,按各国贸易和货币的重要性和对外政策的需要,确定各国货币的权重。"参照一篮子货币法"表明了中国计划经济体制能够对世界经济的变化具有一定的灵活性(栗志刚,2007)。在此阶段,人民币汇率的调整也是频繁的,仅在1978 年就调整了 61 次人民币对美元的名义汇率。人民币兑美元的名义汇率在 1972 年为 1.989,到 1979 年为 1.555,从整体上看呈现小幅升值的趋势(见图 7 - 2)。

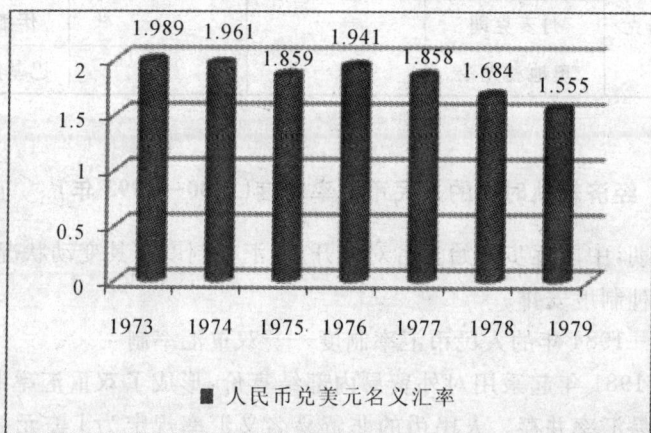

图 7 - 2　1973—1979 年人民币兑美元的名义汇率[①]

考察 1949—1979 年人民币汇率制度的特征,可以总结为三条:第一,人民币汇率制度与国际货币制度的变化方向趋同,在"布雷顿森林体系"确立和崩溃后,分别采用了单一盯住制和盯住一篮子货币制度,是一种被动型的汇率制度变迁;第二,人民币与外币的汇率基本上仅限定在记账的功能上,汇率水平的变化基本上不是由外汇供求决定的;第三,汇率的调整受行政指令计划决定,缺乏弹性。汇率变化对宏观经济增长的影响不大(见表 7 - 1)。

---

① 数据来源:各期中国统计年鉴。

表 7 - 1　以人民币计价与人民币汇率挂钩的货币(1970—1979 年)①

1970 年	1971 年	1972 年	1977 年	1979 年
货币篮子中增加的币种(＋)	货币篮子中增加的币种(＋)	货币篮子中增加的币种(＋)	货币篮子中增加的币种(＋)	货币篮子中增加的币种(＋)
英镑	荷兰盾	美元	新加坡元	澳大利亚元
瑞士法郎	意大利里拉	加拿大元	——	比利时贸易法郎
法国法郎	瑞士法郎	日元	——	比利时金融法郎
联邦德国马克	挪威克朗	——	——	芬兰马克
	丹麦克朗	——	——	伊朗里亚尔
	奥地利先令	——	——	巴基斯坦卢比

7.1.2　经济转轨时期的人民币汇率制度(1980—1993 年)

这个时期,中国逐步开始实行对外开放,汇率制度按其变动状况可分为两个阶段的两种制度安排。

1. 1980—1984 年的人民币汇率制度——双重汇率制

中国从 1981 年起采用对外贸易内部结算价,形成了双重汇率制,即贸易汇率和非贸易汇率并存。人民币的非贸易名义汇率规定为 1 美元兑 1.530 3 元人民币,以后人民币的非贸易汇率多次调整,然而调整的幅度都不大;人民币的贸易名义汇率规定为 1 美元兑 2.8 元人民币,人民币的贸易汇率直到 1984 年没有变动。人民币的非贸易汇率和贸易汇率的双重汇率制度,一方面明显地调动了出口企业的积极性,有利于中国出口贸易的发展;另一方面,人民币的双重汇率制度同时避免人民币非贸易外汇的损失,有利于增加中国的外汇储备。然而,人民币的双重汇率制度也存在着明显的问题,因为人民币双重汇率制度并不利于使汇率真正反映人民币比价,而且在实际工作中难以区分贸易和非贸易的界限,所以人民币的双重汇率制度造就了一个巨大的寻租空间,引致人民币寻租成本大量增加,从而造成中国经济资源的浪费和社会福利的损失(栗志刚,2007)。在此阶段,由于人民币名义汇率的高估和美元汇率的不断升值,人民币名义汇率逐步下调,到 1984 年 12 月,人民币的非贸易汇

---

① 资料来源:贺力平. 人民币汇率体质的历史演变及其启示[J]. 国际经济评论,2005(7 - 8)。

率为 1 美元折合 2.79 元人民币,与人民币的贸易汇率接近,因此取消人民币的非贸易汇率也成为必然(见图 7-3 和图 7-4)。

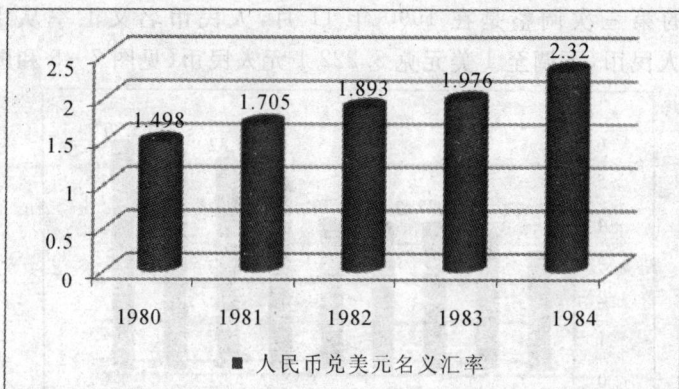

图 7-3　1980—1984 年人民币兑美元的名义汇率①

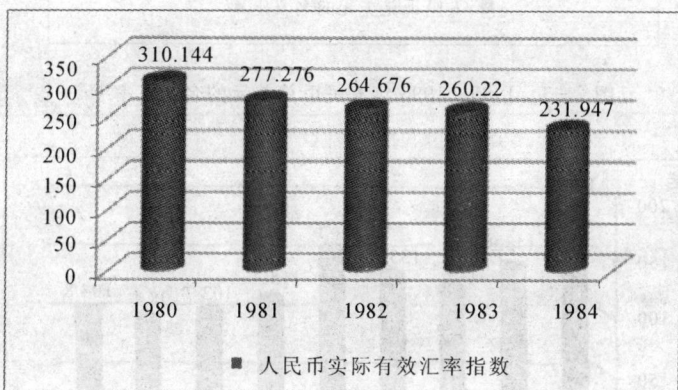

图 7-4　1980—1984 年人民币实际有效汇率指数②

2.1985—1993 年的人民币汇率制度——汇率双轨制

该时期的人民币汇率制度可看作是人民币汇率的爬行盯住制,人民币名义汇率能够根据国内外货币的实际变动情况,合理、灵活地进行相应的调整,从而能够使人民币名义汇率更为准确地反映出人民币的对外价值。从 1985—1993 年,人民币名义汇率进行了三次大的调整。人民币汇率的第一次调整是 1986 年 7 月,人民币名义汇率由 1 美元兑 3.20 元人民币下调至 1 美

---

① 数据来源:各期中国统计年鉴。
② 数据来源:国际货币基金组织 IMF 的 IFS 数据库。

元兑 3.70 元人民币；人民币汇率的第二次调整是在 1989 年 12 月，人民币名
义汇率由 1 美元兑 3.722 1 元人民币，下调至 1 美元兑 4.722 1 元人民币；人
民币汇率的第三次调整是在 1990 年 11 月，人民币名义汇率从 1 美元兑
4.722 1 元人民币，下调至 1 美元兑 5.222 1 元人民币（见图 7-5 和图 7-6）。

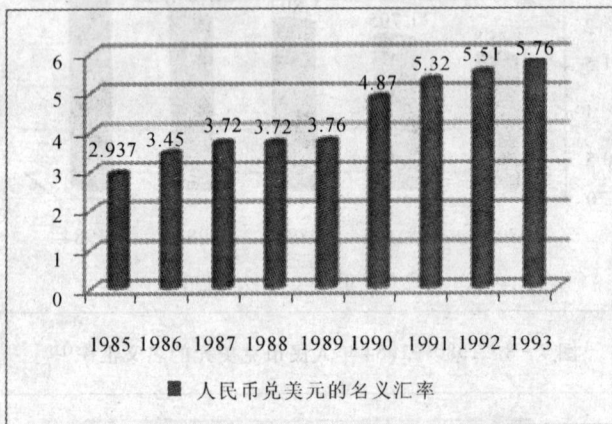

图 7-5　1985—1993 年人民币兑美元的名义汇率①

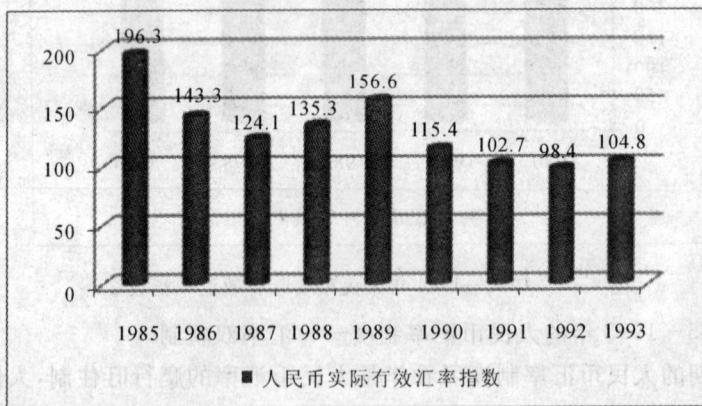

图 7-6　1985—1993 年人民币实际有效汇率指数②

　　1985—1993 年期间人民币名义汇率水平的不断调整促进了中国对外贸
易的发展，而且对旅游等非贸易业务的发展起到了积极的促进作用。在 1991

① 数据来源：各期中国统计年鉴。
② 数据来源：国际货币基金组织 IMF 的 IFS 数据库。

年 4 月,中国政府正式宣布人民币开始实施有管理的浮动汇率制度,在人民币汇率调节方式上,改变了以往阶段性大幅度调整名义汇率的方式,开始通过外汇调剂业务对人民币汇率实行微调。虽然人民币汇率在 1980—1984 年和在 1985—1993 年同样都是双轨制,但事实上二者还是有明显的区别。1981—1984年的人民币汇率双轨制都是官方汇率,而 1985 年后的人民币官方汇率则是人民币的市场汇率与人民币的计划汇率并存的汇率制度。1981—1984 年的人民币汇率双轨制只是计划经济的价格,只不过是汇率内部结算价更加符合经济规律。而 1985—1993 年的人民币汇率双轨制已经是体现出计划经济与市场经济的转轨特征(栗志刚,2007)。

7.1.3　向市场汇率过渡的有管理的浮动汇率制度(1994—2005 年 7 月)

随着 1994 年 1 月中国新的外汇市场管理制度的实施,中国取消了外汇调剂价,从而实现了真正的市场汇率与计划汇率的人民币汇率制度并轨,转而实行以市场供给和需求为基础的、单一的、有管理的人民币浮动汇率制度。在 1994 年人民币汇率制度并轨时,1 美元兑 8.7 元人民币,此后,人民币的名义汇率和实际汇率都保持了升中趋稳的态势,尤其是从 1998 年开始,人民币对美元的名义汇率几乎保持在 8.277~8.280 的波动区间(见图 7-7 和图 7-8),人民币汇率波幅非常狭窄,不超过 30 点波幅,人民币汇率处于一种稳定态势。

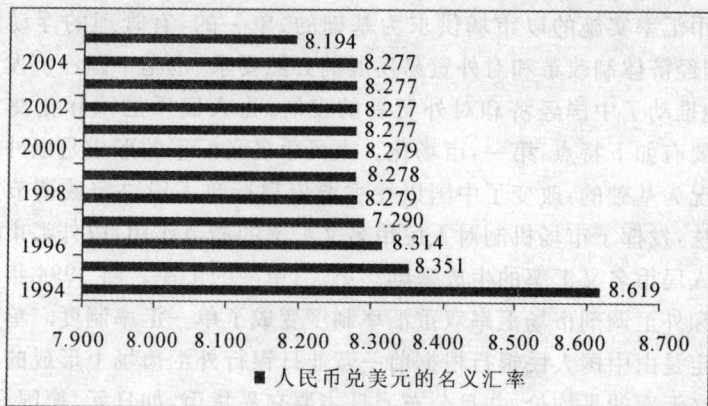

图 7-7　1994—2005 年人民币兑美元的名义汇率①

---

① 数据来源:北京大学 CCER 数据库。

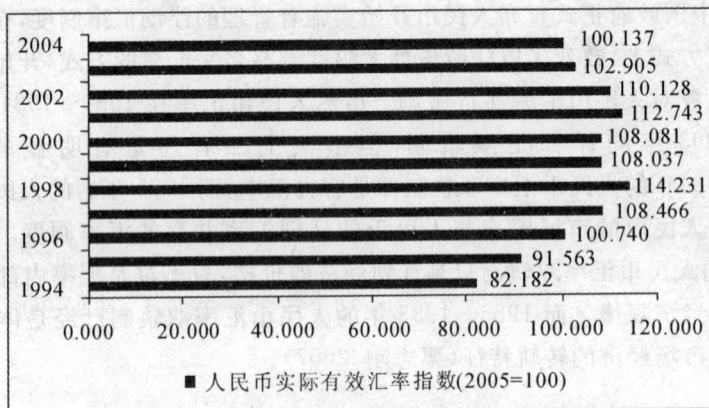

图 7 - 8　1994—2005 年人民币实际有效汇率指数①

　　在 1994 年到 2005 年 7 月所实行的以市场供求为基础的、单一的、有管理的浮动汇率制下,外汇市场仅包括银行间外汇市场,市场交易主体是中国人民银行和 13 家有会员资格的外汇指定银行以及经过国家外汇管理局批准的非银行金融机构和部分外资银行,非银行金融机构和部分外资银行不能经营国内进口项目下的售汇业务,其所能经营的结汇业务非常有限。在市场主体中,中国银行和中国人民银行占据了比较绝对的垄断地位,中国银行占了卖出外汇业务的 70%～80%,中国人民银行占了买入外汇业务的 70%～80%。

　　人民币汇率实施的以市场供求为基础的、单一的、有管理的浮动汇率制度,是中国经济体制改革和对外贸易发展的必然要求,也是中国经济发展的需要,有力地推动了中国经济和对外贸易的发展,为人民币的国际化奠定了基础。它主要有如下特点:第一,市场化。人民币名义汇率的形成是以外汇市场的供求状况为基础的,改变了中国以往主要依靠行政手段决定或调节人民币汇率的做法,发挥了市场机制对人民币名义汇率的调节作用,以外汇市场供求关系作为人民币名义汇率的生成基础。第二,单一的汇率。将 1994 年以前的官方汇率和外汇调剂市场汇率双重汇率制度变成了单一汇率制度。单一汇率制度的确定是由中国人民银行根据前一营业日银行外汇市场上形成的美元对人民币名义汇率的平均价,并且公布当日主要交易货币,如日元、德国马克、英镑和港币等对人民币交易的基础汇率,并且由外汇指定银行根据中央银行公布的基准利率,参照国际上外汇市场的基本行情,计算出人民币对其他主要货

---

　　①　数据来源:国际货币基金组织 IMF 的 IFS 数据库。

币的汇价,所有的进出口贸易、非贸易以及资本项的对外支付和结算都使用此汇率进行。第三,有管理的浮动汇率制度。允许人民币名义汇率在中国人民银行公布的基准汇率的基础上在一定幅度范围内上下浮动,而且中央银行在外汇市场上通过买进卖出外汇来干预市场,以便将名义汇率限制在一定的波动幅度内(马骥,2008)。

7.1.4 以市场机制为基础的人民币汇率制度(2005年7月至今)

1. 2005年7月—2010年6月——参考一篮子货币的浮动汇率制

从2005年7月21日起,中国开始实施以市场供给和需求为基础的、参考一篮子货币进行调节的、有管理的人民币浮动汇率制度。此阶段的人民币名义汇率也不再是单一的盯住美元,而是形成了更富弹性的人民币汇率机制。在2005年21日19时,人民币兑美元的汇率为8.11元,人民币对美元的名义汇率升值幅度为2%。到2009年末,人民币对美元汇率的中间价为6.828 2元,比2008年末升值64个基点,升值幅度为0.09%;人民币对欧元、日元汇率中间价分别为1欧元兑9.797 1元人民币、100日元兑7.378 2元人民币,分别较2008年末贬值1.41%和升值2.53%。2005年7月汇率改革以来到2009年年末,人民币对美元的名义汇率累计升值21.21%,对欧元汇率累计升值2.21%,对日元汇率累计贬值0.98%。根据国际清算银行的计算,汇率改革以后至2009年12月,人民币名义有效汇率升值12.7%,实际有效汇率升值16.3%[①](见图7-9和图7-10)。

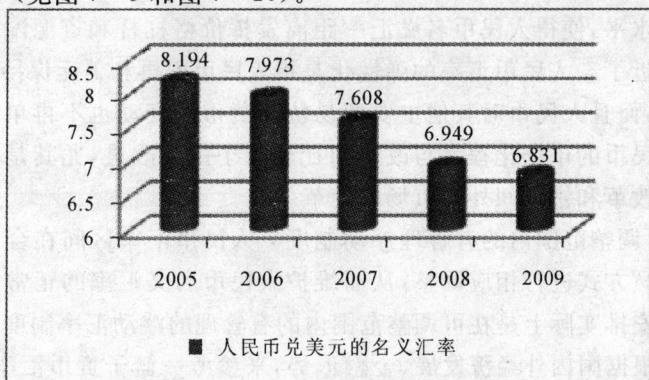

图7-9 2005—2009年人民币兑美元的名义汇率[②]

---

① 数据来源:中国人民银行《2009年第四季度货币政策执行报告》。
② 数据来源:中国人民银行网站(http://www.pbc.gov.cn/)。

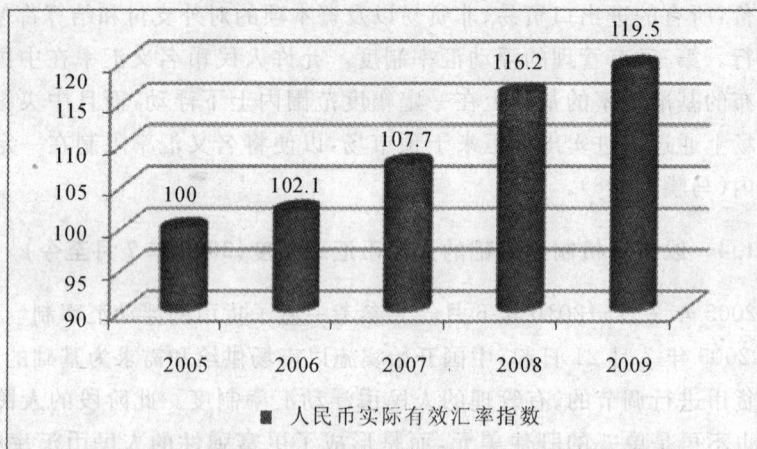

图 7 - 10　2005—2009 年人民币实际有效汇率指数[①]

　　此次人民币汇率制度改革是对真正的管理浮动汇率制的回归,是 1994 年人民币汇率体制改革以来所发生的最深刻变化(见图 7 - 11)。与以往汇率改革相比,主要有以下三个鲜明的特点:

　　第一,人民币汇率逐步走向弹性化和市场化。此次人民币汇率形成机制的最重要特征,是人民币汇率调整开始走向弹性化和市场化,市场力量在人民币名义汇率水平决定中发挥重大的作用。人民币结售汇业务的改进,即期和远期人民币外汇交易的引入,银行间外汇市场的发展极大地提高了人民币汇率的市场化水平,使得人民币名义汇率距离发挥价格杠杆和资源配置工具的目标越来越近了。人民币汇率的弹性化是指人民币不再和美元保持名义汇率上的超稳定,而且人民币对其他主要贸易伙伴货币的变动也不再单一盯住美元制度。人民币的市场化程度与改革前比较有了巨大改进,尤其是人民币结售汇制度的改革和银行间外汇市场的变革。

　　第二,可调整范围内的有管理浮动制度。人民币汇率区间在合意的时候要以"适当的"方式进行相应调整,从而维护人民币名义汇率的正常浮动。这种汇率制度安排实际上是在可调整范围内的有管理的浮动汇率制度。人民币汇率调整是根据国内外经济发展、金融形势,来参考一篮子货币汇率进行的,着重考虑商品和服务贸易的权重作为一篮子货币选取及权重确定的基础;适当考虑外债来源的币种结构、外商直接投资、经常项目中无偿转移类项目的收

───────────────

　　①　数据来源:国际货币基金组织 IMF 的 IFS 数据库。

支,选择若干种主要货币,赋予相应的权重,组成货币篮子。同时,根据国内外经济金融形势,以市场供求为基础,参考一篮子货币计算人民币汇率。"参考"而不是"盯住",使汇率形成机制具有更多的灵活性和局部可变性,篮子货币的取舍、相应权重的大小、浮动区间的调整等,货币当局都可以进行相机抉择,同时,市场供求关系是汇率确定及调整的另一种重要依据,可以更全面地反映人民币对主要货币汇率的变化。参考一篮子货币的主要目的是要保持人民币汇率的正常浮动,使得人民币在合理均衡水平上的基本稳定,以促进国际收支的基本平衡,从而维护宏观经济和金融市场的平稳发展(刘晓喆,2008)。

　　第三,外汇市场结构逐步完善。外汇市场结构的完善主要表现在:外汇市场交易主体的增加,2005 年 8 月,我国放宽了外汇市场准入限制,允许符合条件的非银行金融机构和非金融企业按实需原则参与银行间外汇市场即期与远期、远期与远期相结合的人民币对外币掉期交易;交易方式的拓展,在银行间即期外汇市场上引入了询价交易制度,并引入美元交易做市商制度,交易主体既可以选择集中授信、集中竞价的交易方式,也可以选择双边授信、双边清算的方式进行询价交易,活跃了外汇市场、提高了外汇市场流动性;交易品种的增加,在银行间市场,推出了人民币远期外汇交易和人民币对外币掉期交易,在银行对客户零售市场,扩大了银行对客户远期结售汇业务范围,推出银行对客户外汇掉期业务,推出国内 8 种货币对即期外币交易业务,建立起国内金融机构参与国际市场外汇交易的直接通道(王桂贤,2010)。

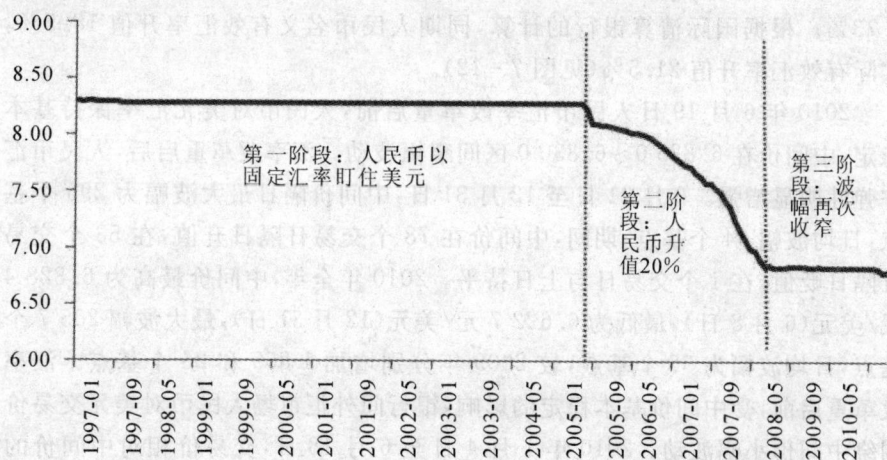

图 7-11　人民币盯住美元锚的三个阶段

2. 2010 年 6 月 19 日,增强人民币汇率弹性

2010 年初至 6 月中旬,为应对全球金融危机,人民币汇率继续保持基本稳定。2010 年 6 月 19 日,根据国内外经济金融形势和我国国际收支状况,中国人民银行决定进一步推进人民币汇率形成机制改革,以增强人民币汇率弹性。其重要经济背景,是 2010 年随着中国经济在危机冲击下强劲复苏,出口呈现恢复性增长,以增强人民币汇率弹性,实现汇率正常化、退出阶段性的美元盯住政策的条件已经具备。同时,考虑到美元走弱的态势,以及中国对外经贸往来日益多元化的格局,逐步降低对美元的过度依赖,创造条件逐步转向参考一篮子货币,成为一个现实的考虑和选择。进一步推进人民币汇率形成机制改革的重点在于,坚持以市场供求为基础,参考一篮子货币进行调节。继续按照已公布的外汇市场汇率浮动区间,对人民币汇率浮动进行动态管理和调节,以保持人民币汇率在合理、均衡水平上的基本稳定,促进国际收支基本平衡,维护宏观经济和金融市场的稳定。

2010 年 6 月 19 日进一步推进人民币汇率形成机制改革以来,人民币小幅升值,双向浮动特征明显,汇率弹性显著增强。2010 年 6 月末,人民币对美元汇率中间价为 6.790 9 元,比 2009 年末升值 373 个基点,升值幅度为 0.55%;人民币对欧元、日元汇率中间价分别为 1 欧元兑 8.271 0 元人民币、100 日元兑 7.668 6 元人民币,分别较 2009 年末升值 18.45% 和贬值 3.79%。2005 年 7 月人民币汇率形成机制改革以来至 2010 年 6 月末,人民币对美元汇率累计升值 21.88%,对欧元汇率累计升值 21.07%,对日元汇率累计贬值 4.73%。根据国际清算银行的计算,同期人民币名义有效汇率升值 18.5%,实际有效汇率升值 21.5%(见图 7-12)。

2010 年 6 月 19 日人民币汇率改革重启前,人民币对美元汇率保持基本稳定,中间价在 6.825 0~6.830 0 区间窄幅波动。汇率改革重启后,人民币汇率弹性明显增强。6 月 21 日至 12 月 31 日,中间价隔日最大波幅为 295 个基点,日均波幅 64 个基点;期间,中间价在 78 个交易日隔日升值,在 53 个交易日隔日贬值,在 1 个交易日与上日持平。2010 年全年,中间价最高为 6.828 4 元/美元(6 月 8 日),最低为 6.622 7 元/美元(12 月 31 日),最大波幅 205 7 个基点,日均波幅为 36 个基点,较 2009 年分别增加 1 859 和 26 个基点。汇率改革重启前,受中间价基本稳定的影响,银行间外汇市场人民币对美元交易价围绕中间价小幅波动。2010 年 1 月 4 日至 6 月 18 日,交易价相对中间价的

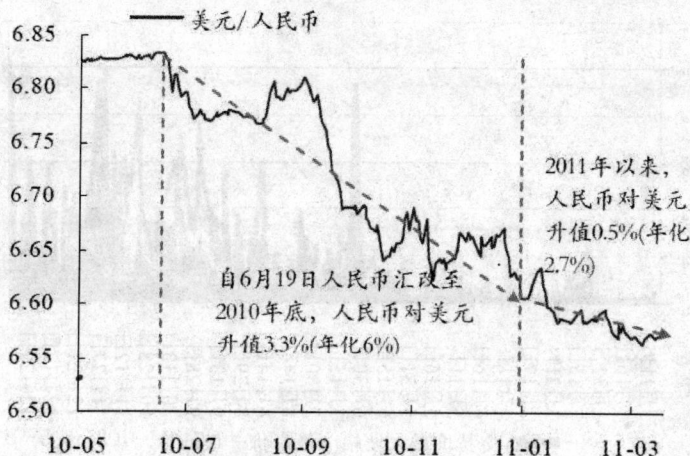

图 7－12　2010～2011 年人民币汇率①

日间最大波幅日均仅为 0.02％，日间最大波幅（最高价－最低价）日均为 18 个基点，而 2009 年分别为 0.04％和 29 个基点。汇率改革重启后，交易价波幅显著增强，2010 年 6 月 21 日至 12 月 31 日，交易价相对中间价的日间最大波幅日均为 0.16％，日间最大波幅（最高价－最低价）日均为 113 个基点，较汇率改革重启前和 2009 年均显著上升。2010 年全年交易价相对中间价的日间最大波幅一度触及下限 0.5％（12 月 31 日），日间最大波幅为 492 个基点（11 月 9 日）（见图 7－13）。

　　进一步推进人民币汇率形成机制改革对中国实体经济影响总体积极。2010 年以来，月度出口额屡创历史最好水平，有 8 个月超过 1 300 亿美元，2010 年实现贸易顺差 1 831 亿美元，同比减少 6.4％。进出口产品结构进一步优化，出口区域结构更趋合理。在进口产品结构中，初级产品进口快速增长，2010 年，我国进口原油 2.4 亿吨，同比增长 17.5％，较 2008 年增长 33.8％。汇率弹性增强促使企业加大研发和创新力度，提高产品质量，加快产品升级换代，以增强在国际市场的竞争力。2010 年，机电产品和高科技产品出口分别增长 30.9％和 30.7％，增速比 2009 年大幅提高。企业也开始关注美元之外的其他结算货币，并积极开拓新兴市场，我国的出口集中度下降，出口区域结构优化。2010 年以来，我国对美、欧出口占出口总量的比重已分别从 6 月份的 18.6％和 19.8％降至 12 月份的 17.0％和 18.8％。

---

①　数据来源：Bloomberg，中金公司研究部。

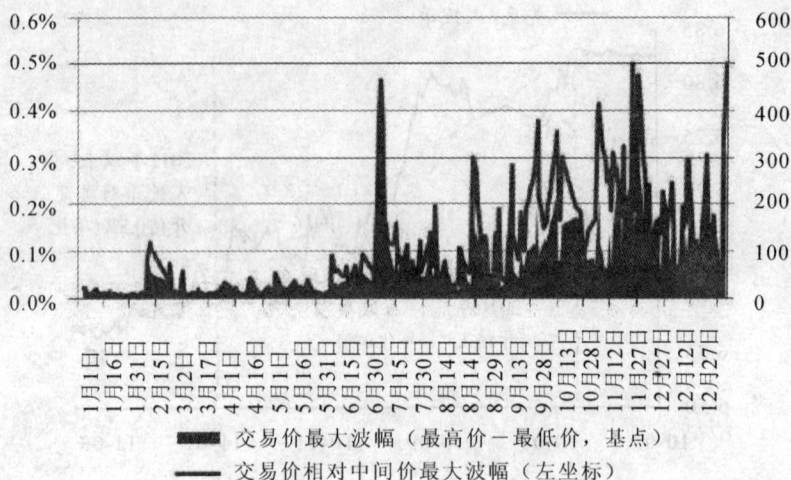

交易价最大波幅（最高价－最低价，基点）

交易价相对中间价最大波幅（左坐标）

图 7-13 2010 年银行间外汇市场人民币对美元交易价波动情况

出口企业应对汇率波动的能力有所提高。经过 2005 年的汇率改革,出口企业对汇率波动的认识已逐步提高,采取了提高产品附加值、运用金融避险工具等多种措施积极应对。2010 年 11 月份,中国人民银行对全国 2 181 家外向型中小企业和 2 038 家外向型生产企业进行的问卷调查结果显示,出口企业经营状况良好,进一步汇改以来外向型生产企业平均利润增加 0.6%,企业整体竞争能力提高,外贸部门就业保持稳定。人民币小幅升值虽然对出口企业的利润产生一定影响,但并未出现大量企业关门、停产的情况。商务部、中国人民银行和外汇局对外贸企业经营情况的联合调查显示,78.4% 的企业开工率并无明显变化或较 2009 年同期增长。劳动密集型行业对人民币汇率升值的敏感度较高,而且吸纳的就业人口也较多,2010 年 6～12 月份我国劳动密集型产品出口已全面超过危机前水平,企业"走出去"步伐加快。完善汇率形成机制提高了企业利用国内外两种资源和两个市场的效率,支持了"走出去"战略的实施,对扩大资本流出、落实国家能源资源战略发挥了积极作用。2010年,我国非金融类对外直接投资达 590 亿美元,同比增长 36.3%。

外汇市场快速发展。人民币汇率弹性增强,银行间外汇市场报价活跃,成交量增长较快,外汇市场配置资源的作用进一步发挥,远期及掉期等衍生产品市场较快发展,企业积极运用衍生金融工具规避汇率风险。2010 年银行间外汇市场即期成交 3.05 万亿美元,同比增长 3.5%;远期成交 327 亿美元,同比增长 234％;掉期成交 1.28 万亿美元,同比增长 60％;总成交 4.36 万亿美元,同比增长 16％。2011 年人民币外汇远期和"外币对"交易规模快速扩张。第一季度人民币外汇即期成交 8 133 亿美元,同比增长 5.5％;人民币外汇掉期交易累计成交金额折合 3 377 亿美元,同比增长 18.5％,其中隔夜美元掉期成交 1 861 亿美元,占掉期总成交额的 55.1％;人民币外汇远期市场累计成交595 亿美元,同比增长 1 855％。2011 年第一季度"外币对"累计成交金额折合209 亿美元,同比增长 68.0％,其中成交最多的产品为美元对港币,市场份额为 49.9％,同比下降 14.2 个百分点。

总体看,进一步推进人民币汇率形成机制改革对实体经济的影响积极,与其他结构性政策相配合,在推动我国对外贸易结构调整、经济结构优化、产业升级、实现经济可持续发展等方面的作用也将进一步显现。

综上所述,人民币汇率制度的演变历程如表 7-2 所示。

表 7-2　人民币汇率制度的历史演变①

时间	特征
改革开放前	人民币长期实行固定汇率制度,名义汇率长期高估
1981—1984 年	在贸易外汇方面,采用了人民币双重汇率制,官方牌价与贸易内部结算价并存汇率制度;在非贸易外汇方面,引进了外汇兑换制度
1985—1993 年	取消人民币贸易内部结算价格,人民币汇率由 1 美元兑 2.796 3 元人民币持续贬值到 1 美元兑 5.222 1 元人民币
1994—1996 年	人民币汇率体制实施重大改革,实施有管理的浮动汇率制度;人民币并轨至 1 美元兑 8.70 元人民币,中国的国家外汇储备迅速上升,而且出现了严重的通货膨胀和大量资本内流,使得人民币承受了巨大的压力

① 资料来源:许少强,朱真丽. 1949—2000 年的人民币汇率史[M]. 上海财经大学出版社,2002。

续表

时间	特征
1997—2005 年	人民币名义汇率始终保持在较窄的范围内浮动,而且波幅不超过 120 个基本点。从 2003 年起,人民币升值的压力越来越大
2005 年 7 月 21 日—2010 年 6 月 18 日	从 2005 年 7 月 21 日起,美元兑人民币的汇率调整为 8.11,截至 2009 年年末,人民币对美元汇率中间价为 6.828 2 元。汇率改革以来至 2009 年年末,人民币对美元汇率累计升值 21.21%
2010 年 6 月 19 日—至今	根据国内外经济金融形势和我国国际收支状况,中国人民银行决定进一步推进人民币汇率形成机制改革,以增强人民币汇率弹性

7.2　人民币汇率改革的困境分析

7.2.1　稳定人民币汇率水平与货币供应量目标的内在矛盾

当前,中国面临着严重的内外经济失衡,具体表现为外部国际收支的持续盈余和内部经济通货膨胀、流动性过剩压力。为实现中国经济内外均衡要求采取人民币升值配合的汇率政策和紧缩性货币政策,这对人民币汇率政策的稳定性提出了挑战。中国的基础货币来源于两种渠道:国内信贷与外汇占款。因此,中国的货币供应量受制于中国国内信贷与外汇占款的增减变化。中国国内信贷可以通过人民银行货币政策的松紧来加以控制,然而来自国外的外汇占款却是人民银行难以控制的,外汇占款主要取决于中国的国际收支状况。

自 1994 年人民币汇率机制改革以来,在 1994—2010 年的 17 年,持续保持经常项目和资本项目的"双顺差",除了中国政府对资本流动实施的管制导致在 1998 年资本和金融项目出现短暂逆差外,其余年份的经常项目、资本和金融项目均保持顺差,而且顺差额呈现不断上升的趋势。2010 年,我国国际收支继续呈现"双顺差",经常项目顺差 3 054 亿美元,较 2009 年增长 17%;资本和金融项目顺差 2 260 亿美元,较 2009 年增长 25%;全年外汇储备资产增加 4 696 亿美元(见图 7-14)。

从短期来看,经常项目与资本项目的"双顺差",是当前中国内外经济失衡和流动性过剩压力存在的最主要的根源,外汇储备的持续增加阻碍了中行紧

缩性货币政策实施的效果。从 2000 年开始,我国的外汇储备快速增长,2000
年我国的外汇储备额仅为 1 656 亿美元;到 2005 年,外汇储备突破 8 000 亿美
元,为 8 188 亿美元;自 2006 年 2 月超过日本成为全球第一大储备国后,2006
年末又成为首个外汇储备超过万亿美元的国家,2007 年和 2008 年连续两年
外汇储备增加额在 4 000 亿美元以上,2008 年第 3 季度,我国外汇储备规模占
全球外汇储备总额的 27.6%,占发展中国家储备总规模的 35.3%,更超出发
达国家储备总和 4 045.52 亿美元。尽管受到全球性金融危机的影响,2009 年
我国外汇储备突破 20 000 亿美元,为 23 992 亿美元。2010 年末,我国外汇储
备余额为 28 473 亿美元,同比增长 18.7%,2010 年全年外汇储备增长 4 481
亿美元;外汇储备主要来源于外贸顺差与外商直接投资额,2010 年我国外贸
顺差为 1 831 亿美元,外商直接投资 1 057.4 亿美元,同比增长 17.4%(见图
7-15)。2011 年第一季度,在复杂多变的国内外宏观环境下,我国外汇总体
保持净流入态势,外汇储备增长较快,3 月末,国家外汇储备余额 30 447 亿美
元,较 2010 年末增加 1 974 亿美元;截至 2011 年 6 月末,国家外汇储备余额
为 31 975 亿美元,同比增长 30.3%。在国内外经济基本面以及利差、预期汇

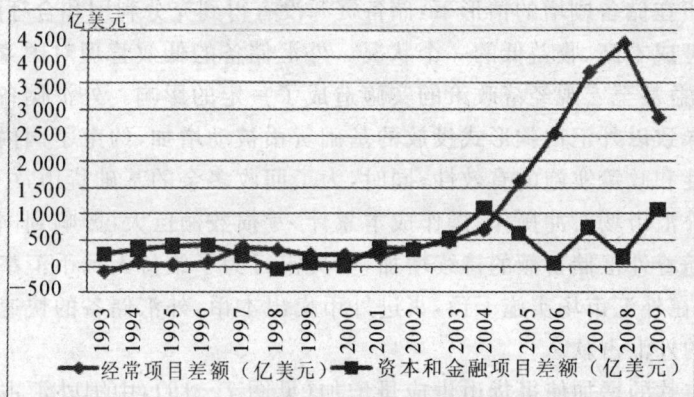

图 7-14　中国资本和金融项目双顺差[②]

兑收益等因素的共同作用下,我国仍将保持外汇资金净流入格局[①]。如此巨
大的外汇储备意味着我国有着充裕的国际支付能力,在一定程度上也彰显了
我国足以影响世界的经济实力。它增强了我国对外支付能力和调节国际收支
的能力,提高了我国的国际资信力和对国际金融风险的抵御力,使举借外债和

---

① 数据来源:中国人民银行。
② 数据来源:根据北京大学 CCER 数据库和中宏数据库计算所得。

债务的还本付息有了可靠保证,为我们渐进式改革提供了坚实的保障。

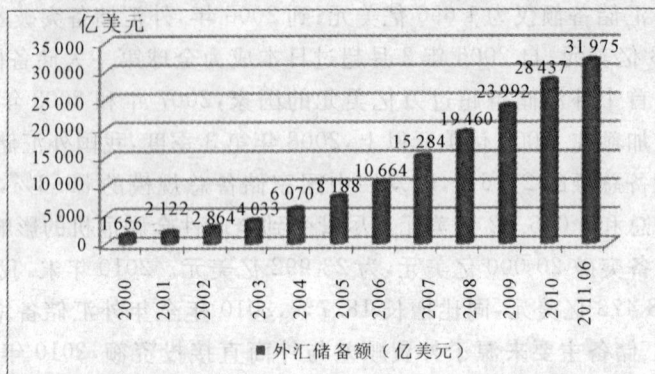

图 7-15 2000—2011 年我国外汇储备额

　　然而,同时还必须看到,外汇储备是一把"双刃剑",外汇储备并非越多越好。因为外汇储备过多,不仅会付出高昂的机会成本,还会造成宝贵外汇资源的闲置和浪费。伴随外汇储备规模高速增长的,是外汇储备管理的低效。这种低效是指在储备剧增的情形下,储备资源没有得到充分利用和合理配置,从而导致管理成本高、收益低的一个状况。外汇储备的低效管理对国家经济效益、社会效益甚至宏观经济政策的实施造成了一定的影响。外汇储备规模的急剧扩张导致以外汇占款形式投放的基础货币被动增加,约束了国内货币政策的独立性和政策实施的有效性;同时,为了回收多余的基础货币,中央银行不断进行外汇市场对冲操作,操作成本累计、亏损数额巨大,影响到国家的经济效益。随着外汇储备额的持续增加,中央银行为了维持人民币汇率水平的稳定,必须在外汇市场实施干预,买进外币卖出本币,外汇储备的快速增加就带来高额的外汇占款。

　　外汇占款的增加使得货币供应量增加(见图 7-16),中国外汇占款存量与基础货币存量之比达到 70% 以上,在 2005 年和 2006 年中国外汇占款存量与基础货币存量的比例更是超过了 100%。在 2004 年、2005 年和 2006 年中国的外汇占款增量占到新投放基础货币的 295.104%,318.144% 和 202.183%(见图 7-17 和图 7-18)。2009 年及 2010 年贸易顺差和国际资本流入的增加推高了外汇占款,导致货币大量被动发行;2009 年和 2010 年,我国外汇占款增量分别达到 26 966 亿元和 32 683 亿元,分别处于历史第五和第二高位,外汇占款的持续增加不可避免地带动了我国货币的大量被动发行;2009 年和 2010 年我国外汇占款占广义货币 M2 的比重高达 30% 以上;除去

2007 年和 2008 年,该比重处于自 1990 年以来的最高水平。截至 2011 年 1 月末,我国外汇占款余额达 23 万亿元,而 2000 年这一数字仅仅为 1.43 万亿;仅 2011 年 1 月份外汇占款就增加 5 016 亿元。10 年间,被动投放的人民币高达 21 万亿元(见图 7-19)。外汇占款的比例在基础货币的来源结构中急剧上升,不仅改变了基础货币投放的结构,使得中央银行的货币供给内生性加强,从而使得央行不能直接控制基础货币的投放(何金旗,2008)。

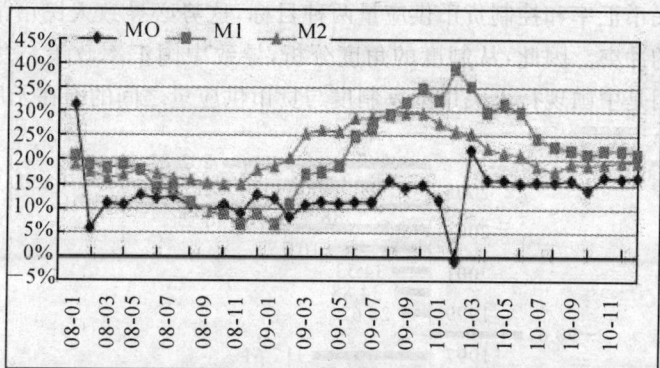

图 7-16　2008—2010 年各层次货币供应量同比增长趋势①

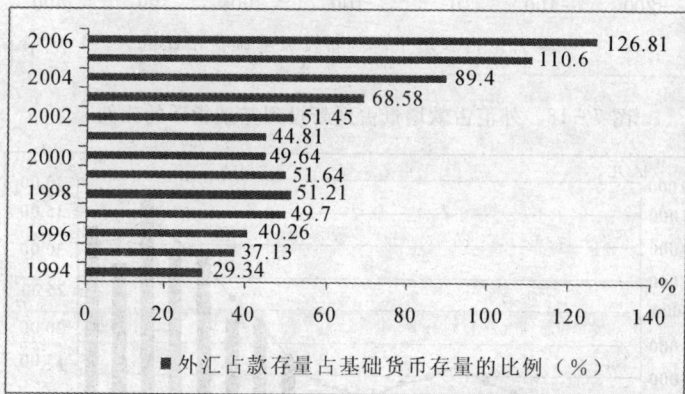

图 7-17　外汇占款存量与基础货币存量的比例②

当外汇占款成为中国基础货币投放的主要渠道时,随着外汇占款的快速增长,基础货币投放量也必然不断增加,基础货币的强大乘数作用必然带来货币

---

① 数据来源:中经网统计数据库。
② 数据来源:根据中国人民银行网站(http://www.pbc.gov.cn/)数据整理所得。

的供给量的数倍扩张,从而导致中国流动性过剩加剧。中行为了控制流动性过剩,必然加息,而加息的同时使得"中外反向利差"进一步扩大,从而促使人民币汇率升值。这一路径表示如下:国际收支双顺差→外汇储备增加→外汇占款增加→基础货币供给量增加→货币供应增加→流动性过剩→加息→中外反向利差扩大→人民币升值。根据丁伯根法则的基本原理,实现 N 个独立的政策目标至少需要 N 个相互独立的政策工具,而中国中央银行的货币政策不可能同时完成稳定人民币汇率和控制货币供应量两种目标,这势必导致人民币汇率政策与货币政策的冲突。因此,从制度的角度分析,导致中国汇率政策与货币政策的冲突的原因是中国现行人民币汇率制度与货币供应量之间的内在矛盾。

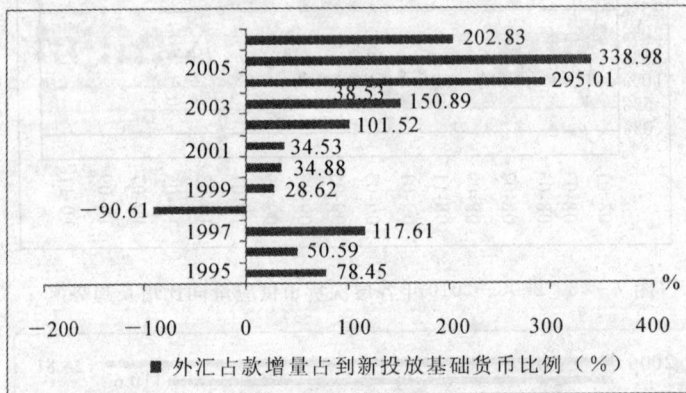

图 7-18　外汇占款增量占到新投到基础货币的比例[①]

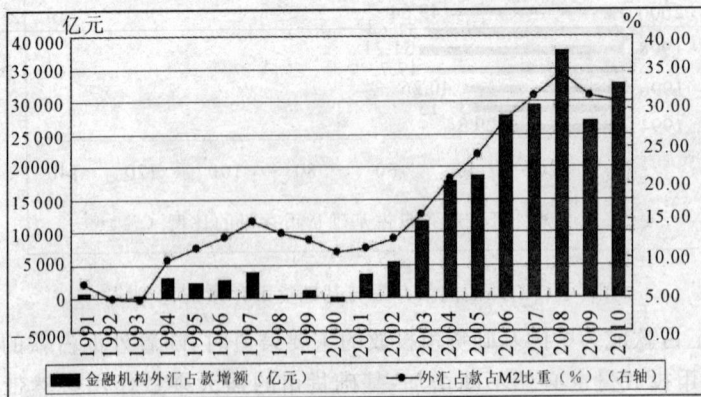

图 7-19　外汇占款增额与外汇占款占 M2 比重

①　数据来源:根据中国人民银行网站(http://www.pbc.gov.cn/)数据整理所得。

7.2.2　人民币汇率升值使得资产价格泡沫形成的可能性分析

在流动性过剩和人民币汇率长期升值预期的背景下,中国的资产价格也在快速上涨。2000 年以前,中国的房产市场一直比较平静,房地产价格上升幅度缓慢。然而,从 2003 年开始,特别是在 2006 年以后,中国各大城市房产价格大幅度上升。2009 年,全国完成房地产开发投资 36 232 亿元,比 2008 年增长 16.1%;其中,完成商品住宅投资 25 619 亿元,增长 14.2%,占整个房地产开发投资的比重为 70.7%(见图 7-20)。在 2009 年 12 月份,全国 70 个大中城市房屋销售价格同比上涨 7.8%,增涨幅度比 11 月份扩大 2.1 个百分点;环比上涨 1.5%,增涨幅度比 11 月份扩大 0.3 个百分点。中国的 70 个大中城市中,房屋销售价格同比涨幅超过 10% 的城市分别为深圳(18.9%),温州(14.5%),金华(12.0%),杭州(11.5%),湛江(11.0%)和南京(10.4%)。2010 年各月房地产开发投资累计完成额增幅均在 30% 以上,5 月后开发投资增幅较之前略有放缓。2011 年第一季度,全国完成房地产开发投资 8 846 亿元,同比增长 34.1%,增幅比 2010 年同期回落 1 个百分点,比 2010 年全年提高 0.9 个百分点;其中,商品住宅完成投资 6 253 亿元,占房地产开发投资总量的 70.7%。2011 年第一季度,全国房屋新开工面积为 3.98 亿平方米,同比增长 23.4%,增幅比 2010 年同期回落 37.4 个百分点,比 2005 年全年回落 17.3 个百分点。

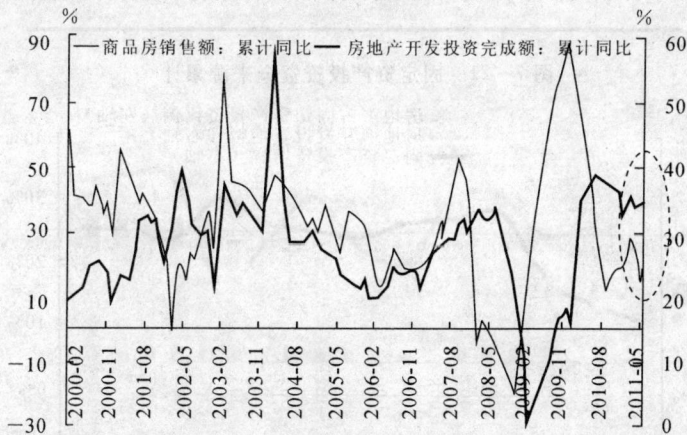

图 7-20　房地产开发投资增长率①

---

① 数据来源:国家统计局网站(http://www.stats.gov.cn/)。

　　2011年,固定资产投资增速仍在较高水平,中西部投资增速明显快于东部;2011年第一季度,固定资产投资(不含农户)完成3.9万亿元,同比增长25.0%;其中,国有及国有控股投资1.4万亿元,同比增长17.0%。分地区看,东、中、西部地区城镇投资分别增长21.6%,31.3%和26.5%,中部和西部投资增速明显快于东部;分产业看,三次产业投资分别增长10.8%,24.8%和25.6%,第二、三产业投资保持了较高增速。第一季度,城镇施工项目计划总投资33.6万亿元,同比增长19.1%,比2010年同期低11.3个百分点;城镇新开工项目计划总投资2.95万亿元,同比下降12.7%(见图7-21和图7-22)。

图7-21　固定资产投资资金来源累计

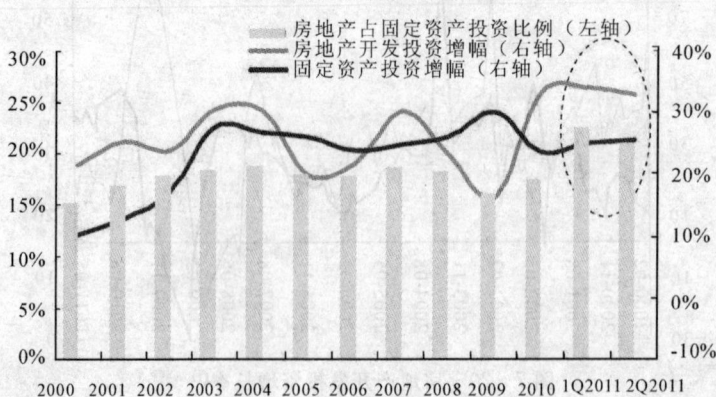

图7-22　房地产开发投资占固定资产投资比例①

---

①　数据来源:世经未来报告,2010。

　　目前的房地产开发中,企业自有资金较少,主要以银行借贷融资方式为主,房地产开发资金中使用银行贷款的比重在 55% 以上。2009 年,房地产开发企业本年资金来源 57 128 亿元,比 2008 年增长 44.2%;其中,国内贷款 11 293 亿元,增长 48.5%;利用外资 470 亿元,下降 35.5%;企业自筹资金 17 906 亿元,增长 16.9%;其他资金 27 459 亿元,增长 71.9%。在其他资金中,定金及预收款 15 914 亿元,增长 63.1%;个人按揭贷款 8 403 亿元,增长 116.2%。截至 2011 年 6 月末,全国主要金融机构(含外资)房地产贷款余额 10.26 万亿元,同比增长 16.9%;其中,个人住房贷款余额 6.26 万亿元,同比增长 17.5%;房产开发贷款余额 2.62 万亿元,同比增长 18.4%;地产开发贷款余额 7 968 亿元,同比增长 0.5%。截至 2011 年 6 月末,房地产贷款余额占各项贷款余额的 20.5%;从贷款新增量看,2011 年上半年累计新增房地产贷款 7 912 亿元,占各项贷款新增额的 19.7%;房地产开发企业本年资金来源 40 991 亿元,同比增长 21.6%;其中,国内贷款 7 023 亿元,增长 6.8%;利用外资 438 亿元,增长 75.5%;自筹资金 16 463 亿元,增长 32.7%;其他资金 17 067 亿元,增长 17.8%。在其他资金中,定金及预收款 10 236 亿元,增长 26.9%;个人按揭贷款 4 181 亿元,下降 7.9%[①]。

　　在一些外资房地产企业还存在注册资本到位率低、虚假投资以及自有资金严重不足和负债比例偏高等问题。而在个人(含非居民个人)按揭贷款中,从银行获得的住房按揭贷款最高可达八成。银行实际上直接或间接地承受了房地产市场运行中各个环节的市场风险和信用风险。虽然当前我国并没有典型的次级住房抵押贷款市场,但我国住房按揭贷款同样有风险,并正逐渐步入违约高风险期。我国住房按揭贷款中存在的虚假按揭以及把关不严,使得一些不符合条件的借款人得到贷款,正是我国的房贷风险所在。一旦房地产市场出现萎缩,必将给银行系统造成严重危害,进一步加大金融体系的潜在风险。

　　不仅是房地产市场,中国股票市场交易量也明显放大。2009 年,沪、深股市累计成交金额为 53.6 万亿元,同比多成交 26.9 万亿元;日均成交金额为 2 197 亿元,同比增长 100.7%。2009 年年末,上证、深证综合指数分别收于 3 277 点和 1 201 点,分别比 2008 年末上涨 80.0% 和 117.1%。2009 年年末,沪、深两市股票市场流通市值为 15.1 万亿元,同比增长 2.3 倍。沪、深两市 A 股平均市盈率分别从 2008 年末的 15 倍和 17 倍回升到 2009 年年末的 29 倍

<hr />

　　①　数据来源:CRED、中金公司研究部,2011.

和 47 倍①。2010 年股票市场指数有所下跌,股票筹资规模创历史新高,2010
年年末,上证综合指数、深证成分指数分别收于 2 808 点和 12 459 点,分别比
2009 年年末下跌 14.3% 和 9.1%;沪、深两市 A 股平均市盈率也都有所下降,
分别从 2009 年末的 29 倍和 47 倍回落到 2010 年年末的 22 倍和 45 倍。2010
年,沪、深股市累计成交 54.6 万亿元,同比多成交 9 647 亿元;日均成交 2 255
亿元,同比增长 2.6%,增幅比 2009 年同期低 98 个百分点。2010 年年末市场
流通市值 19.3 万亿元,比 2009 年末增长 27.7%;创业板市场稳步发展,2010
年年末,创业板上市公司为 153 家,市值总计 7 365 亿元,比 2009 年年末净增
5 755 亿元。2010 年各类企业和金融机构在境内外股票市场上通过发行、增
发、配股以及行权方式累计筹资 1.13 万亿元,同比多筹资 6 351 亿元,为 2009
年同期的 2.3 倍,创历史最高融资水平;其中,A 股筹资 8 955 亿元,同比多增
5 060 亿元。2011 年股指小幅上涨,股市成交保持活跃,6 月末,上证综合指
数和深证成分指数分别收于 2 762 点和 12 111 点,比 3 月末分别回落 5.7%
和 3.6%,比 2010 年年末分别回落 1.6% 和 2.8%;沪市 A 股平均市盈率从
2010 年年末的 21.6 倍下降到 2011 年 6 月末的 16.5 倍;深市从 45.3 倍回落
到 30.7 倍。2011 年上半年,沪、深股市累计成交 24.7 万亿元,同比增长
9.1%;日均成交 2 075 亿元,同比多成交 156 亿元。截至 2011 年 6 月末市场
流通市值 20.1 万亿元,比 2010 年年末增长 4.0%。股票市场筹资额有所减
少。2011 年上半年各类企业和金融机构在境内外股票市场上通过发行、增
发、配股、行权以及可转债方式累计筹资 3 362 亿元,同比少筹资 667 亿元②。
　　在房地产市场和股票市场繁荣的同时,当前中国货币供应量快速增长,截
至 2011 年 3 月末,广义货币供应量 M2 余额为 75.8 万亿元,同比增长
16.6%;狭义货币供应量 M1 余额为 26.6 万亿元,同比增长 15.0%,增速比
2010 年末低 6.2 个百分点;流通中货币 M0 余额为 4.5 万亿元,同比增长
14.8%,增速比 2010 年末低 1.9 个百分点;基础货币余额为 19.3 万亿元,同
比增长 29.0%,比年初增加 1.0 万亿元。2011 年 3 月末,货币乘数为 3.94,
比 2010 年末高 0.02,货币扩张能力仍然较强③。M2 与国内生产总值 GDP 的
比例一直在高位运行,到 2009 年已达到 178%,M2 占名义 GDP 比重在 2010
年达到了 182% 的历史最高水平图(7 - 23),远远高于国际上 70% 的平均比

---

① 数据来源:中国人民银行《2009 年第四季度货币政策执行报告》。
② 数据来源:中国人民银行《2011 年第二季度货币政策执行报告》
③ 数据来源:中国人民银行《2011 年第一季度货币政策执行报告》。

例,如此多的广义货币供应量 M2,如果不能体现在中国通货膨胀率上,最终必然要体现在房地产和股市等资产价格上,所以房地产价格狂涨(杨雪峰,2007)。伴随着中国房地产市场价格和股票市场价格的上涨,关于房市和股市资产泡沫的争论不绝于耳。一些学者认为:中国的房地产市场和股票市场价格泡沫问题归根到底是人民币汇率问题,早就已经远远超出房地产市场和股票市场问题范畴本身,而且直接与人民币的汇率走势以及国际上其他国家货币汇率走势相关联。由于国外投机资本对人民币汇率升值的强烈预期,有大量的境外热钱源源不断地进入中国,以谋取利润,这种情况与 1997 年回归前的香港和 1985 年的日本的资产泡沫经历如出一辙。然而从目前中国国内房地产市场和股票市场等资产价格的走势上看,资产价格并没有达到当年香港和日本价格的过度膨胀程度,然而中国目前国内股票市场的上涨和波动,以及房地产市场价格的高速上涨已经具有很大泡沫的成分。

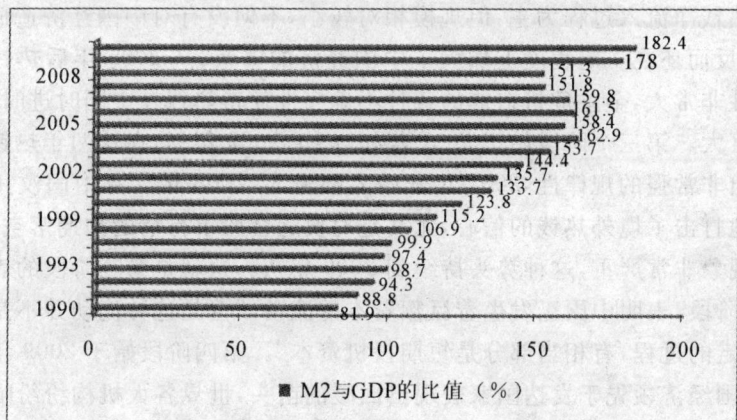

图 7-23 广义货币供应量 M2 与国内生产总值 GDP 的比重(%)①

7.2.3 人民币汇率升值预期使得境外热钱大量流入中国

1. 境外热钱流入中国的阶段及规模

黎友焕(2009)认为"热钱"②就是根据预期收益而流动的短期投机性资

---

① 数据来源:根据北京大学 CCER 数据库的数据计算所得。
② 热钱(Hot Money),在国际权威的《新帕尔格雷夫经济学大词典》中,热钱被定义为"在固定汇率制度下,资金持有者或者出于对货币预期贬值(或升值)的投机心理,或者受国际利率差收益明显高于外汇风险的刺激,在国际间掀起大规模的短期资本流动,这类移动的短期资本通常被称为游资"。

本,指的是在国内外金融市场上对各种经济金融信息极为敏感的、以高收益为目的而且同时也承担着高风险的、高流动性的短期投机性资金;而境外热钱,顾名思义,是来自境外的短期投机资金,具体是指来自国外和港澳台的短期资金,主要采取短期投机的方式快速进出中国境内以获取利润。境外热钱具有投机性、高收益性、高灵敏性、高流动性、短期性、高风险性和高破坏性等七个特征,这些特征是相互联系的,体现于境外热钱从进入到撤离的整个过程中。正是由于热钱的上述特点,在 20 世纪 90 年代末国际"金融大鳄"索罗斯(George Soros)投入大量短期投机资金一手制造了亚洲金融危机,在短短半年间掀翻了整个东南亚国家金融体系,所以国际热钱也被形象地称作"过江龙"、"金融鳄鱼"。黎友焕(2010)认为境外热钱在中国的流动分成四个阶段:第一个阶段在 2003 年之前,此阶段热钱在中国的活动量非常小,也没有引起民众的关注。第二个阶段为热钱开始进入阶段,从 2003 年到 2006 年底。此阶段以热钱净流入过程为主,但规模相对较小,不但没有对中国经济造成实质性危害,反而还在一定程度上加大了中国经济的繁荣;从 2007 年后热钱在中国波动性非常大,金融危机造成的各种不确实性使得热钱在中国时进时出,而且规模巨大。第三个阶段始于 2007 年初,终于 2009 年初,在这两年热钱的流动呈现出非常强的规律性,2007 年开始大幅流入,2008 年 5 月中国汶川大地震极大地打击了境外热钱的信心,尤其是对奥运会股市行情的预期落空后,热钱抽逃现象非常严重,这种势头持续到 2009 年初。这就是第三阶段的表现特征,这一阶段,表明中国正发生着巨额资本的流动,"但是这种流动并不是一个持续、稳定的过程,有相当部分是短期投机资本"。第四阶段始于 2009 年第二季度,中国经济领先于发达国家表现出回暖的苗头,世界各大机构纷纷唱多中国经济发展,热钱预期收益增加。再加上人民币升值预期等因素,热钱大量涌入中国境内。中国股市、楼市等资本市场价格也都迅速飙升至新的水平。

　　根据国家外汇管理局的测算,1994 年外汇管理体制改革以来,我国"热钱"流动存在较明显的顺周期性特征。1994—2002 年,我国经济增长比较平稳,GDP 增长率平均为 9%,并受到了亚洲金融危机的冲击,"热钱"合计净流出近 4 000 亿美元;2003—2010 年,我国经济总体呈现高速发展势头,GDP 增长率平均为 11%,人民币单边升值预期且预期有所强化,"热钱"合计净流入近 3 000 亿美元。从 1994—2010 年较长时期来观察,则前期"热钱"净流出与近年来"热钱"净流入基本相抵,总体呈现净流出约 1 000 亿美元,占同期外汇储备增加额的 3.5%。1998 年亚洲金融危机前后,"热钱"净流出规模与 GDP 之比在 8%左右,但随后总体呈下降趋势,2010 年"热钱"净流入规模与 GDP

之比为 0.6%(见图 7 - 24)[①]。

亿美元

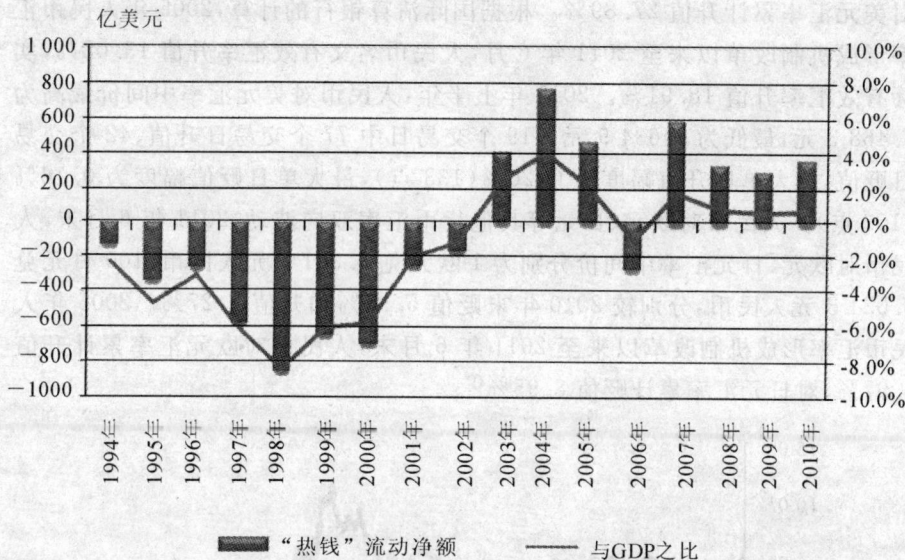

图 7 - 24 1994—2010 年我国"热钱"流动净额及其与 GDP 之比

2.境外热钱流入中国的动因

境外热钱流入中国的主要动机是"套利"和"套汇"。人民币汇率强烈的升值预期和中国国内资产价格上涨的预期,特别是房地产价格的快速上涨与国企改制中国有资产价值的严重低估,形成了较大的"套汇"和"套价"空间,进而使"套汇"和"套价"成为具有中国特色的境外热钱流入的重要动机(张谊浩、裴平,2007)。王世华和何帆(2007)认为从短期来看,人民币汇率预期升值的变动是影响热钱流入中国的决定因素,然而从长期来看,国内外反向利差和人民币汇率升值预期都会影响境外热钱的流动。从影响力大小来分析,人民币升值预期的变动影响相对于其他变量来说更为重要。

当前人民币面临着严重的升值压力(见图 7 - 25),2010 年 6 月进一步推进人民币汇率形成机制改革以来,人民币小幅升值,双向浮动特征明显,汇率弹性明显增强,人民币汇率预期总体平稳。2011 年以来,人民币小幅升值,双向浮动特征明显,汇率弹性明显增强,人民币汇率预期总体平稳;6 月末,人民

---

① 数据来源:国家外汇管理局。

币对美元汇率中间价为 6.471 6 元,比 2010 年末升值 1 511 个基点,升值幅度为 2.33%。2005 年人民币汇率形成机制改革以来至 2011 年 6 月末,人民币对美元汇率累计升值 27.89%。根据国际清算银行的计算,2005 年人民币汇率形成机制改革以来至 2011 年 6 月,人民币名义有效汇率升值 13.05%,实际有效汇率升值 18.91%。2011 年上半年,人民币对美元汇率中间价最高为 6.468 3 元,最低为 6.634 9 元,119 个交易日中 77 个交易日升值、42 个交易日贬值,最大单日升值幅度为 0.20%(133 点),最大单日贬值幅度为 0.16%(103 点)。人民币对欧元、日元等其他货币汇率双向波动,2011 年 6 月末,人民币对欧元、日元汇率中间价分别为 1 欧元兑 9.361 2 元人民币、100 日元兑 8.024 3 元人民币,分别较 2010 年末贬值 5.93% 和升值 1.27%。2005 年人民币汇率形成机制改革以来至 2011 年 6 月末,人民币对欧元汇率累计升值 6.97%,对日元汇率累计贬值 8.95%[1]。

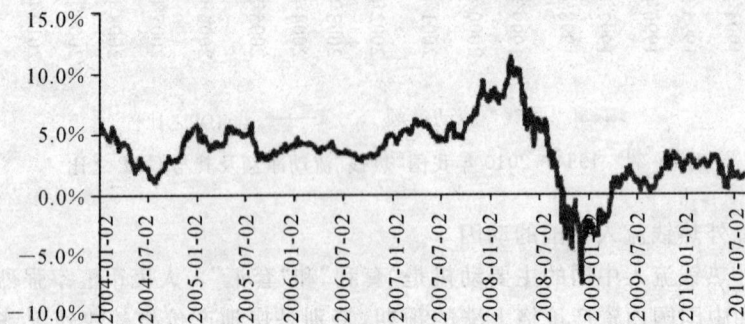

图 7-25 NDF 表示的人民币升值预期[2]

与此同时,美元贬值的预期不断强化。但自美联储实施量化宽松货币政策以来,美国长期国债利率未能持续走低,美联储继而又宣布购买千亿美元国债,市场对美联储进一步开启印钞机的预期变得强烈,这些无疑加大了市场对美元进入长期贬值趋势的预期。在美元贬值的预期下,加之国际金融市场回稳,美元"避风港效应"也随之弱化。金融危机以来,美元对主要国家的货币就开始出现贬值。据美国彼得森国际经济研究所的计算,按照基本均衡汇率,全球金融危机中美元"避风港效应"使原本应该贬值 7% 的美元持续又升值了 10%,尽管在 2009 年 3 月份之后,美元开始走软下跌,但整体来看美元仍然是

---

① 数据来源:中国人民银行《2011 年第二季度货币政策执行报告》。
② 数据来源:WIND。

被高估的。为规避美元贬值的风险,国际热钱必然会重新抛售美元资产,买入可以保值的大宗商品以及新兴市场的资产。石油、黄金等大宗商品价格大幅反弹也充分反映了投资者对美元贬值的强烈预期(黄琳、李秀玉,2009)。

根据利率平价理论,利率因素也是影响国际热钱流动的一个因素,一国货币汇率变动和利率变动是向相反方向运动的。一国货币的升值会引起国际资本流入进行投机,获取套汇收益,为了抑制资金的流动,该国的市场利率就会下降,从而抵消热钱在汇率的收益达到货币出清状态。随着中国利率市场化进程的加快,其价格信号及其国际传导效应逐渐增强,当国内利率高于国外利率时,会诱发热钱流入中国以实现"套利";Calvo,Leiderman & Reinhart(1993)对拉美及亚洲国家的研究认为利率是驱动国际资本流动的最主要因素。Staniey Fischer,Rudiger Dornbusch(1983)指出,如果一个国家的利率高于其他国家,就可以预计这个国家会有资本流入,利率低的国家会有资本流出。当前发达国家经济低迷,采取低利率政策;而新兴经济体国家利率较高。2010 年,全球经济总体呈现复苏态势,但复苏基础尚不牢固,各国复苏进程也不均衡。一方面,新兴市场经济体经济增长强劲,成为全球经济增长的主要动力。另一方面,随着政策刺激和重建库存等主要支撑因素效果的减弱,主要发达经济体缺乏内在增长动力,失业率持续高位;欧洲主权债务危机更是拖累了全球经济的稳定复苏。为刺激经济,主要发达经济体继续推行低利率和量化宽松货币政策,比如在2010 年和 2011 年美联储继续维持 0～0.25％的基准利率,全球流动性趋于宽松,新兴经济体普遍面临资金流入冲击,再加上国际大宗商品价格总体上扬,一些新兴市场经济体防范通胀和资产泡沫风险压力较大,开始逐步收紧货币政策,与发达经济体的政策取向出现分化。国际金融市场波动较大,年初总体趋稳向好,但受欧洲主权债务危机的反复影响,分别于 2010 年二季度、四季度出现较大幅度调整,市场信心仍然比较脆弱①。

当前由于中国经济的过热,正处于加息的周期。2010 年前三季度,利率政策保持稳定。2010 年第四季度以来,为稳定通货膨胀预期,抑制货币信贷快速增长,中国人民银行于 10 月 20 日、12 月 26 日两次上调金融机构人民币存贷款基准利率。其中,1 年期存款基准利率由 2.25％上调至 2.75％,累计上调 0.5 个百分点;1 年期贷款基准利率由 5.31％上调至 5.81％,累计上调0.5 个百分点。12 月 26 日同时上调中国人民银行对金融机构贷款利率,其中1 年期贷款利率由 3.33％上调至 3.85％;1 年期农村信用社贷款利率由

---

① 资料来源:国家外汇管理局,2010 年国际收支报告。

2.88%上调至 3.35%;再贴现利率由 1.80%上调至 2.25%。2011 年为稳定通胀预期,抑制货币信贷快速增长,中国人民银行于 2011 年 2 月 9 日和 4 月 6 日两次上调金融机构人民币存贷款基准利率;其中,1 年期存款基准利率由 2.75%提高到 3.25%,累计上调 0.5 个百分点;1 年期贷款基准利率由5.81%提高到 6.31%,累计上调 0.5 个百分点。自 2011 年 7 月 7 日起上调金融机构人民币存贷款基准利率,金融机构一年期存贷款基准利率分别上调 0.25 个百分点,其中,1 年期存款基准利率由 3.25%提高到 3.50%;1 年期贷款基准利率由 6.31%提高到 6.56%(见表 7 - 3)。

表 7 - 3 2006—2011 年央行调整利率时间表

次数	调整时间	调整内容
17	2011 年 7 月 7 日	一年期存贷款基准利率分别上调 0.25 百分点
16	2011 年 4 月 6 日	一年期存贷款基准利率分别上调 0.25 个百分点
15	2011 年 2 月 9 日	一年期存贷款基准利率分别上调 0.25 个百分点
14	2010 年 12 月 25 日	一年期存款基准利率上调 0.25 个百分点
13	2010 年 10 月 19 日	一年期存款基准利率上调 0.25 个百分点
12	2008 年 12 月 22 日	一年期存款基准利率下调 0.27 个百分点
11	2008 年 11 月 26 日	一年期存款基准利率下调 1.08 个百分点
10	2008 年 10 月 30 日	一年期存款基准利率下调 0.27 个百分点
9	2008 年 10 月 9 日	一年期存款基准利率下调 0.27 个百分点
8	2008 年 9 月 16 日	一年期贷款基准利率下调 0.27 个百分点
7	2007 年 12 月 20 日	一年期存款基准利率上调 0.27 个百分点
		一年期贷款基准利率上调 0.18 个百分点

续表

次数	调整时间	调整内容
6	2007 年 9 月 15 日	一年期存款基准利率上调 0.27 个百分点
		一年期贷款基准利率上调 0.27 个百分点
5	2007 年 8 月 22 日	一年期存款基准利率上调 0.27 个百分点
		一年期贷款基准利率上调 0.18 个百分点
4	2007 年 7 月 20 日	一年期存贷款基准利率 0.27 个百分点
3	2007 年 5 月 19 日	一年期存款基准利率上调 0.27 个百分点
		一年期贷款基准利率上调 0.18 个百分点
2	2007 年 3 月 18 日	一年期存贷款基准利率 0.27 个百分点
1	2006 年 8 月 19 日	一年期存贷款基准利率均上调 0.27 个百分点

　　当前中国由于面临国内流动性过剩和通货膨胀的压力,存在加息的预期,这将逐步形成一种"反向利差预期"。由于美国经济出现压力,市场正在形成一种预期,即美联储将会放松银根甚至降息;美国联邦一年期存款利率 2006 年以来基本处在高位,次贷危机爆发以后,美国国内出现流动性不足,联邦政府开始大幅降低利率。中美利率一升一降的结果,造成了 2008 年以来的利差倒挂。所谓利差倒挂就是人民币对美元单边升值时,人民币利率应该低于美国的国内利率,然而,2008 年以来中国国内利率却高于美国基准利率,结果造成了流入中国的热钱不仅可以获得稳定的汇率收益还能获得利率上的收益,从而进一步加大国际热钱的流入。中美内外利差扩大的预期,会使境外热钱大量地流入中国,以赚取利率差和房价差的双重利润。热钱在中国国内的收益率为人民币利率和美元对人民币贬值的幅度的加总,它包括利息收益和人民币升值后货币的汇兑收益;投资在国外的收益率为美国的利率。截至 2011 年 7 月 7 日人民币一年期的存款基准利率为 3.50%,联邦基金利率接近零(见图 7-26),从人民币升值的速度来看,通常预测一年可能达到 10%,所以投机资本在中国的收益率要大于 13%,投机资本在中国呆一年,收益率要高于 13%,因此可以看出境外热钱,即使什么也不做,超额利润率也是很高,热

钱能够获得套汇和套利的双重收益(黎友焕、王凯,2011)。

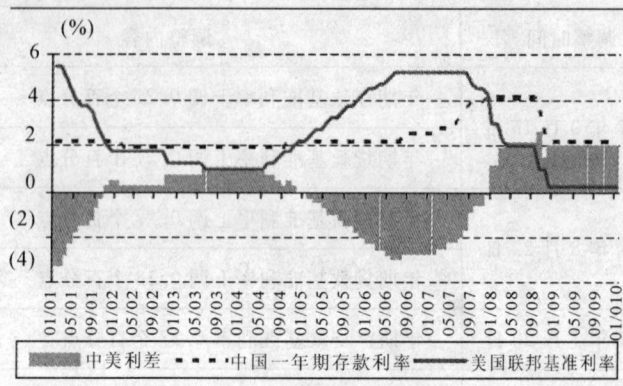

图 7-26 中美间显著利差形成套利空间[①]

3.境外热钱对人民币汇率的影响

在开放经济条件下,短期国际投机资本大规模流动可能会冲击一国汇率制度,抵消其货币政策效果。Pierdzioch(2002)分析蒙代尔-弗莱明模型(Mundell-Flemming Model,简称 M-F 模型)时发现,如果不满足马歇尔-勒纳条件,则资本流动性越高,货币政策效果越差。从实际情况来看,短期国际投机资本流动对不同汇率制度国家的政策有效性影响是不一样的。在固定汇率制度国家,短期国际资本大规模流动会通过货币创造机制影响货币供给,而该国为了保持汇率稳定将采取"冲销(sterilisation)"手段来降低外汇储备变动对货币政策的影响。但是"冲销"成本高昂,将增加准财政成本,根据 Caballero & Krishnamurthy(2000)的估计:拉美国家的"冲销"成本约占 GDP 的 0.24%~0.5%之间。并且,从长期来看,"冲销"操作将趋于无效。在浮动汇率国家,短期国际资本大规模流动将会通过汇率机制影响宏观经济变量,资本大规模流入将引起本币升值,进出口下降,资本项下顺差被经常账户的逆差所抵消,财政政策效果将远不如货币政策效果(苏多永,2010)。

境外热钱涌入中国促使流动性过剩加剧,进一步推动人民币升值,境外热钱流入中国的第一个恶性循环为:热境外钱以外汇形式流入后,按照中国现有的外汇管理体制"强制结汇制",应将首先将外汇结汇给银行并兑换成人民币,而且这部分人民币最终流向市场。所以,中国银行在被动接收外汇的同时,又被动向市场提供人民币,这实际上是一种被迫发行货币,也同时向市场注入流

---

① 数据来源:国家统计局。

动性的行为。为了有效控制中国流动性过剩的蔓延,中央银行只能采取不断提高存款准备金率的被动紧缩措施,然而,这实际上提高存款准备金率收缩的流动性总量仍不及结汇创造的流动性总量,从总体上讲,中国经济中流动性总量仍然在增加。中央银行又不得不采取加息等紧缩性货币政策措施来进一步收缩流动性。与此同时,加息意味着人民币与美元的反向利差进一步拉大,同时也会加速人民币汇率升值的预期,这两个因素都会进一步吸引境外热钱流入中国(图 7-27)。

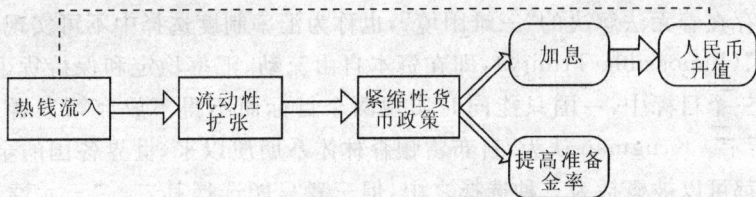

图 7-27　热钱流入中国的第一个恶性循环

热钱流入的第二个循环是使得中国国际收支失衡加剧,促使人民币面临更大的升值压力(王凯、庞震,2011)。流入中国的境外热钱大部分是通过经常项目和外资进入的,通过经常项目途径进入中国的境外热钱,在国际收支平衡表中反映出来的是经常项目盈余的不断扩大,而外资的增长反映出来的是资本项目盈余的扩大(见图 7-28)。经常项目盈余和资本项目盈余都会显示出中国经济在全球经济中的竞争力持续上升,中国的本币人民币应当坚挺,人民币汇率需要升值(宗延,2008)。

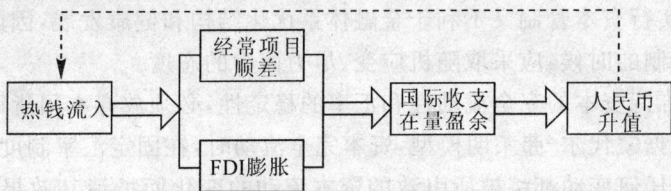

图 7-28　热钱流入中国的第二个恶性循环

7.3　人民币汇率改革的对策建议

"没有任何一种汇率制度在任何时刻适合任何一个国家"(Frankel,1999)。在经济全球化的背景下,对于中国而言,人民币汇率制度的改革要根据国内外环境进行综合考虑。

7.3.1　近期目标：保持人民币汇率在合理均衡水平上的基本稳定

蒙代尔(Mundell，1963)在利用 M－F 模型研究资本流动、汇率制度选择和货币政策效果之间关系时发现：自由的资本市场、固定汇率制度和货币政策有效性三大政策目标不可能兼得，最多只能实现其中两大目标，这就是著名的"蒙代尔三角"理论。Krugman(2004)指出，在保持经济政策自主性的基础上采用一种灵活而又足够稳定的汇率制度难以付诸实施。这是因为在国际金融体系中存在着无法解决的"三难困境"，也称为汇率制度选择中不可实现的"三位一体"(Impossible Trinity)，即在资本自由流动、汇率稳定和保持货币政策独立性三个目标中，一国只能同时实现两个目标而不得不放弃第三者，如图 7－29所示。Krugman 认为，自布雷顿森林体系崩溃以来，世界各国的金融发展模式都可以被概括为三种选择之中，但三者只能选择其二。"三元悖论"已经成为国际经济学中的"铁律"(Iron Law)。在"三元悖论"下，政府政策空间有限，其政策选择如下：

第一，保持本国货币政策的独立性和汇率稳定，必须牺牲资本的完全流动性，实行资本管制。在金融危机的严重冲击下，在汇率贬值无效的情况下，唯一的选择是实行资本管制，实际上是政府以牺牲资本的完全流动性来维护汇率的稳定性和货币政策的独立性。实行短期资本管制可在市场平静下来之前为资本外逃设置一道障碍，这样有利于减轻危机的恶化。由此可见，短期资本管制可以作为抑制金融危机蔓延的手段，尤其是在汇率调节不起作用的时候。但是，长期实行资本管制又不利于金融体系优化结构和健康发展，因此各国在采用资本管制的时候，应采取随机应变、尽力而为的态度。

第二，维持资本的完全流动性和汇率的稳定性，必须放弃本国货币政策的独立性。根据蒙代尔-弗莱明模型，资本完全流动时，在固定汇率制度下，本国货币政策的任何变动都将被所引致的资本流动的变化而抵消其效果，本国货币政策将丧失自主性。在这种情况下，本国或者参加货币联盟，或者更为严格地实行货币局制度，基本上很难根据本国经济情况实施独立的货币政策对经济进行调整，最多在发生货币危机时，短期内被动地调整本国利率以维护固定汇率。可见，为实现资本的完全流动和汇率的稳定，本国经济将会付出货币政策的巨大代价。

第三，保持本国货币政策的独立性和资本的完全流动性，必须牺牲汇率的稳定性，实行浮动汇率制。实行浮动汇率制，发挥汇率的调节作用，实际上是以牺牲稳定的汇率为代价来达到货币政策的独立性与资本的完全流动性。由于浮动汇率给国际贸易和投资带来很大的不确定性,大多数新兴的发展中国家实行相对稳定的盯住汇率制度,来维持对外经济的稳定。而这样做的同时,给汇率的高估留下了隐患。利用汇率调节将汇率贬值到真实反映经济现实的水平,可以改善进出口收支和服务贸易收支,影响国际资本流动(乔桂明,2005)。虽然汇率调节自身具有缺陷,但实行汇率浮动确实较好地解决了"三难选择"问题。但对于发生金融危机的国家,特别是发展中家来说,信心危机的存在会大大削弱汇率调节的作用,甚至起到了恶化危机的作用。当汇率调节不能奏效时,为了稳定局势,政府的最后选择是实行资本管制。

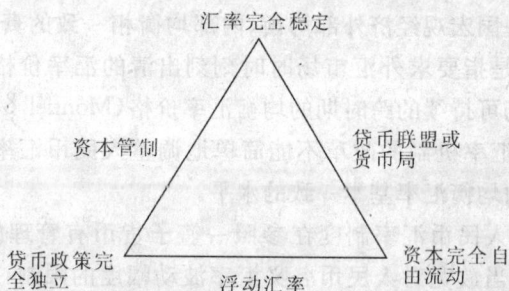

图 7 - 29　开放经济中的"三元冲突"

　　当前在中国经济内外失衡的背景下,虽然越来越多的学者主张人民币汇率应具有更大的弹性,但绝大部分国内学者,甚至一些著名的国外经济学家如蒙代尔(Mundell,2005)都不赞成人民币实行浮动汇率制度。不赞成人民币实行浮动汇率制的主要依据是中国的市场机制和金融体系还不完善,实行浮动汇率制度会有很大的风险。按照传统的汇率制度决定理论,一国汇率制度的变动和资本账户开放都是一个渐进的过程,而且二者互为条件:一方面,资本账户开放进程应该根据经济金融体制的健全以及汇率机制向市场化转变而进行相应的调整;另一方面,汇率的制度的选择和浮动的弹性也会对资本账户产生影响。因此,在中国市场化改革尚未完善,而且资本项目尚未完全开放之前,人民币汇率制度实行的是向浮动汇率制度过渡的参考一篮子货币的有管理的汇率形成机制,这完全符合中国的实际国情(孙雅璇,2006)。

　　根据克鲁格曼的"三元悖论",在开放经济下,一个国家汇率的稳定性、资本的完全流动性和货币政策的独立性三者不能同时实现(见图 7 - 29)。因此,在中国经常项目和资本项目双顺差的背景下,为维持央行货币政策的独立性,遵循"三元悖论"的要求,应该更倾向于人民币汇率渐进式的小幅升值,即以人民币汇率的小幅升值来换取央行货币政策的独立性(高洁、朱迦迪,2008)。同时要继续按主动性、可控性和渐进性原则,进一步完善以市场供求为基础、参考一篮子货币进行调节、有管理的浮动汇率制度,发挥市场供求在人民币汇率形成中的基础性作用,以保持人民币汇率在合理均衡水平上的基本稳定。

7.3.2　中期目标:实行人民币的"盯住篮子货币的目标区汇率制"

对于人民币汇率升值的幅度问题,从更长时间看,主要由市场供求力量决定人民币汇率水平的影响将越来越重要。选择什么时机才能适当扩大人民币汇率浮动区间?人民币汇率的浮动区间在什么范围将汇率调整到与一国外部均衡和内部均衡相一致的水平,这是一国宏观经济稳定的必要保障。均衡汇率是指在中期内与一国宏观经济外部均衡、内部均衡相一致的真实汇率水平。当然,汇率均衡并不是指要求外汇市场时时刻刻出清的汇率价格,而是在中期内大致保持外汇市场可持续的跨时期的均衡汇率价格(Montiel & Hinkle, 1999)。因此,未来人民币汇率机制的改革不能简单地调整人民币汇率水平,应该使其达到与未来中期内均衡汇率基本一致的水平。

从中期来看,人民币汇率制度在参照一篮子货币有管理的浮动汇率制度的基础上,可以适当放宽对人民币名义汇率波动幅度的限制,因此人民币汇率实施"盯住篮子货币的目标区汇率制"是比价好的选择。有许多国内外学者对人民币汇率目标区中的货币篮子的币种选择和权重提出了建议,Spiegel(2005)建议按照中国年双边贸易额超过 100 亿美元为参照系将美元、欧元、韩元、港元、印尼盾、菲律宾比索、马来西亚林吉特、新加坡元、印度卢比、巴西克鲁赛罗、加元、英镑、俄罗斯卢布、澳元等多种货币纳入货币篮子,并分别按照贸易量的大小赋予不同权重的 15 国货币篮子模型;赵进文等(2006)借鉴东南亚发展中国家汇率制度变迁经验,联系我国实际情况,采用协整理论以及基于VAR 的格兰杰因果关系检验方法,构造了美元、欧元、日元、韩元、港元、台湾元、英镑、澳元等 8 种货币为篮子货币的货币篮子模型(王桂贤,2010)。对人民币汇率而言,人民币的中心汇率水平应该以篮子货币为基础来确定,人民币的篮子货币中主要是包含中国主要贸易伙伴国的货币,各国货币在人民币篮子中的权重主要根据中国与该国的进出口贸易额占中国进出口总贸易额的比重来决定。实施"盯住篮子货币目标区汇率制",可以更好地稳定人民币汇率水平,并且能够将人民币汇率的波动控制在一定的范围之内,减少汇率波动的风险,确保人民币汇率政策的良好信誉。综上所述,"盯住篮子货币的目标区汇率制"是人民币汇率制度实现最终改革目标的一个相对较优的过渡选择(吴倩,2007)。

建立人民币盯住篮子货币的目标区汇率制可以设定中心汇率的上下边

界,降低人民币汇率波动的不确定性,实现汇率在短期内的稳定,而长期内,人民币汇率可以在目标区内较为自由地波动,由此弱化中央银行的干预,减少其干预的随意性,更大程度地发挥市场供求力量在汇率决定中的基础作用,从而有助于汇率长期灵活性的增强。按照汇率目标区制度的四个方面的内容,即汇率目标区的中心汇率、汇率目标区的上下限、政府对汇率目标区的干预程度以及汇率目标区的公开程度,我国可以根据国际储备状况以及价格的定期变化确定人民币的中心汇率,并在汇率目标区制度实施的初期允许人民币币值围绕这一汇率小幅波动,然后逐步扩大波动幅度,渐进推进由盯住向浮动汇率制的转变。若汇率在允许的范围内波动时,中央银行对其不进行干预;当汇率波动超出允许范围的上下限时,中央银行可进行对冲性干预。同时,为防止投机攻击,可将汇率目标区设为隐性方式,即中心汇率及目标区的上下边界均由中央银行根据内外实质经济和外汇市场状况灵活掌握,不对外公布,这样,可避免投机者对中央银行干预行为的准确把握而致的货币冲击危机的发生。

7.3.3　长期目标:实行完全由市场决定的浮动汇率

从国际视角来看,实行完全浮动的汇率制度是一国汇率制度改革的最终目标。根据蒙代尔-弗莱明模型:随着一国资本流动性逐渐增强,固定汇率制度下的货币政策趋于无效,而浮动汇率制度下的货币政策有效,且其效力逐渐增强(见图 7-30)。因此,随着中国资本账户的逐渐放开,若要保持中国货币政策的独立性,就要加大人民币汇率的浮动幅度,当人民币外汇市场供求状况与货币政策要求不协调时,中行能通过人民币汇率的适当浮动来达到原有紧缩或扩张的货币政策效应。因此,从长期来看,当中国金融体制健全、金融市场等能顺应汇率制度的转换时,要最终实现人民币可完全自由兑换和实行自由浮动的汇率制度,同时配合适当的货币政策名义锚,以保证良好的货币政策信誉。

易纲和汤弦(2001)通过把蒙代尔 克鲁格曼不可能三角形改进为坐标系,用来解释一国汇率的稳定性、资本的完全流动性和货币政策的独立性三者在理论上的关系。三角形的第一条边代表一国的资本完全自由流动,三角形的第二条边代表货币政策完全独立,三角形的第三条边代表汇率的稳定性。易纲和汤弦(2001)在这个不可能三角形改进的模型上主要定义三个变量:货币政策的独立程度(M)、汇率浮动的程度(X)、资本管制程度(Y)。当货币政策

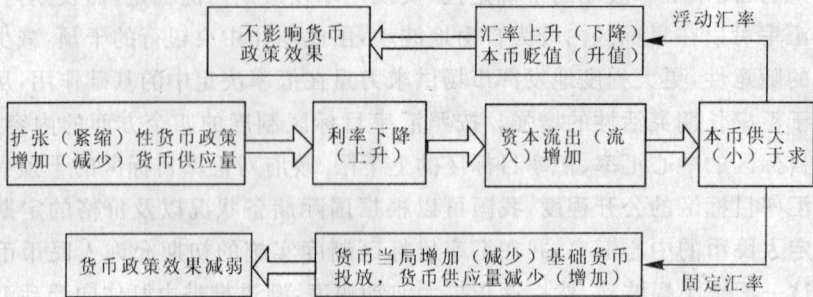

图 7-30 资本自由流动下,固定与浮动汇率制度对于货币政策效果的影响①

的独立性 $M=0$ 时说明一国的货币政策没有独立性,当货币政策的独立性
$M=1$ 时说明一国的货币政策是完全独立的。当资本管制程度 $Y=0$ 时说明
一国的资本是完全受管制,当资本管制程度 $Y=1$ 表示资本可以完全自由流
动。当汇率浮动的程度 $X=0$ 时说明一国的汇率是完全自由浮动;当汇率浮
动的程度 $X=1$ 时说明一国的汇率是固定汇率。货币政策的独立程度(M)、
汇率浮动的程度(X)、资本管制程度(Y)三个变量都是从 0 到 1 的连续变量。
易纲和汤弦(2001)把蒙代尔和克鲁格曼的"三元悖论"理论进一步深化和优
化,把其解释角点解的理论给予一般化的证明,可以用来解释任何一种汇率制
度的安排。改进后的不可能三角模型表明一国的货币政策独立的程度、汇率
浮动的幅度与资本管制程度三者之和等于 2 时,其内外经济才可能相对均衡,
或者说是内外均衡(冯涛、张蕾,2006)。

对于中国来说,中国的货币政策的独立性是必须坚持的,不管是在过去、
现在还是将来,中国货币政策独立性 M 的取值都会接近于 1 或等于 1。在汇
率机制改革的 1994 年以前,中国货币政策独立性 M 取值接近 1,人民币汇率
也非常平稳,人民币汇率的浮动程度 X 的取值也接近 1,人民币实行固定汇率
制度,所以当时货币政策的独立性 M 和人民币汇率的稳定性 X 两者相加就
接近 2,所以在当时实行严格的资本管制,资本管制程度 Y 值很小。进入 21
世纪,在中国加入到世界贸易组织 WTO 后,随着中国进出口贸易的快速发
展,对外开放程度越来越大,货币政策、债券市场和资本市场也在逐步完善,中
国政府为了维持内外经济均衡,在流动性加剧的情况下,资本管制制度 Y 值
也日益增大,而且货币政策的独立性 M 不能变,必须接近 1,所以只能随中国

① 资料来源:孙雅璇. 资本项目开放与人民币汇率政策选择[J]. 山西财经大学学报,2006(2):
110—111。

资本管制程度 Y 值的增加来缩小人民币汇率稳定 X 的值,这就表明人民币汇率制度改革的最终方向,必然是朝着有弹性的真正的浮动汇率制度发展(见图 7-31)(冯涛、张蕾,2006)。

Goldstein(2002)提出了称为"管理浮动加"(MFP)的汇率改革机制,可以作为人民币汇率可行的汇率浮动方案,也基本上符合人民币汇率制度变迁路径依赖性的要求。从 MFP 字面意义来看,主要有三个重要组成部分,即:M(管理)、F(浮动)、P(加)。首先,"M"(管理)意味着同完全自由传统浮动汇率制度相比较,政府能够使用各种宏观经济政策来应对汇率水平的短期波动,比如可以通过外汇市场干预,以平抑汇率的短期波动。其次,"F"(浮动)意味着一国政府没有规定本国汇率水平和汇率波动的目标,汇率水平的形成和波动幅度主要取决于本国货币的市场供给和需求的力量,还可以为本国货币政策和宏观经济政策的实施提供较大的弹性空间,从而减少货币危机和金融危机发生的可能性,并避免各种金融风险。第三,"P"(加)主要有两方面含义:第一个是本国货币政策的通货膨胀目标机制的实施;第二个是采取积极有力的措施以来减少本国货币的错配。"管理浮动加"(MFP)机制一方面使汇率水平由市场供给和需求决定而自由浮动,另一方面可以使得本国的货币政策获得足够的独立性。"管理浮动加"可看作是在金融自由化阶段浮动汇率制度的替代选择,在人民币汇率制度从现行参考货一篮子货币向最终实现管理浮动推进的过程中,还必须要有相应的宏观经济政策密切配套进行(吴倩,2007)。

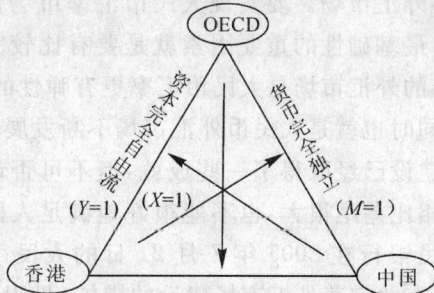

图 7-31　改进后蒙代尔-克鲁格曼不可能三角型定理

7.3.4　完善外汇管理体制

第一,改善中央银行在外汇市场的干预机制。目前,在汇率日波幅限制情况下,我国中央银行入市干预成为一种常态,据统计,中央银行入市干预交易日数已经超过了总交易日数的 70%。中央银行对银行间市场敞口头寸全额收购或供应,主导了市场汇率的形成,这与现行人民币汇率制度的核心——以市场供求为基础、更大程度地发挥市场在决定汇率中的基础作用——是相背离的,人而导致了人民币汇率形成机制的非市场化倾向,因此,应减少中央银行的市场干预,逐步加大汇率制度的弹性空间,向更具弹性的汇率制度转变。改进我国中央银行的干预机制可从以下几方面入手。首先,修正中央银行的干预目标,将干预目标由维持人民币汇率的长期稳定修正为维护人民币汇率的短期稳定,由追求名义汇率稳定转变为追求实际有效汇率稳定,发挥市场机制对汇率的更大调节作用,允许月汇率及年汇率有更大的波动幅度,以实现人民币汇率的长期灵活性与短期稳定性的有机统一,减少汇率扭曲。其次,改变中央银行直接入市买卖外汇干预外汇市场的做法。因为中央银行直接入市买卖外汇会对货币政策操作形成干扰,并且不利于市场的健康发展,所以要改变操作方式,可考虑建立外汇平准基金,由专业投资家进行操作,以市场化运营为手段,实现以纯粹市场操作的方式贯彻中央银行的干预意图,以解决中央银行作为市场监管者和参与者的双重身份冲突。再次,逐渐降低中央银行的干预频率,扩大其干预边界。中央银行作为宏观调控者,应给予市场决定汇率的主动权,充分发挥市场供求决定汇率的作用,只有在汇率可能受到较大的经济冲击而剧烈波动时,中央银行再入市干预以平抑汇率波动,如当面临巨大的外部和内部冲击、国内物价和工资等名义变量的变化无法吸收冲击所产生的影响时,中央银行才对名义汇率进行必要的干预(王桂贤,2010)。

第二,发展和完善外汇市场。要实现人民币汇率市场化的改革和增加人民币汇率浮动的弹性,最基础性的重要因素就是要有比较完善和成熟的外汇市场的存在,因为完善的外汇市场是人民币汇率更有弹性的基础与平台,人民币汇率市场化的进程同时也就是人民币外汇市场不断发展和完善的过程。尽管当前中国外汇市场建设已经取得了一些成就,但不可否认与国际发达国家比较成熟的外汇市场相比差距很大,也不能很好地满足人民币汇率形成机制改革的需要。中国人民银行在 2005 年 7 月 21 日的人民币汇率机制改革之后,相继推出了一系列有关完善外汇市场建设的措施(见附录 2),尽管改革措施对中国外汇市场建设和发展起到积极的推动作用,然而并没有从根本上改变中国外汇市场发展滞后的状况。虽然中国外汇市场正在迈向一个新的发展阶段,但是发展还受到严重的制约。

完善的外汇市场需要满足一些条件:较多的市场交易主体,金融交易工具品种多样化,较多的做市商,商场高度透明化,较强的监管力度和有效的外汇储备管理。首先,增加市场交易主体,让更多的企业和金融机构直接参与外汇买卖,以避免大机构集中性的交易垄断市场价格水平。例如,培育更多实力强大的商业银行,商业银行的扩充是促进交易主体多样化的一个重要途径。一方面允许国外大银行投资入股,同时还要加快中资银行的股份制改造的进程并迅速发展其外汇业务;另一方面应允许更多的非银行金融机构进入外汇市场,例如,养老基金、商业保险公司、共同基金等机构投资者,从而可降低交易成本,提高资金利用效率。其次,加快丰富各种外汇衍生品,为不同需求的企业研发针对性强的汇率避险产品。目前我国已开办人民币互换和外汇货币远期业务,在此基础上加快研发和推出人民币期货和期权交易等,适时拓宽汇率避险和保值工具。最后,扩大外汇市场做市商,提高外汇市场的交易活跃程度。我国目前的外汇市场实际上是银行间的外汇交易市场,尽管初步建立了做市商制度,但中央银行仍然是市场流动性的主要提供者,具有影响汇率的职能。做市商是指具备一定信誉和资金实力的特许交易商(金融机构),在金融市场上连续向投资者同时报出某种金融产品买卖价格的双向报价,并承诺在该价位上接受投资者的买卖要求并达成交易的一种交易方式。做市商通过这种不断买卖来维持市场的流动性,满足投资者的投资需求。2005 年 7 月人民币汇率制度改革后,我国银行间外汇市场引入了做市商制度。该制度对提高我国外汇市场的流动性和市场效率起到了推动作用(王曼怡、朱超,2009)。

第三,完善外汇管理体制。一是继续深化对外汇管理体制改革,提升外汇管理服务经济发展的功能。简化服务外包企业外汇收支审核手续,对符合条件的服务外包企业给予账户开立、资金汇兑等政策便利;将境外投资外汇资金来源审核和资金汇出核准调整为登记管理在汇兑环节上对境外直接投资给予便利。完善 QFII 和 QDII 外汇管理,扩大 QDII 投资额度,全面公布合格机构投资者投资额度审批情况,提高行政许可的透明度。2009 年年末,累计批准83 家合格境外机构投资者,投资额度为 165 亿美元;批准 65 家商业银行、基金公司和保险公司等合格境内机构投资者,投资额度为 633 亿美元[①]。截至2010 年底,外汇局共批准 88 家 QDII 机构境外证券投资额度共计 684 亿美元,QDII 项下累计汇出资金 787 亿美元,累计汇入资金 502 亿美元(含投资本金及收益),累计净汇出资金 285 亿美元(见图 7 - 32)。二是逐步实现从强制结售汇制向意愿结售汇制的转变。对中国的国际收支项目实施强制结售汇,必然导致外汇储备高速增长,外汇占款增加,货币供应量扩张。在人民币汇率存在升值压力的背景下,中国应该逐步实现强制结售汇制向意愿结售制转变

---

① 中国人民银行:2009 年第四季度货币政策执行报告。

和国家集中储备外汇向"藏汇于民"转变。

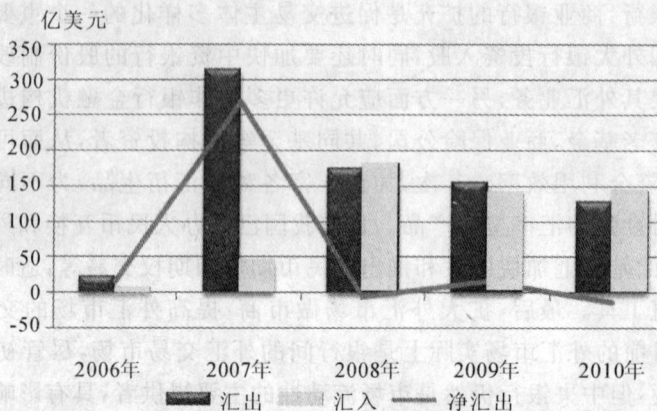

图 7 - 32　2006—2010 年 QDII 项下历年资金跨境流动情况①

第四,加快利率市场化改革的步伐。目前我国还没有完全实现利率市场化,由市场决定的利率较少(同业拆借利率、国债招标发行利率等由市场决定),从而造成投资增长、消费增长、进出口增长的利率弹性较小,利率无法起到调节经济的作用,利率与汇率之间的传导受阻。因此,我国的人民币汇率和人民币利率的变动基本上是相互分离的,联动机制较弱,没有形成有机联系。而在发达的金融市场国家,中央银行通过调控利率直接影响汇率,汇率对利率的变化相当敏感。目前我国利率和汇率都充当着中央银行的宏观调控目标和工具,中央银行对利率和汇率都有一定程度的管制。因此为了完善外汇市场和货币市场的定价机制,充分发挥市场机制的功能,中央银行也应当逐步放松利率管制,推动利率市场化改革,依赖利率变动来调控人民币汇率。汇率的市场化需要利率市场化的改革来推动,这样,人民币汇率和利率的变动将更多地由本币资金市场和外币资金市场的供求来决定。

7.3.5　扩大人民币结算范围

第一,扩大人民币用于国际结算的范围,稳步推进跨境贸易人民币结算试点。目前,人民币在俄罗斯、蒙古、越南、缅甸、尼泊尔等中国周边国家已经成为边贸结算的主要币种,中国也已与日本、韩国、菲律宾签署了人民币与对方货币之间的双边货币互换协议。只要条件许可,中国就应继续扩大人民币用于国际结算的范围。这样做的好处:一是中国将对外贸易变成了内贸,企业再

---

①　数据来源:国家外汇管理局。

也不用操心汇率风险了，可以专心从事国际贸易；二是有助于从境外更好地发现人民币汇兑的价格，培育人民币汇兑的境外市场，通过境内市场与境外市场的有机联系，完善人民币汇率的市场形成机制；三是有助于人民币走向自由化。20 世纪 60 年代，德国、日本在货币自由化之前，首先就是鼓励在贸易项下使用本国货币进行国际结算。中国自 1996 年以来已经实现了人民币经常项目的可兑换，且在港澳个人人民币业务和边境贸易人民币结算等方面积累了一定的经验。在此背景下，2009 年 4 月 8 日，国务院第 56 次常务会议决定在上海市和广东省广州、深圳、珠海和东莞先行开展跨境贸易人民币结算试点，以为企业提供更多便利。2009 年 7 月 1 日，中国人民银行联合财政部、商务部、海关总署、国家税务总局和中国银行业监督管理委员会发布了《跨境贸易人民币结算试点管理办法》，2009 年 7 月 3 日，中国人民银行发布了《跨境贸易人民币结算试点管理办法实施细则》（见附录 3），随后，国家税务总局和海关总署先后下发了关于人民币结算出口退（免）税及报关等配套政策，统一规范跨境贸易人民币结算业务，稳步推进试点工作。

当前，中国的跨境贸易人民币结算试点工作已经取得一定的进展。为推动跨境贸易和投资，2010 年，中国人民银行先后与冰岛和新加坡货币当局签署了总额 1 535 亿元人民币的本币互换协议，2010 年年末，本币互换协议总规模为 8 035 亿元。2010 年，中国人民银行先后与若干货币当局开展了本币互换操作，规模约 300 亿元人民币。中国人民银行与有关货币当局积极创新本币互换的功能，发挥其在推动跨境贸易本币结算和投资方面的作用。本币互换的实施标志着中国人民银行与其他货币当局的货币合作迈上了新台阶，并为未来进一步开展与其他当局的货币合作奠定了基础。2010 年以来，跨境贸易人民币结算试点地区业务持续大幅增长。2010 年第一季度，银行累计办理跨境贸易人民币结算业务 183.5 亿元，为 2009 年下半年结算量的 5 倍多。自试点开始至 2010 年 3 月末，银行累计办理跨境贸易人民币结算业务 219.4 亿元；其中，货物贸易出口结算金额 18.6 亿元，货物贸易进口结算金额 181.3 亿元，服务贸易及其他经常项目结算金额 19.5 亿元；境内代理银行为境外参加银行共开立 205 个人民币同业往来账户，账户余额 31.8 亿元；香港和新加坡是境外接受人民币结算的主要地区，在发生人民币实际收付的业务中，两地合计占比 88%。为保障人民币跨境收付信息管理系统的有效运行，2010 年 3 月 8 日中国人民银行发布了《人民币跨境收付信息管理系统管理暂行办法》（见附录 4），明确依法开展跨境人民币业务的银行业金融机构应当接入人民币跨境收付信息管理系统，并按照有关规定及时、准确、完整地报送人民币跨境收付及相关业务信息。

跨境贸易人民币结算试点范围扩大,跨境贸易人民币结算业务快速增长,各项试点配套政策日趋完善,人民币跨境投融资个案试点稳步开展。2010 年6 月,经国务院批准,中国人民银行、财政部、商务部、海关总署、税务总局和银监会联合发布《关于扩大跨境贸易人民币结算试点工作有关问题的通知》(银发[2010]186 号),将境内试点地区由上海和广东省的 4 个城市扩大到 20 个省(自治区、直辖市),将境外地域范围由港澳和东盟扩大到所有国家和地区,明确试点业务范围包括跨境货物贸易、服务贸易和其他经常项目人民币结算。2010 年 12 月,出口试点企业从试点初期的 365 家扩大到 67 724 家。自试点扩大以来,各试点地区跨境贸易人民币结算业务稳定增长。2010 年银行累计办理跨境贸易人民币结算业务 5 063.4 亿元。为配合跨境贸易人民币结算试点工作,支持企业"走出去"领域的大型项目,中国人民银行以个案方式开展了人民币跨境投融资试点。截至 2010 年年末,各试点地区共办理人民币跨境投融资交易 386 笔,金额 701.7 亿元。2010 年 10 月,新疆率先开展跨境直接投资人民币结算试点。

2011 年第一季度,银行累计办理跨境贸易人民币结算业务 3 603.2 亿元,比 2010 年第四季度增加 190.0 亿元。其中,货物贸易出口结算金额 202.3 亿元,进口结算金额 2 853.7 亿元;服务贸易及其他经常项目出口结算金额195.9 亿元,进口结算金额 351.3 亿元。第一季度,跨境贸易人民币结算实际收付总金额 2 584.7 亿元,其中实收 392.5 亿元,实付 2 192.2 亿元,收付比为1：5,较 2010 年末有所下降。2011 年第二季度,银行累计办理跨境贸易人民币结算业务 5 972.5 亿元,比上季度增加 2 369.3 亿元;其中,货物贸易结算金额 4 556.1 亿元,服务贸易及其他经常项目出口结算金额 1 416.3 亿元。2011年第二季度,跨境贸易人民币结算实际收付总金额 4 090.3 亿元,其中实收1 037.8 亿元,实付 3 052.5 亿元,收付比上升至 1：2.9,跨境贸易人民币结算进口与出口平衡的状况有所改善;同时,各试点地区共办理人民币境外直接投资金额 54.0 亿元。2011 年上半年,银行累计办理跨境贸易人民币结算业务9 575.7 亿元,同比增长 13.3 倍;截至 2011 年 6 月末,境内代理银行为境外参加银行共开立 917 个人民币同业往来账户,账户余额 1 333.7 亿元,户均余额1.45 亿元(见图 7 - 33)。

第二,逐步实行资本账户开放。在中国国际收支失衡不断加剧的背景下,

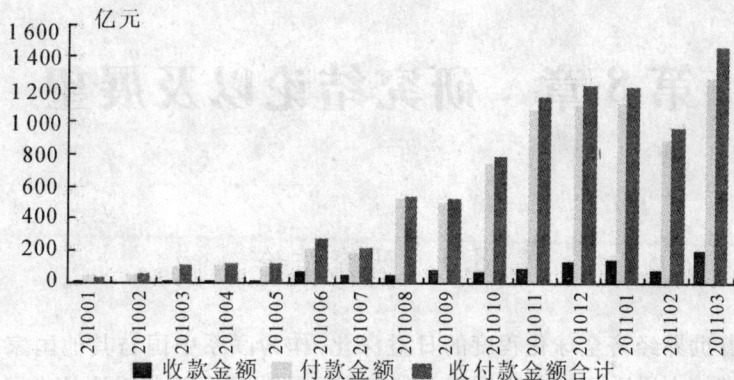

图 7 - 33　跨境贸易人民币结算按月情况①

以严格控制资本外流为主要内容的外汇管制已经越来越不适应中国经济的发展。一方面,目前中国资本流动的途径很复杂,大量的境外热钱通过非资本账户进入中国,外汇管制措施难以真正发挥抑制境外热钱流入的作用。另一方面,管制措施也无法真正杜绝非法资本的外逃。严格的资本管制,尤其是对私人跨境投资的管制实际上只是限制了试图通过合法渠道分散投资风险的境内资本资本。实现资本项目账户开放,在拓宽了国内居民理财渠道的同时,便利了国内企业实施"走出去"战略进行海外投资,这对平衡中国目前严重失衡的国际收支、保持人民币汇率稳定以及实现国内经济的均衡运行,意义重大。资本账户开放还可以提高本国资源配置效率和投资效率,为经济增长提供支撑。

收益与风险并存,一国在享受资本账户开放、资本自由流动带来的收益的同时,还要承担可能存在的风险,如信贷膨胀、外币头寸风险、汇率风险等。资本账户的开放程度必须与本国的经济发展水平及金融监管能力相适应。国际货币基金组织曾提出资本项目完全可兑换需要具备四个条件,即稳定的宏观经济状况,合理的汇率水平,有效的金融监管和充足的外汇储备。此外,健全的金融体系,适应市场发展的微观经济主体,市场化的利率和更富有弹性的汇率机制,以及有效的宏观调控体系,也是必不可少的条件。因此,要在有效防范风险的前提下,有选择、分步骤地放宽对跨境资本交易活动的限制,逐步实现人民币资本项目可兑换,就必须继续加大政策调整力度,进一步完善人民币汇率形成机制,深化外汇管理体制改革,加强本外币政策协调,促进经济发展和国际收支平衡(刘晓喆,2008)。

---

① 数据来源:中国人民银行网站。

第8章 研究结论以及展望

8.1 研究结论

随着世界经济全球化程度的日益深化,作为联系中国与其他国家之间关键性纽带的人民币汇率在中国经济增长过程中发挥了极其重要的作用。本书利用季度时间序列数据和年度时间序列数据,在向量自回归模型的基础上,运用单位根检验、协整分析、格兰杰因果检验、脉冲响应函数和方差分解等计量经济学技术分析了人民币实际汇率和中国经济增长的双向密切关系,并提出人民币汇率改革的对策建议。本书得出的主要结论如下:

1. 人民币实际汇率与中国经济增长有着密切的关系,这种关系是双向的。一方面,在短期内人民币实际汇率贬值不利于中国经济增长,具有"紧缩效应"。然而在长期内人民币实际汇率贬值促进中国经济增长,具有"扩张效应"。另一方面,中国经济增长引起人民币实际汇率升值,巴拉萨-萨缪尔森效应在中国是成立的。

2. 人民币实际汇率变动是影响中国进出口贸易的重要因素。中国进口贸易受人民币实际汇率变动的影响程度明显大于出口贸易受人民币实际汇率变动的影响程度,两者的绝对值之和为大于1,这说明中国是符合马歇尔-勒纳条件的。中国的进出口贸易是影响中国经济增长的重要因素,出口贸易和中国经济增长存在单向的格兰杰因果关系,进口贸易和中国经济增长存在双向的格兰杰因果关系,出口贸易和进口贸易都促进了中国的经济增长。

3. 外商直接投资变动和人民币实际汇率变动呈现相反的关系,随着人民币汇率的升值预期的加强,会抑制外商直接投资流入中国,说明在中国的外商直接投资大多数是"成本导向型"的外商直接投资,而非"市场导向型"的外商直接投资,原因在于"成本导向型"的中国外商直接投资的产品大部分是用于出口贸易,销售在海外实现,收入以外币表示,而生产在中国国内发生,成本以人民币表示。因此存在汇率风险敞口,人民币汇率升值时,其外币收益不变,而以外币表示的成本升高并利润降低,从而削弱了外商在中国继续投资激励。

4. 人民币实际汇率错位与中国经济增长和出口贸易增长之间具有负向关

系,人民币实际汇率低估有助于中国经济增长,而人民币实际汇率高估则将阻碍中国经济增长;人民币实际汇率低估促进中国出口贸易增长,而人民币实际汇率高估则阻碍中国出口贸易增长。人民币实际汇率低估影响中国经济增长的主要机制为:一方面,人民币实际汇率低估会降低中国出口贸易产品的国外货币价格,提高进口贸易产品的国内货币价格,从而导致中国出口贸易快速增长,而且国内产品可以替代进口产品。另一方面,人民币实际汇率低估会降低外国资本在中国的投资成本,促进外商直接投资,进而有利于中国的资本积累,从而推动中国经济增长。

5. 在中国逐渐成为世界制造业中心的长期发展过程中,相对于不可贸易商品部门(服务业)来说,可贸易商品部门(制造业)生产率增长较快,根据巴拉萨—萨缪尔森效应,从长远来说,人民币汇率必然存在升值的压力。因此,从长期政策趋向来看,大力提高不可贸易商品部门(服务业),特别是生产性服务业的劳动生产率,降低可贸易商品部门(制造业)与不可贸易商品部门(服务业)的相对劳动生产率是缓解人民币汇率升值压力的最有利措施。

8.2 研 究 展 望

人民币实际汇率与中国经济增长的问题,是一个比较复杂的系统,由于篇幅有限,本书只能就有限的问题进行理论分析和实证检验,有许多的问题有待进一步研究:

第一,人民币汇率影响中国的经济增长的机制除了进出口贸易、FDI 和汇率错位外,还有其他的途径,比如价格机制和利率机制。而本书由于篇幅有限,没有深入研究人民币汇率的价格机制和利率机制与中国经济增长的关系。

第二,从需求角度研究中国经济增长对人民币汇率的作用。本书主要从巴拉萨-萨缪尔森效应研究了中国经济增长对人民币汇率的影响,没有考虑需求角度。巴拉萨-萨缪尔森效应主要强调经济增长从供给角度对非贸易品与贸易品的相对价格的影响,并最终对实际汇率的变动产生影响。而 Houthakker & Magee(1969)则从需求角度分析经济增长对汇率变动的影响,一个国家的经济发展较快,意味着该国的进口商品和国内的商品生产也快速增长,需要通过汇率贬值来扩大出口,维持国际收支平衡。因此进一步从需求角度的"H—M—K 假说"研究中国经济增长对人民币汇率的作用也是十分必要的。

第三,人民币实际汇率与中国地区经济增长差异的研究。本书关于人民币汇率与经济增长的研究,都没有考虑到人民币实际汇率波动与中国地区经济增长差异之间的相互关联。中国属于不均质大国,东西部要素禀赋、对外开放度和产业偏重差异较大,人民币实际汇率变动势必给不同地区经济增长造成强弱不同的影响,同时导致内部地区经济增长差异,所以研究人民币汇率变动与中国地区经济增长差异的相关性是十分有必要的。

附　　录

附录1　国务院关于《进一步做好利用外资工作的若干意见》

国发〔2010〕9号

各省、自治区、直辖市人民政府,国务院各部委、各直属机构:

利用外资是我国对外开放基本国策的重要内容。改革开放以来,我国积极吸引外商投资,促进了产业升级和技术进步,外商投资企业已成为国民经济的重要组成部分。目前,我国利用外资的优势依然明显。为提高利用外资质量和水平,更好地发挥利用外资在推动科技创新、产业升级、区域协调发展等方面的积极作用,现提出如下意见:

一、优化利用外资结构

(一)根据我国经济发展需要,结合国家产业调整和振兴规划要求,修订《外商投资产业指导目录》,扩大开放领域,鼓励外资投向高端制造业、高新技术产业、现代服务业、新能源和节能环保产业。严格限制"两高一资"和低水平、过剩产能扩张类项目。

(二)国家产业调整和振兴规划中的政策措施同等适用于符合条件的外商投资企业。

(三)对用地集约的国家鼓励类外商投资项目优先供应土地,在确定土地出让底价时可按不低于所在地土地等别相对应《全国工业用地出让最低价标准》的70%执行。

(四)鼓励外商投资高新技术企业发展,改进并完善高新技术企业认定工作。

(五)鼓励中外企业加强研发合作,支持符合条件的外商投资企业与内资企业、研究机构合作申请国家科技开发项目、创新能力建设项目等,申请设立国家级技术中心认定。

（六）鼓励跨国公司在华设立地区总部、研发中心、采购中心、财务管理中心、结算中心以及成本和利润核算中心等功能性机构。在 2010 年 12 月 31 日以前，对符合规定条件的外资研发中心确需进口的科技开发用品免征进口关税和进口环节增值税、消费税。

（七）落实和完善支持政策，鼓励外商投资服务外包产业，引入先进技术和管理经验，提高我国服务外包国际竞争力。

二、引导外资向中西部地区转移和增加投资

（八）根据《外商投资产业指导目录》修订情况，补充修订《中西部地区外商投资优势产业目录》，增加劳动密集型项目条目，鼓励外商在中西部地区发展符合环保要求的劳动密集型产业。

（九）对符合条件的西部地区内外资企业继续实行企业所得税优惠政策，保持西部地区吸收外商投资好的发展势头。

（十）对东部地区外商投资企业向中西部地区转移，要加大政策开放和技术资金配套支持力度，同时完善行政服务，在办理工商、税务、外汇、社会保险等手续时提供便利。鼓励和引导外资银行到中西部地区设立机构和开办业务。

（十一）鼓励东部地区与中西部地区以市场为导向，通过委托管理、投资合作等多种方式，按照优势互补、产业联动、利益共享的原则共建开发区。

三、促进利用外资方式多样化

（十二）鼓励外资以参股、并购等方式参与国内企业改组改造和兼并重组。支持 A 股上市公司引入境内外战略投资者。规范外资参与境内证券投资和企业并购。依法实施反垄断审查，并加快建立外资并购安全审查制度。

（十三）利用好境外资本市场，继续支持符合条件的企业根据国家发展战略及自身发展需要到境外上市，充分利用两个市场、两种资源，不断提高竞争力。

（十四）加快推进利用外资设立中小企业担保公司试点工作。鼓励外商投资设立创业投资企业，积极利用私募股权投资基金，完善退出机制。

（十五）支持符合条件的外商投资企业境内公开发行股票、发行企业债和中期票据，拓宽融资渠道，引导金融机构继续加大对外商投资企业的信贷支持。稳步扩大在境内发行人民币债券的境外主体范围。

四、深化外商投资管理体制改革

（十六）《外商投资产业指导目录》中总投资（包括增资）3亿美元以下的鼓励类、允许类项目，除《政府核准的投资项目目录》规定需由国务院有关部门核准之外，由地方政府有关部门核准。除法律法规明确规定由国务院有关部门审批外，在加强监管的前提下，国务院有关部门可将本部门负责的审批事项下放地方政府审批，服务业领域外商投资企业的设立（金融、电信服务除外）由地方政府按照有关规定进行审批。

（十七）调整审批内容，简化审批程序，最大限度缩小审批、核准范围，增强审批透明度。全面清理涉及外商投资的审批事项，缩短审批时间。改进审批方式，在试点并总结经验的基础上，逐步在全国推行外商投资企业合同、章程格式化审批，大力推行在线行政许可，规范行政行为。

五、营造良好的投资环境

（十八）规范和促进开发区发展，发挥开发区在体制创新、科技引领、产业集聚、土地集约方面的载体和平台作用。支持符合条件的省级开发区升级，支持具备条件的国家级、省级开发区扩区和调整区位，制定加快边境经济合作区建设的支持政策措施。

（十九）进一步完善外商投资企业外汇管理，简化外商投资企业外汇资本金结汇手续。对依法经营、资金紧张暂时无法按时出资的外商投资企业，允许延长出资期限。

（二十）加强投资促进，针对重点国家和地区、重点行业加大引资推介力度，广泛宣传我国利用外资政策。积极参与多双边投资合作，把"引进来"和"走出去"相结合，推动跨国投资政策环境不断改善。

国务院各有关部门、地方各级人民政府要统一认识，坚持积极有效利用外资的方针，坚持以我为主、择优选资，促进"引资"与"引智"相结合，不断提高利用外资质量。要总结改革开放经验，结合新形势、新要求，进一步加大改革创新力度，提高便利化程度，创造更加开放、更加优化的投资环境，全面提高利用外资工作水平。

附录 2　中华人民共和国外汇管理条例

1996 年 1 月 29 日中华人民共和国国务院令第 193 号发布

根据 1997 年 1 月 14 日《国务院关于修改〈中华人民共和国外汇管理条例〉的决定》修订

2008 年 8 月 1 日国务院第 20 次常务会议修订通过

第一章　总则

第一条　为了加强外汇管理,促进国际收支平衡,促进国民经济健康发展,制定本条例。

第二条　国务院外汇管理部门及其分支机构(以下统称外汇管理机关)依法履行外汇管理职责,负责本条例的实施。

第三条　本条例所称外汇,是指下列以外币表示的可以用作国际清偿的支付手段和资产:

(一)外币现钞,包括纸币、铸币;

(二)外币支付凭证或者支付工具,包括票据、银行存款凭证、银行卡等;

(三)外币有价证券,包括债券、股票等;

(四)特别提款权;

(五)其他外汇资产。

第四条　境内机构、境内个人的外汇收支或者外汇经营活动,以及境外机构、境外个人在境内的外汇收支或者外汇经营活动,适用本条例。

第五条　国家对经常性国际支付和转移不予限制。

第六条　国家实行国际收支统计申报制度。

国务院外汇管理部门应当对国际收支进行统计、监测,定期公布国际收支状况。

第七条　经营外汇业务的金融机构应当按照国务院外汇管理部门的规定为客户开立外汇账户,并通过外汇账户办理外汇业务。

经营外汇业务的金融机构应当依法向外汇管理机关报送客户的外汇收支及账户变动情况。

第八条　中华人民共和国境内禁止外币流通,并不得以外币计价结算,但国家另有规定的除外。

第九条　境内机构、境内个人的外汇收入可以调回境内或者存放境外；调回境内或者存放境外的条件、期限等，由国务院外汇管理部门根据国际收支状况和外汇管理的需要作出规定。

第十条　国务院外汇管理部门依法持有、管理、经营国家外汇储备，遵循安全、流动、增值的原则。

第十一条　国际收支出现或者可能出现严重失衡，以及国民经济出现或者可能出现严重危机时，国家可以对国际收支采取必要的保障、控制等措施。

第二章　经常项目外汇管理

第十二条　经常项目外汇收支应当具有真实、合法的交易基础。经营结汇、售汇业务的金融机构应当按照国务院外汇管理部门的规定，对交易单证的真实性及其与外汇收支的一致性进行合理审查。

外汇管理机关有权对前款规定事项进行监督检查。

第十三条　经常项目外汇收入，可以按照国家有关规定保留或者卖给经营结汇、售汇业务的金融机构。

第十四条　经常项目外汇支出，应当按照国务院外汇管理部门关于付汇与购汇的管理规定，凭有效单证以自有外汇支付或者向经营结汇、售汇业务的金融机构购汇支付。

第十五条　携带、申报外币现钞出入境的限额，由国务院外汇管理部门规定。

第三章　资本项目外汇管理

第十六条　境外机构、境外个人在境内直接投资，经有关主管部门批准后，应当到外汇管理机关办理登记。

境外机构、境外个人在境内从事有价证券或者衍生产品发行、交易，应当遵守国家关于市场准入的规定，并按照国务院外汇管理部门的规定办理登记。

第十七条　境内机构、境内个人向境外直接投资或者从事境外有价证券、衍生产品发行、交易，应当按照国务院外汇管理部门的规定办理登记。国家规定需要事先经有关主管部门批准或者备案的，应当在外汇登记前办理批准或者备案手续。

第十八条　国家对外债实行规模管理。借用外债应当按照国家有关规定办理，并到外汇管理机关办理外债登记。

国务院外汇管理部门负责全国的外债统计与监测，并定期公布外债情况。

第十九条　提供对外担保,应当向外汇管理机关提出申请,由外汇管理机关根据申请人的资产负债等情况作出批准或者不批准的决定;国家规定其经营范围需经有关主管部门批准的,应当在向外汇管理机关提出申请前办理批准手续。申请人签订对外担保合同后,应当到外汇管理机关办理对外担保登记。

经国务院批准为使用外国政府或者国际金融组织贷款进行转贷提供对外担保的,不适用前款规定。

第二十条　银行业金融机构在经批准的经营范围内可以直接向境外提供商业贷款。其他境内机构向境外提供商业贷款,应当向外汇管理机关提出申请,外汇管理机关根据申请人的资产负债等情况作出批准或者不批准的决定;国家规定其经营范围需经有关主管部门批准的,应当在向外汇管理机关提出申请前办理批准手续。

向境外提供商业贷款,应当按照国务院外汇管理部门的规定办理登记。

第二十一条　资本项目外汇收入保留或者卖给经营结汇、售汇业务的金融机构,应当经外汇管理机关批准,但国家规定无需批准的除外。

第二十二条　资本项目外汇支出,应当按照国务院外汇管理部门关于付汇与购汇的管理规定,凭有效单证以自有外汇支付或者向经营结汇、售汇业务的金融机构购汇支付。国家规定应当经外汇管理机关批准的,应当在外汇支付前办理批准手续。

依法终止的外商投资企业,按照国家有关规定进行清算、纳税后,属于外方投资者所有的人民币,可以向经营结汇、售汇业务的金融机构购汇汇出。

第二十三条　资本项目外汇及结汇资金,应当按照有关主管部门及外汇管理机关批准的用途使用。外汇管理机关有权对资本项目外汇及结汇资金使用和账户变动情况进行监督检查。

第四章　金融机构外汇业务管理

第二十四条　金融机构经营或者终止经营结汇、售汇业务,应当经外汇管理机关批准;经营或者终止经营其他外汇业务,应当按照职责分工经外汇管理机关或者金融业监督管理机构批准。

第二十五条　外汇管理机关对金融机构外汇业务实行综合头寸管理,具体办法由国务院外汇管理部门制定。

第二十六条　金融机构的资本金、利润以及因本外币资产不匹配需要进行人民币与外币间转换的,应当经外汇管理机关批准。

第五章　人民币汇率和外汇市场管理

第二十七条　人民币汇率实行以市场供求为基础的、有管理的浮动汇率制度。

第二十八条　经营结汇、售汇业务的金融机构和符合国务院外汇管理部门规定条件的其他机构，可以按照国务院外汇管理部门的规定在银行间外汇市场进行外汇交易。

第二十九条　外汇市场交易应当遵循公开、公平、公正和诚实信用的原则。

第三十条　外汇市场交易的币种和形式由国务院外汇管理部门规定。

第三十一条　国务院外汇管理部门依法监督管理全国的外汇市场。

第三十二条　国务院外汇管理部门可以根据外汇市场的变化和货币政策的要求，依法对外汇市场进行调节。

第六章　监督管理

第三十三条　外汇管理机关依法履行职责，有权采取下列措施：

（一）对经营外汇业务的金融机构进行现场检查；

（二）进入涉嫌外汇违法行为发生场所调查取证；

（三）询问有外汇收支或者外汇经营活动的机构和个人，要求其对与被调查外汇违法事件直接有关的事项作出说明；

（四）查阅、复制与被调查外汇违法事件直接有关的交易单证等资料；

（五）查阅、复制被调查外汇违法事件的当事人和直接有关的单位、个人的财务会计资料及相关文件，对可能被转移、隐匿或者毁损的文件和资料，可以予以封存；

（六）经国务院外汇管理部门或者省级外汇管理机关负责人批准，查询被调查外汇违法事件的当事人和直接有关的单位、个人的账户，但个人储蓄存款账户除外；

（七）对有证据证明已经或者可能转移、隐匿违法资金等涉案财产或者隐匿、伪造、毁损重要证据的，可以申请人民法院冻结或者查封。

有关单位和个人应当配合外汇管理机关的监督检查，如实说明有关情况并提供有关文件、资料，不得拒绝、阻碍和隐瞒。

第三十四条　外汇管理机关依法进行监督检查或者调查，监督检查或者调查的人员不得少于2人，并应当出示证件。监督检查、调查的人员少于2人或者未出示证件的,被监督检查、调查的单位和个人有权拒绝。

第三十五条　有外汇经营活动的境内机构,应当按照国务院外汇管理部门的规定报送财务会计报告、统计报表等资料。

第三十六条　经营外汇业务的金融机构发现客户有外汇违法行为的,应当及时向外汇管理机关报告。

第三十七条　国务院外汇管理部门为履行外汇管理职责,可以从国务院有关部门、机构获取所必需的信息,国务院有关部门、机构应当提供。

国务院外汇管理部门应当向国务院有关部门、机构通报外汇管理工作情况。

第三十八条　任何单位和个人都有权举报外汇违法行为。

外汇管理机关应当为举报人保密,并按照规定对举报人或者协助查处外汇违法行为有功的单位和个人给予奖励。

第七章　法律责任

第三十九条　有违反规定将境内外汇转移境外,或者以欺骗手段将境内资本转移境外等逃汇行为的,由外汇管理机关责令限期调回外汇,处逃汇金额30％以下的罚款;情节严重的,处逃汇金额30％以上等值以下的罚款;构成犯罪的,依法追究刑事责任。

第四十条　有违反规定以外汇收付应当以人民币收付的款项,或者以虚假、无效的交易单证等向经营结汇、售汇业务的金融机构骗购外汇等非法套汇行为的,由外汇管理机关责令对非法套汇资金予以回兑,处非法套汇金额30％以下的罚款;情节严重的,处非法套汇金额30％以上等值以下的罚款;构成犯罪的,依法追究刑事责任。

第四十一条　违反规定将外汇汇入境内的,由外汇管理机关责令改正,处违法金额30％以下的罚款;情节严重的,处违法金额30％以上等值以下的罚款。

非法结汇的,由外汇管理机关责令对非法结汇资金予以回兑,处违法金额30％以下的罚款。

第四十二条　违反规定携带外汇出入境的,由外汇管理机关给予警告,可以处违法金额20％以下的罚款。法律、行政法规规定由海关予以处罚的,从其规定。

第四十三条　有擅自对外借款、在境外发行债券或者提供对外担保等违反外债管理行为的,由外汇管理机关给予警告,处违法金额30％以下的罚款。

第四十四条　违反规定,擅自改变外汇或者结汇资金用途的,由外汇管理机关责令改正,没收违法所得,处违法金额 30% 以下的罚款;情节严重的,处违法金额 30% 以上等值以下的罚款。

有违反规定以外币在境内计价结算或者划转外汇等非法使用外汇行为的,由外汇管理机关责令改正,给予警告,可以处违法金额 30% 以下的罚款。

第四十五条　私自买卖外汇、变相买卖外汇、倒买倒卖外汇或者非法介绍买卖外汇数额较大的,由外汇管理机关给予警告,没收违法所得,处违法金额 30% 以下的罚款;情节严重的,处违法金额 30% 以上等值以下的罚款;构成犯罪的,依法追究刑事责任。

第四十六条　未经批准擅自经营结汇、售汇业务的,由外汇管理机关责令改正,有违法所得的,没收违法所得,违法所得 50 万元以上的,并处违法所得 1 倍以上 5 倍以下的罚款;没有违法所得或者违法所得不足 50 万元的,处 50 万元以上 200 万元以下的罚款;情节严重的,由有关主管部门责令停业整顿或者吊销业务许可证;构成犯罪的,依法追究刑事责任。

未经批准经营结汇、售汇业务以外的其他外汇业务的,由外汇管理机关或者金融业监督管理机构依照前款规定予以处罚。

第四十七条　金融机构有下列情形之一的,由外汇管理机关责令限期改正,没收违法所得,并处 20 万元以上 100 万元以下的罚款;情节严重或者逾期不改正的,由外汇管理机关责令停止经营相关业务:

(一)办理经常项目资金收付,未对交易单证的真实性及其与外汇收支的一致性进行合理审查的;

(二)违反规定办理资本项目资金收付的;

(三)违反规定办理结汇、售汇业务的;

(四)违反外汇业务综合头寸管理的;

(五)违反外汇市场交易管理的。

第四十八条　有下列情形之一的,由外汇管理机关责令改正,给予警告,对机构可以处 30 万元以下的罚款,对个人可以处 5 万元以下的罚款:

(一)未按照规定进行国际收支统计申报的;

(二)未按照规定报送财务会计报告、统计报表等资料的;

(三)未按照规定提交有效单证或者提交的单证不真实的;

(四)违反外汇账户管理规定的;

(五)违反外汇登记管理规定的;

(六)拒绝、阻碍外汇管理机关依法进行监督检查或者调查的。

第四十九条　境内机构违反外汇管理规定的,除依照本条例给予处罚外,对直接负责的主管人员和其他直接责任人员,应当给予处分;对金融机构负有直接责任的董事、监事、高级管理人员和其他直接责任人员给予警告,处5万元以上50万元以下的罚款;构成犯罪的,依法追究刑事责任。

第五十条　外汇管理机关工作人员徇私舞弊、滥用职权、玩忽职守,构成犯罪的,依法追究刑事责任;尚不构成犯罪的,依法给予处分。

第五十一条　当事人对外汇管理机关作出的具体行政行为不服的,可以依法申请行政复议;对行政复议决定仍不服的,可以依法向人民法院提起行政诉讼。

第八章　附　　则

第五十二条　本条例下列用语的含义:

(一)境内机构,是指中华人民共和国境内的国家机关、企业、事业单位、社会团体、部队等,外国驻华外交领事机构和国际组织驻华代表机构除外。

(二)境内个人,是指中国公民和在中华人民共和国境内连续居住满1年的外国人,外国驻华外交人员和国际组织驻华代表除外。

(三)经常项目,是指国际收支中涉及货物、服务、收益及经常转移的交易项目等。

(四)资本项目,是指国际收支中引起对外资产和负债水平发生变化的交易项目,包括资本转移、直接投资、证券投资、衍生产品及贷款等。

第五十三条　金融机构经营结汇、售汇业务,应当由国务院外汇管理部门批准,具体管理办法由国务院外汇管理部门另行制定。

第五十四条　本条例自公布之日起施行。

附录3　跨境贸易人民币结算试点管理办法实施细则

第一条　根据《跨境贸易人民币结算试点管理办法》(以下简称《办法》)，制定本细则。

第二条　试点地区的企业以人民币报关并以人民币结算的进出口贸易结算，适用《办法》及本细则。

第三条　为境外参加银行开立人民币同业往来账户，境内代理银行应当与境外参加银行签订代理结算协议，约定双方的权利义务、账户开立的条件、账户变更撤销的处理手续、信息报送授权等内容。

境内代理银行在为境外参加银行开立人民币同业往来账户时，应当要求境外参加银行提供其在本国或本地区的登记注册文件或者本国监管部门批准其成立的证明、法定代表人或指定签字人的有效身份证件等作为开户证明文件，并对上述文件的真实性、完整性及合规性进行认真审查。

境内代理银行为境外参加银行开立人民币同业往来账户之日起5个工作日内，应当填制《开立人民币同业往来账户备案表》(备案表格式和内容由试点地区中国人民银行分支机构确定)，连同人民币代理结算协议复印件、境外参加银行的开户证明文件复印件及其他开户资料报送中国人民银行当地分支机构备案。

境外参加银行的同业往来账户只能用于跨境贸易人民币结算，该类账户暂不纳入人民币银行结算账户管理系统。但境内代理银行应在本行管理系统中对该类账户做特殊标记。

第四条　境外参加银行开户资料信息发生变更的，应当及时以书面方式通知境内代理银行，并按开户时签订的代理结算协议办理变更手续。境内代理银行接到变更通知后，应当及时办理变更手续，并于2个工作日内通过人民币跨境收付信息管理系统向中国人民银行报送变更信息。

第五条　因业务变化、机构撤并等原因，境外参加银行需撤销在境内代理银行开立的人民币同业往来账户的，应当向境内代理银行提出撤销人民币同业往来账户的书面申请。境内代理银行应与境外参加银行终止人民币代理结算协议，并为其办理销户手续，同时于撤销账户之日起2个工作日内通过人民币跨境收付信息管理系统向中国人民银行报送销户信息。

第六条　中国人民银行对境内代理银行与境外参加银行之间的人民币购售业务实行年度人民币购售日终累计净额双向规模管理，境内代理银行可以按照境外参加银行的要求在限额以内办理购售人民币业务,境内代理银行购售限额由中国人民银行根据具体情况确定。境内代理银行应当单独建立跨境贸易人民币结算业务项下的人民币敞口头寸台账,准确记录为境外参加银行办理人民币购售的情况。

第七条　境内代理银行对境外参加银行的账户融资总余额不得超过其人民币各项存款上年末余额的1‰,融资期限不得超过1个月,中国人民银行可以根据具体情况进行调整。中国人民银行当地分支机构对境内代理银行的账户融资活动进行监督管理。

第八条　境内代理银行与境外参加银行应以国际通行的方式确认账户融资交易。

第九条　港澳人民币清算行申请加入全国银行间同业拆借市场,应向中国人民银行上海总部提交以下文件:

（一）申请文件；

（二）登记注册文件,或者注册地监管部门批准其成立的证明；

（三）证明人民币清算行资格的文件；

（四）章程；

（五）同业拆借内控制度；

（六）负责同业拆借的人员情况；

（七）近三年经审计的资产负债表和损益表；

（八）近两年人民币业务开展情况；

（九）中国人民银行要求的其他文件。

第十条　中国人民银行上海总部按照《中华人民共和国行政许可法》依法审核港澳人民币清算行加入全国银行间同业拆借市场的申请。港澳人民币清算行经批准后即可加入全国银行间同业拆借市场,按照有关规定开展同业拆借业务。

第十一条　港澳人民币清算行通过全国银行间同业拆借市场拆入和拆出资金的余额均不得超过该清算银行所吸收人民币存款上年末余额的8%,期限不得超过3个月。

第十二条　全国银行间同业拆借中心应做好港澳人民币清算行联网、询价交易等服务工作,并做好对其交易的监测、统计和查询等工作。

第十三条　境内结算银行可以向境外企业提供人民币贸易融资,融资金额以试点企业与境外企业之间的贸易合同金额为限。

第十四条　试点企业应当依法诚信经营,确保跨境贸易人民币结算的贸易真实性。应当建立跨境贸易人民币结算台账,准确记录进出口报关信息和人民币资金收付信息。试点企业应当在首次办理业务时向其境内结算银行提供企业名称、组织机构代码、海关编码、税务登记号及企业法定代表人、负责人身份证等信息。

试点企业申请人民币支付业务时应当向其境内结算银行提供进出口报关时间或预计报关时间及有关进出口交易信息,如实填写跨境贸易人民币结算出口收款说明和进口付款说明(见附表),配合境内结算银行进行贸易单证真实性和一致性审核工作。

预收预付对应货物报关后,或未按照预计时间报关的,试点企业应当及时通知境内结算银行实际报关时间或调整后的预计报关时间。

第十五条　境内结算银行应当按照中国人民银行要求,对办理的每一笔跨境人民币资金收付进行相应的贸易单证真实性、一致性审核,并将人民币跨境收支信息、进出口日期或报关单号和人民币贸易融资等信息最迟于每日日终报送人民币跨境收付信息管理系统。境内结算银行在未按规定完成相应的贸易单证真实性、一致性审核前,不得为试点企业办理人民币资金收付。

对试点企业的预收、预付人民币资金,境内结算银行在向人民币跨境收付信息管理系统报送该笔信息时应当标明该笔资金的预收、预付性质及试点企业提供的预计报关时间。试点企业通知商业银行预收预付对应货物报关或未按预计时间报关信息后,境内结算银行应向人民币跨境收付信息管理系统报送相关更新信息。试点企业预收、预付人民币资金实行比例管理,具体管理办法由中国人民银行当地分支机构制定。试点企业预收、预付人民币资金超过合同金额 25％的,应当向其境内结算银行提供贸易合同,境内结算银行应当将该合同的基本要素报送人民币跨境收付信息管理系统。

人民币跨境收付信息管理系统对境内结算银行开放,帮助境内结算银行进行一致性审核。

第十六条　试点企业来料加工贸易项下出口收取人民币资金超过合同金额 30％的,试点企业应当自收到境外人民币货款之日起 10 个工作日内向其境内结算银行补交下列资料及凭证:

(一)企业超比例情况说明;

(二)出口报关单(境内结算银行审核原件后留存复印件);

(三)试点企业加工贸易合同或所在地商务部门出具的加工贸易业务批准证(境内结算银行审核原件后留存复印件)。

对于未在规定时间内补交上述资料或凭证的试点企业,境内结算银行不得为其继续办理超过合同金额 30％的人民币资金收付,情节严重的,暂停为该试点企业提供跨境贸易人民币结算服务,并及时报告中国人民银行当地分支机构。

第十七条 境内代理银行在代理境外参加银行与境内结算银行办理人民币跨境资金结算业务时,应通过中国人民银行的大额支付系统办理,并随附相应的跨境信息。

第十八条 境内结算银行和境内代理银行应当按照《中华人民共和国反洗钱法》和《金融机构反洗钱规定》(中国人民银行令〔2006〕第 1 号发布)、《金融机构大额交易和可疑交易报告管理办法》(中国人民银行令〔2006〕第 2 号发布)、《金融机构报告涉嫌恐怖融资的可疑交易管理办法》(中国人民银行令〔2007〕第 1 号发布)、《金融机构客户身份识别和客户身份资料及交易记录保存管理办法》(中国人民银行令〔2007〕第 2 号发布)等规定,切实履行反洗钱和反恐融资义务。

第十九条 境内结算银行应当按照中国人民银行的有关规定,通过联网核查公民身份信息系统或其他有效方式,对试点企业法定代表人或实际受益人等自然人的身份进行核查。对不能确认真实身份的境内企业,境内结算银行不得为其提供跨境贸易人民币结算服务。

第二十条 境内代理银行应于每日日终向人民币跨境收付信息管理系统报送同业往来账户的收支和余额、拆借及人民币购售业务等情况。

境内代理银行和港澳人民币清算行应于每日日终将当日拆借发生额、余额等情况如实报送人民币跨境收付信息管理系统。

第二十一条 对于跨境贸易人民币结算项下涉及的国际收支交易,试点企业和境内结算银行应当按照《通过金融机构进行国际收支统计申报业务操作规程(试行)》及有关规定办理国际收支统计间接申报。境内企业收到跨境人民币款项时,应填写《涉外收入申报单》并于 5 个工作日内办理申报;试点企业对外支付人民币款项时,应在提交《境外汇款申请书》或《对外付款/承兑通知书》的同时办理申报。境内结算银行应按照国家外汇管理局关于银行业务系统数据接口规范的规定完善其接口程序。

境内结算银行和境内代理银行应按照《金融机构对境外资产负债及损益申报业务操作规程》及相关规定,申报以人民币形式发生的金融机构对境外资产负债及损益情况。

第二十二条 境内代理银行按照《办法》第十一条为境外参加银行办理人民币购售而产生的人民币敞口,可以根据中国人民银行的规定进行平盘。

第二十三条　跨境贸易项下涉及的居民对非居民的人民币负债,暂按外债统计监测的有关规定,由境内结算银行、境内代理银行和试点企业登录现有系统办理登记,但不纳入现行外债管理。

第二十四条　中国人民银行通过人民币跨境收付信息管理系统,对境内结算银行人民币贸易资金收付与货物进出口的一致性情况进行监测,发现异常情况的,可以向试点企业和境内结算银行、境内代理银行依法进行调查并核实有关情况。

第二十五条　试点企业将出口项下的人民币资金留存境外的,应当向其境内结算银行提供留存境外的人民币资金金额、开户银行、用途和相应的出口报关等信息,由境内结算银行将上述信息报送人民币跨境收付信息管理系统。

第二十六条　境内代理银行、境外参加银行在人民币同业往来账户的开立和使用中,违反《办法》、本细则和中国人民银行其他有关规定的,由中国人民银行按照《人民币银行结算账户管理办法》的有关规定进行处罚。

第二十七条　境内结算银行、境内代理银行未按照规定向中国人民银行人民币跨境收付信息管理系统如实报送人民币贸易结算有关信息的,中国人民银行有权禁止其继续办理跨境贸易人民币结算业务,并予以通报批评。

第二十八条　境内结算银行、境内代理银行和试点企业在办理人民币贸易结算业务过程中,未按照规定办理人民币负债登记和国际收支统计申报的,由国家外汇管理局按照有关规定进行处罚。

第二十九条　试点企业违反《办法》及本细则和国家其他有关规定,由中国人民银行取消其试点,并将有关违法违规信息录入中国人民银行企业信用信息基础数据库。

第三十条　本细则自公布之日起施行。

附表 1 跨境贸易人民币结算出口收款说明

年　月　日

企业名称：		企业组织机构代码：	
本次跨境贸易人民币结算出口收款金额合计：		元	
其中：一般贸易项下：　　　　　元		进料加工贸易项下：　　　　　元	
来料加工贸易项下：　　　　　　　　　　元 　其中实际收款比例：　　　　　　　　　　％			
其他贸易项下：　　　　　　　　　　　　元 请提供报关单号码：□□□□□□□□□□□□□□□□ 　　　　　　　　□□□□□□□□□□□□□□□□			
预收货款项下：　　　　　　　　　　　元 　　其中预收货款占合同比例：　　　　　　％			
无货物报关项下：　　　　　　　　　　元			
退（赔）款：　　　　　元		贸易从属费用：　　　　　元	
人民币报关时	已报关：　　　　　元	出口日期：	
	未报关：　　　　　元	预计_____天后报关	
备注：			

本企业申明：本表所填内容真实无误。如有虚假,视为违反跨境贸易人民币结算管理规定,将承担相应后果。

单位公章或财务专用章　　　　填报人：　　　　联系方式：

附表 2 跨贸易人民币结算进口付款说明

年　月　日

企业名称：	企业组织机构代码：

本次跨境贸易人民币结算进口付款金额合计：		元
其中：一般贸易项下：	元	进料加工贸易项下：	元

其他贸易项下：　　　　　　　　　　　　　　　　元

请提供报关单号码：☐☐☐☐☐☐☐☐☐☐☐☐☐☐☐☐☐☐
　　　　　　　　　☐☐☐☐☐☐☐☐☐☐☐☐☐☐☐☐☐☐

预收货款项下：　　　　　　　　　　　　　　　　元

其中预收货款占合同比例：　　　　　　　　　　　％

无货物报关项下：　　　　　　　　　　　　　　　元

退（赔）款：	元	贸易从属费用：	元

人民币报关时	已报关：	元	进口报关日期：	
	未报关：	元	预计　　　天后报关	
备注：				

本企业申明：本表所填内容真实无误。如有虚假，视为违反跨境贸易人民币结算管理规定，将承担相应后果。

单位公章或财务专用章　　　填报人：　　　联系方式：

附录 4　跨境人民币收付信息管理系统管理暂行办法①

　　第一条　为保障人民币跨境收付信息管理系统的平稳、有效运行，规范银行业金融机构（以下简称银行）的操作和使用，根据《跨境贸易人民币结算试点管理办法》及其实施细则等的相关规定，制定本办法。

　　第二条　中国人民银行建立人民币跨境收付信息管理系统（以下简称系统），收集人民币跨境收付及相关业务信息，对人民币跨境收付及相关业务情况进行统计、分析、监测。

　　第三条　依法开展跨境人民币业务的银行应当接入系统，并按照有关规定向系统及时、准确、完整地报送人民币跨境收付及相关业务信息。

　　第四条　银行工作人员应当严格按照有关规定保存、使用人民币跨境收付及相关业务信息，依法保守秘密。

　　第五条　银行应当加强内部控制，建立健全应急处理机制，保障系统的安全稳定运行。

　　第六条　银行可以通过直联方式或间联方式在其注册地一点接入系统。直联方式是指银行将其相关业务系统与系统直接对接，并通过其相关业务系统直接报送和查询人民币跨境收付及相关业务信息的连接方式。间联方式是指银行用户通过登录系统报送和查询人民币跨境收付及相关业务信息的连接方式。

　　直联方式作为主要接入模式，间联方式作为辅助的、应急的接入模式。银行应当争取从自身业务系统中抓取人民币跨境收付业务的交易主体、发生日期、金额等基础信息，在补录相关信息后，报送系统。

　　第七条　银行按照以下程序接入系统：

　　（一）向注册地人民银行提交"系统接入申请书"。申请书应当就城市金融网的接入情况做相应说明，如未接入城市金融网的一并申请接入。

　　（二）注册地人民银行通知银行领取测试用户及口令，向银行发放系统的接口报文规范。如未接入城市金融网的，通知该银行按规定办理接入手续并进行系统联调测试。

　　（三）银行调试成功后，应当报告其注册地人民银行。中国人民银行统一组织对银行接入系统进行验收，并出具验收报告。

　　① 资料来源：中国人民银行网站（http://www.pbc.gov.cn/）。

（四）对通过验收的银行,注册地人民银行在系统中创建并激活该银行总行(总部)系统管理员用户,将生成的系统用户身份文件(包括用户标识和口令)套封发放给该银行,并留存银行用户身份信息登记表。

第八条　银行以间联方式接入系统的,系统可以根据业务需要设置银行用户。

本办法所称银行用户,是指经中国人民银行授权使用系统的银行的使用和管理人员。

第九条　银行用户分为系统管理员和业务操作员两类。系统管理员负责管理本级业务操作员和下级系统管理员。业务操作员负责人民币跨境收付及相关业务信息的报送工作,并根据授权查询有关信息。

第十条　中国人民银行负责管理银行总行(总部)的系统管理员。银行依据业务和分级管理的需要可逐级开设系统管理员和本级的多个业务操作员。

第十一条　银行的用户文件、操作员口令管理由各银行按内控要求自行负责,风险自担。

第十二条　银行系统管理员和业务操作员均凭用户标识和口令两个要素办理信息管理业务。用户标识由系统自动生成并恒定不变。

第十三条　银行可借助系统履行交易真实性、一致性的审核义务,通过系统查询下列信息:

（一）跨境人民币业务关注企业名录;

（二）为企业办理跨境贸易人民币结算所需的物流背景信息;

（三）系统对本机构履行交易真实性审核情况的考评情况;

（四）本机构所报送的信息;

（五）其他可以查询的信息。

第十四条　银行不再开展跨境人民币业务的,应当书面报告注册地人民银行。注册地人民银行在确认该银行相关业务信息报送无遗漏后,为其办理退出系统手续。

第十五条　银行未按照有关规定向系统报送人民币跨境收付及相关业务信息的,中国人民银行有权禁止其继续办理跨境人民币业务,并予以通报批评。

第十六条　港澳人民币清算行人民币跨境收付及相关业务信息的报送及监测,按照中国人民银行与港澳人民币清算行签订的《关于人民币业务的清算协议》执行。

第十七条　本办法由中国人民银行负责解释、修改。

第十八条　本办法自公布之日起施行。

参 考 文 献

[1] Agénor P R. Output, Devaluation and the Real Exchange Rate in Developing Countries[J]. Review of World Economics, 1991,127(1): 18-41.

[2] Aguirre A, Calderón C. Real Exchange Rate Misalignments and Economic Performance [D]. Central Bank of Chile Working Paper, 2005.

[3] Aitken B J, Harrison A E. Do Domestic Firms Benefit From Direct Foreign Investment? Evidence From Venezuela[J]. The American Economic Review, 1999,89(3):605-618.

[4] Aizenman J. Foreign Direct Investment, Employment Volatility and Cyclical Dumping[D]. NBER Working Paper, 1994.

[5] Alexius A, Nilsson J. Real Exchange Rates and Fundamentals: Evidence From 15 OECD Countries[J]. Open Economies Review, 2000,11(4):383-397.

[6] Aliber R Z. A Theory of Direct Foreign Investment[M]. MIT Press, Cambridge, MA, 1970.

[7] Arellano M, Bond S. Another Look at the Instrumental-Variable Estimation of Error Components Models [J]. Journal of Econometrics, 1995,68:29-52.

[8] Arratibel O, Rodriguez-Palenzuela D, Thimann C. Inflation Dynamics and Dual Inflation in Accession Countries: A 'New Keynesian' Perspective[D]. European Central Bank Working Paper, 2002.

[9] Asea P K, Mendoza E G. The Balassa-Samuelson Model: A General Equilibrium Appraisal[J]. Review of International Economics, 1994, 2(3):244-267.

[10] Bahmani-Oskooee M. Cointegration Approach to Estimate the Long-Run Trade Elasticities in LDCS[J]. International Economic Journal, 1998,12(3):89-96.

[11] Bahmani-Oskooee M, Brooks T J. Bilateral J-Curve Between Us and Her Trading Partners[J]. Review of World Economics, 1999, 135

(1):156 - 165.

[12] Balassa B. The Purchasing-Power Parity Doctrine: A Reappraisal [J]. The Journal of Political Economy, 1964,72(6):584.

[13] Bergin P R, Glick R, Taylor A M. Productivity, Tradability, and the Long-Run Price Puzzle[J]. Journal of Monetary Economics, 2006,53(8):2041 - 2066.

[14] Berument H, Pasaogullari M. Effects of the Real Exchange Rate On Output and Inflation: Evidence From Turkey[J]. Developing Economies, 2003,41(4):401 - 435.

[15] Bickerdike C F. The Instability of Foreign Exchange[J]. The Economic Journal, 1920,30(117):118 - 122.

[16] Bleaney M, Greenaway D. The Impact of Terms of Trade and Real Exchange Rate Volatility On Investment and Growth in Sub-Saharan Africa [J]. Journal of Development Economics, 2001, 65 (2):491 - 500.

[17] Blundell R, Bond S. Initial Conditions and Moment Restrictions in Dynamic Panel Data Models[J]. Journal of Econometrics, 1998,87 (1):115 - 143.

[18] Boyd D, Caporale G M, Smith R. Real Exchange Rate Effects On the Balance of Trade: Cointegration and the Marshall-Lerner Condition [J]. International Journal of Finance & Economics, 2001,6(3):187 - 200.

[19] Brzozowski M. Exchange Rate Variability and Fdi: Consequences of Emu Enlargement[D]. Working Paper, 2003.

[20] Caballero R J. Consumption Puzzles and Precautionary Savings [J]. Journal of Monetary Economics, 1990,25(1):113 - 136.

[21] Caballero R J, Krishnamurthy A. International Liquidity Management: Sterilization Policy in Liquidity Financial Markets[M]. National Bureau of Economic Research Cambridge, Mass., USA, 2000.

[22] Calvo G A, Leiderman L, Reinhart C M. Capital Inflows and Real Exchange Rate Appreciation in Latin America: The Role of External Factors[D]. IMF Working Paper, 1993,40(1):108 - 151.

[23] Campa J, Goldberg L S. Investment in Manufacturing, Exchange Rates and External Exposure [J]. Journal of International Economics, 1995,38(3-4):297-320.

[24] Canzoneri M, Cumby R, Diba B. Relative Labor Productivity and the Real Exchange Rate in the Long Run: Evidence for A Panel of OECD Countries [J]. Journal of International Economics, 1999, 47 (2):245-266.

[25] Chakrabarti R, Scholnick B. Exchange Rate Expectations and Foreign Direct Investment Flows[J]. Review of World Economics, 2002,138(1):1-21.

[26] Cheung Y W, Chinn M D, Fujii E. The Overvaluation of Renminbi Undervaluation[J]. Journal of International Money and Finance, 2007,26(5):762-785.

[27] Chinn M D. The Usual Suspects? Productivity and Demand Shocks and Asia-Pacific Real Exchange Rates[D]. NBER Working Paper, 1997:1-7.

[28] Chinn M D, Meredith G. Monetary Policy and Long-Horizon Uncovered Interest Parity.[D]. IMF Working Paper, 2004.

[29] Choudhri E U, Khan M S. Real Exchange Rates in Developing Countries: Are Balassa-Samuelson Effects Present? [D]. International Monetary Fund, 2004.

[30] Clague C, Tanzi V. Human Capital, Natural Resources and the Purchasing-Power Parity Doctrine: Some Empirical Results [J]. Economia Internazionale, 1972,25(1):3-18.

[31] Clark P B, Macdonald R. Exchange Rates and Economic Fundamentals: A Methodological Comparison On Beers and Peers [D]. IMF Working Paper, 1998.

[32] Cottani J A, Cavallo D F, Khan M S. Real Exchange Rate Behavior and Economic Performance in LDCS[J]. Economic Development and Cultural Change, 1990:61-76.

[33] Cushman D O. Real Exchange Rate Risk, Expectations, and the Level of Direct Investment [J]. The Review of Economics and Statistics, 1985,67(2):297-308.

[34] De Broeck M. Interpreting Real Exchange Rate Movements in Transition Countries[D]. IMF Working Paper, 2001.

[35] De Gregorio J, Giovannini A, Wolf H C. International Evidence On Tradables and Nontradables Inflation [J]. European Economic Review, 1994,38(6):1250 - 1256.

[36] Dixit A K, Pindyck R S, Davis G A. Investment Under Uncertainty [M]. Princeton University Press Princeton, 1994.

[37] Dollar D. Outward-Oriented Developing Economies Really Do Grow More Rapidly: Evidence From 95 LDCS, 1976 - 1985[J]. Economic Development and Cultural Change, 1992,40(3):523 - 544.

[38] Dornbusch R, Fischer S. Moderate Inflation[M]. National Bureau of Economic Research Cambridge, Mass. USA, 1993.

[39] Drine I, Rault C. Can the Balassa-Samuelson Theory Explain Long-Run Real Exchange Rate Movements in OECD Countries? [J]. Applied Financial Economics, 2005,15(8):519 - 530.

[40] Easterly W. The Lost Decades: Developing Countries' Stagnation in Spite of Policy Reform 1980—1998[J]. Journal of Economic Growth, 2001,6(2):135 - 157.

[41] Edwards S. Are Devaluations Contractionary? [J]. The Review of Economics and Statistics, 1986,68(3):501 - 508.

[42] Edwards S. Real Exchange Rates, Devaluation, and Adjustment: Exchange Rate Policy in Developing Countries [M]. MIT Press Cambridge, MA, 1989.

[43] Edwards S. Trade Orientation, Distortions and Growth in Developing Countries[D]. NBER Working Paper, 1991.

[44] Edwards S. Exchange Rate Misalignment in Developing Countries [J]. The World Bank Research Observer, 1989,4(1):3.

[45] Edwards S. Real and Monetary Determinants of Real Exchange Rate Behavior: Theory and Evidence From Developing Countries[M]//in Williamson John, Estimating Equilibrium Exchange Rates. Washington D. C. : Institute for International Economics, 1994.

[46] Edwards S. Real Exchange Rate in the Developing Countries: Concept, Measurement[D]. National Bureau of Economic Research

Working Paper, 1989.

[47] Egert B, Drine I, Lommatzsch K, et al. The Balassa - Samuelson Effect in Central and Eastern Europe: Myth Or Reality? [J]. Journal of Comparative Economics, 2003,31(3):552 - 572.

[48] Erol T, Van Wijnbergen S. Real Exchange Rate Targeting and Inflation in Turkey: An Empirical Analysis with Policy Credibility [J]. World Development, 1997,25(10):1717 - 1730.

[49] Frankel J A. No Single Currency Regime is Right for All Countries Or at All Times [M]. National Bureau of Economic Research Cambridge, Mass. , USA, 1999.

[50] Freund C, Pierola M D. Export Surges: The Power of a Competitive Curreney [D]. Policy Research Working Paper, The World Bank, 2008.

[51] Froot K A, Rogoff K. Government Consumption and the Real Exchange Rate: The Empirical Evidence [D]. Harvard Business School, 1991.

[52] Froot K A, Stein J C. Exchange Rates and Foreign Direct Investment: An Imperfect Capital Markets Approach [J]. The Quarterly Journal of Economics, 1991,106(4):1191 - 1217.

[53] Gala P. Real Exchange Rate Levels and Economic Development: Theoretical Analysis and Econometric Evidence [J]. Cambridge Journal of Economics, 2008,32(2):273.

[54] Galindo A, Izquierdo A, Montero J M. Real Exchange Rates, Dollarization and Industrial Employment in Latin America [J]. Emerging Markets Review, 2007,8(4):284 - 298.

[55] García-Solanes J, Sancho-Portero F I, Torrejón-Flores F. Beyond the Balassa-Samuelson Effect in some New Member States of the European Union[J]. Economic Systems, 2007.

[56] Gente K. The Balassa-Samuelson Effect in a Developing Country[J]. Review of Development Economics, 2006,10(4):683 - 699.

[57] Ghura D, Grennes T J. The Real Exchange Rate and Macroeconomic Performance in Sub Saharan Africa [J]. Journal of Development Economics, 1993,42:155 - 174.

[58] Goldberg L S. Exchange Rates and Investment in United States Industry[J]. The Review of Economics and Statistics, 1993,75(4): 575 - 588.

[59] Goldstein M. Managed Floating Plus. Policy Analyses in International Economics [M]. Institute for International Economics, Washington, DC, 2002.

[60] Golley J, Tyers R. China's Growth to 2030: Demographic Change and the Labour Supply Constraint: The Turning Point in China's Economic Development [C], Asia-Pacific Press, September; version in Chinese forthcoming in Chinese Labor Economics, 2006.

[61] Gottschalk S, Barrel R, Hall S G. Foreign Direct Investment and Exchange Rate Uncertainty in Imperfectly Competitive Industries, 2004[C]. Money Macro and Finance Research Group.

[62] Halpern L, Wyplosz C. Economic Transformation and Real Exchange Rates in the 2000S: The Balassa-Samuelson Connection [J]. Economic Survey of Europe, 2001,1:227 - 239.

[63] Halpern L, Wyplosz C. Equilibrium Exchange Rates in Transition Economies[D]. IMF Working Paper, 1997,44(4):430 - 461.

[64] Hansen L P, Singleton K J. Generalized Instrumental Variables Estimation of Nonlinear Rational Expectations Models[J]. Journal of the Econometric Society, 1982:1269 - 1286.

[65] Hausmann R, Pritchett L, Rodrik D. Growth Accelerations[J]. Journal of Economic Growth, 2005,10(4):303-329.

[66] Helkie W H, Hooper P. The Us External Deficit in the 1980S: An Empirical Analysis[J]. External Deficits and the Dollar: the Pit and the Pendulum, 1988.

[67] Hoffmann M, Macdonald R. A Re-Examination of the Link Between Real Exchange Rates and Real Interest Rate Differentials [M]. CES, 2003.

[68] Houthakker H S, Magee S P. Income and Price Elasticities in World Trade [J]. The Review of Economics and Statistics, 1969, 51 (2):111 - 125.

[69] Hsieh D A. The Determination of the Real Exchange Rate: The

Productivity Approach [J]. Journal of International Economics, 1982,12(3 - 4):355 - 362.

[70] Huang H, Malhotra P. Exchange Rate Regimes and Economic Growth: Evidence From Developing Asian and Advanced European Economies[J]. China Economic Quarterly, 2005,4(4):971.

[71] Ito T, Isard P, Symansky S, et al. Exchange Rate Movements and their Impact On Trade and Investment in the Apec Region[M]. International Monetary Fund, 1997.

[72] Johansen S. Statistical Analysis of Cointegration Vectors[J]. Journal of Economic Dynamics and Control, 1988,12(2 - 3):231 - 254.

[73] Johansen S, Juselius K. Maximum Likelihood Estimation and Inference On Cointegration with Applications to Money Demand[J]. Oxford Bulletin of Economics and Statistics, 1990,52(2):169 - 210.

[74] Johnson S, Ostry J, Subramanian A, et al. The Prospects for Sustained Growth in Africa: Benchmarking the Constraints[D]. IMF Working Paper, 2007.

[75] Kamin S B, Rogers J H. Output and the Real Exchange Rate in Developing Countries: An Application to Mexico [J]. Journal of Development Economics, 2000,18(3):254 - 260.

[76] Klein M W, Rosengren E. Determinants of Foreign Direct Investment in the United States[D]. Medford, MA: Fletcher School of Law and Dipomacy, Tufts University, 1994.

[77] Kohlhagen S W. Exchange Rate Changes, Profitability, and Direct Foreign Investment [J]. Southern Economic Journal, 1977, 44 (1):43 - 52.

[78] Kovács M A, Simon A. The Components of the Real Exchange Rate in Hungary[D]. MNB Working Papers, 1998.

[79] Krugman P R. Differences in Income Elasticities and Trends in Real Exchange Rates [J]. European Economic Review, 1989, 33:1031 - 1054.

[80] Krugman P. Balance Sheets, the Transfer Problem, and Financial Crises [J]. International Tax and Public Finance, 1999, 6 (4):459 - 472.

[81] Krugman P, Taylor L. Contractionary Effects of Devaluation[J]. Journal of International Economics, 1978,8(3):446 - 454.

[82] Lee J. Trade, FDI, and Productivity Convergence: A Dynamic Panel Data Approach in 25 Countries[J]. Japan and the World Economy, 2009,21(3):226 - 238.

[83] Loayza N, Fajnzylber P, Calderón C. Economic Growth in Latin America and the Caribbean: Stylized Facts, Explanations, and Forecasts[M]. World Bank Publications, 2005.

[84] Marston R C. Real Exchange Rates and Productivity Growth in the United States and Japan[D]. NBER Working Paper, 1989.

[85] Metzler L A. The Theory of International Trade[J]. A Survey of Contemporary Economics, 1948,1.

[86] Mills T C, Pentecost E J. The Real Exchange Rate and the Output Response in Four Eu Accession Countries[J]. Emerging Markets Review, 2001,2(4):418 - 430.

[87] Montiel P J. The Long-Run Equilibrium Real Exchange Rate: Conceptual Issues and Empirical Research [J]. Exchange Rate Misalignment: Concepts and Measurement for Developing Countries, 1999:219 - 260.

[88] Morley S A . On the Effect of Devaluation During Stabilization Programs in LDCS[J]. The Review of Economics and Statistics, 1992,74(1):21 - 27.

[89] Mundell R A. International Trade and Factor Mobility[J]. The American Economic Review, 1957,47(3):321 - 335.

[90] Mundell R A. Capital Mobility and Stabilization Policy Under Fixed and Flexible Exchange Rates[J]. The Canadian Journal of Economics and Political Science/Revue Canadienne d'Economique et de Science politique, 1963,29(4):475 - 485.

[91] Mundell R. The Case for a World Currency[J]. Journal of Policy Modeling, 2005,27(4):465 - 475.

[92] Mustafa A. Devaluation in Developing Countries: Expansionary Or Contractionary? [J]. Journal of Economic and Social Research, 2000,2(1):59 - 83.

[93]　Obstfeld M, Rogo K. Foundations of International Macroeconomics [M]. MIT Press, Cambridge, 1996.

[94]　Officer L H. The Purchasing-Power-Parity Theory of Exchange Rates: A Review Article[D]. 1976.

[95]　Paul R. Krugman M O. International Economics: Theory and Policy [M]. Fifth Edition. Beijing: China Renming University Press, 2002.

[96]　Pierdzioch C. Exchange Rate Expectations Redux and Monetary Policy[M]. Kiel Institute for World Economics, 2002.

[97]　Razin O, Collins S M. Real Exchange Rate Misalignments and Growth[D]. NBER Working Paper No. 16174, 1997.

[98]　Ricardo Faria J, Leon-Ledesma M. Testing the Balassa – Samuelson Effect: Implications for Growth and the PPP [J]. Journal of Macroeconomics, 2003,25(2):241 – 253.

[99]　Robinson J. The Foreign Exchanges[J]. Essays in the Theory of Employment, 1937:83 – 103.

[100]　Rodrik D. The Real Exchange Rate and Economic Growth[C], Brookings Papers on Economic Activity, 2008.

[101]　Rogers J H, Wang P. Output, Inflation, and Stabilization in a Small Open Economy: Evidence From Mexico [J]. Journal of Development Economics, 1995,46:271 – 283.

[102]　Rogoff K. The Purchasing Power Parity Puzzle[J]. Journal of Economic Literature, 1996,34(2):647 – 668.

[103]　Rose A K. The Role of Exchange Rates in a Popular Model of International Trade: Does The'Marshall-Lerner'Condition Hold? [J]. Journal of International Economics, 1991,30(3 – 4):301 – 316.

[104]　Rother C P. The Impact of Productivity Differentials On Inflation and the Real Exchange Rate: An Estimation of the Balassa-Samuelson Effect in Slovenia[R]. 2000.

[105]　Samuelson P A. Theoretical Notes On Trade Problems[J]. The Review of Economics and Statistics, 1964,46(2):145 – 154.

[106]　Sousa N, Greenaway D, Wakelin K. Multinationals and Export Spillovers[M]. Univ., Centre for Research on Globalisation and Labour Markets, 2000.

[107] Spiegel M. A Look at China'S New Exchange Rate Regime[J]. Center for Pacific Basin Studies, 2005:15.

[108] Stein J L. The Natural Real Exchange Rate of the Us Dollar and Determinants of Capital Flows[D]. Institute for International Economics, 1994.

[109] Stein J L. The Fundamental Determinants of the Real Exchange Rate of the Us Dollar Relative to Other G7 Currencies[D]. International Monetary Fund, Research Department, 1995.

[110] Wagner M. The Balassa-Samuelson Effect In'east & West'. Differences and Similarities[J]. Review of Economics, 2005(56): 230-248.

[111] Wihlborg C. Currency Risks in International Financial Markets [M]. Princeton University, 1978.

[112] Willett T D. Exchange-Rate Volatility, International Trade, and Resource Allocation: A Perspective On Recent Research[J]. Journal of International Money and Finance, 1986,5:101-112.

[113] Williamson J, Bergsten C F. The Exchange Rate System[M]. Institute for International Economics Washington, DC, 1985.

[114] Wilson J F, Takacs W E. Differential Responses to Price and Exchange Rate Influences in the Foreign Trade of Selected Industrial Countries[J]. The Review of Economics and Statistics, 1979,61(2):267-279.

[115] Zhang K H, Song S. Promoting Exports: The Role of Inward Fdi in China[J]. China Economic Review, 2001,11(4):385-396.

[116] Zwinkcls R C J, Beugelsdijk S. Gravity Equations: Workhorse Or Trojan Horse in Explaining Trade and Fdi Patterns Across Time and Space? [J]. International Business Review, 2010, 19 (1):102-115.

[117] 曾铮,陈开军. 人民币实际有效汇率波动与我国地区经济增长差异[J]. 数量经济技术经济研究,2006(12):43-53.

[118] 陈科,吕剑. 人民币实际汇率变动趋势分析-基于巴拉萨-萨缪尔森效应[J]. 财经科学,2008(3):30-36.

[119] 陈晓明. 中日贸易影响因素及其作用机制分析[D]. 大连理工大

学，2009.

[120] 程延炜. 人民币一篮子货币权重和均衡实际汇率的实证研究[D]. 吉林大学，2007.

[121] 储幼阳. 人民币均衡汇率实证研究[J]. 国际金融研究，2004 (5):19－24.

[122] 崔远森. 人民币汇率水平对 FDI 流入的影响分析[J]. 世界经济研究，2007(8):35－40.

[123] 戴楠. 人民币实际有效汇率对 FDI 的影响分析[D]. 浙江大学，2008.

[124] 戴祖祥. 我国贸易收支的弹性分析:1981—1995[J]. 经济研究，1997 (7):55－62.

[125] 丁剑平，刘健，于群. 非贸易部门工资水平在实际汇率决定中的作用——误差修正模型对中国与日本汇率的检验[J]. 上海财经大学学报，2003(5):15－23.

[126] 冯涛，张蕾. 宏观经济波动与人民币汇率政策的影响因素分析[J]. 当代经济科学，2006(6):43－47.

[127] 高海红，陈晓莉. 汇率与经济增长:对亚洲经济体的检验[J]. 世界经济，2005(10):3－17.

[128] 高洁，朱迦迪，徐凯. 解析中美贸易间的"贵买贱卖"现象——兼论国际收支双顺差背景下的人民币汇率政策选择[J]. 国际贸易，2008 (3):58－62.

[129] 辜岚. 人民币双边汇率与我国贸易收支关系的实证研究:1997—2004 [J]. 经济科学，2006(1):65－73.

[130] 韩博印，王学信. 国际金融[M]. 北京:中国林业出版社，2007.

[131] 何国华，陈骏. 汇率变动与经济增长关系研究新进展[J]. 经济学动态，2007(1):92－97.

[132] 何金旗. 我国汇率政策与货币政策冲突及原因探究[J]. 经济问题探索，2008(11):56－62.

[133] 何新华，吴海英，刘仕国. 人民币汇率调整对中国宏观经济的影响[J]. 世界经济，2003(11):13－20.

[134] 胡再勇. 人民币均衡实际汇率及错位程度的测算研究:1960—2005 [J]. 数量经济技术经济研究，2008(3):17－29.

[135] 胡再勇. 人民币行为均衡汇率及错位程度的测算研究[J]. 世界经济

研究，2007(10):34-40.

[136] 黄琳,李秀玉. 热钱流入对中国经济的影响及其对策思考[J]. 经济问题,2009(5):102-105.

[137] 黄万阳. 人民币实际汇率错位测度、效应与矫正研究[D]. 东北财经大学,2005.

[138] 黄万阳,贺蕊莉,陈双喜. 人民币实际汇率与经济增长关系的实证研究[J]. 大连海事大学学报(社会科学版),2005(2):50-54.

[139] 库兹涅茨. 现代经济增长[M]. 北京:北京经济学院出版社,1989.

[140] 况伟大. 预期、投机与中国城市房价波动[J]. 经济研究,2010(9):67-78.

[141] 雷仕凤. 国际金融学[M]. 北京:经济管理出版社,2010.

[142] 黎友焕,王凯. 热钱流入对中国经济的影响及其对策[J]. 财经科学,2011(3):34-40.

[143] 李广众,Lan P Voon. 实际汇率错位、汇率波动性及其对制造业出口贸易影响的实证分析:1978—1998年平行数据研究[J]. 管理世界,2004(11):22-28.

[144] 李建伟,余明. 人民币有效汇率的波动及其对中国经济增长的影响[J]. 世界经济,2003(11):21-34.

[145] 李未无. 汇率与经济增长[D]. 西南财经大学,2005.

[146] 李未无. 实际汇率与经济增长:来自中国的证据[J]. 管理世界,2005(2):17-26.

[147] 李艳丽. 人民币汇率的巴拉萨—萨缪尔森效应[J]. 中央财经大学学报,2006(12):38-44.

[148] 栗志刚. 人民币汇率制度演变的政治分析[D]. 东北师范大学,2007.

[149] 林伯强. 人民币均衡实际汇率的估计与实际汇率错位的测算[J]. 经济研究,2002(12):60-69.

[150] 林毅夫. 关于人民币汇率问题的思考与政策建议[J]. 世界经济,2007(3):3-12.

[151] 刘凤娟. 人民币汇率、国际贸易与经济增长的理论与经验研究[D]. 湖南大学,2007.

[152] 刘莉亚,任若恩. 用均衡汇率模型估计人民币均衡汇率的研究[J]. 财经研究,2002(5):16-22.

[153]　刘莉亚,任若恩. 人民币均衡汇率的实证研究[J]. 统计研究,2002
(5):28 - 32.

[154]　刘晓喆. 米德冲突:国际经验与中国面临的难题[D]. 上海社会科学
院,2008.

[155]　刘易斯. 经济增长理论[M]. 北京:商务印书馆,1996.

[156]　刘玉贵. 人民币实际汇率失调的测度及其经济增长效应研究[D]. 复
旦大学,2009.

[157]　卢锋,韩晓亚. 长期经济成长与实际汇率演变[J]. 经济研究,2006
(7):4 - 14.

[158]　卢锋,刘鎏. 我国两部门劳动生产率增长及国际比较(1978—
2005)——巴拉萨-萨缪尔森效应与人民币实际汇率关系的重新考察
[J]. 经济学(季刊),2007(2):357 - 380.

[159]　卢万青,陈建梁. 人民币汇率变动对我国经济增长影响的实证研究
[J]. 金融研究,2007(2):26 - 36.

[160]　卢向前,戴国强. 人民币实际汇率波动对我国进出口的影响:1994—
2003[J]. 经济研究,2005(5):31 - 39.

[161]　吕海霞. 中国利用 FDI 规模的比较分析[J]. 亚太经济,2009
(5):85 - 90.

[162]　吕剑. 人民币实际汇率错位对出口贸易影响的实证研究[J]. 当代财
经,2006(9):89 - 94.

[163]　马丹. 人民币实际汇率失调与中国国际竞争力[J]. 数量经济技术经
济研究,2007(5):62 - 69.

[164]　马丹,许少强. 中国贸易收支、贸易结构与人民币实际有效汇率[J].
数量经济技术经济研究,2005(6):23 - 32.

[165]　马骥. 人民币汇率调整的贸易效应研究[D]. 北京邮电大学,2008.

[166]　马君潞,吕剑. 巴拉萨-萨缪尔森效应假说:研究进展及其启示[J].
经济评论,2008(4):119 - 124.

[167]　乔桂明. 国际金融学[M]. 北京:中国财政经济出版社,2005.

[168]　丘杉. 中美贸易摩擦的战略考察[D]. 暨南大学,2007.

[169]　冉茂盛,陈健,黄凌云. 人民币实际汇率失调程度研究:1994—2004
[J]. 数量经济技术经济研究,2005(11):45 - 50.

[170]　萨缪尔森,诺德豪斯. 经济学[M]. 北京:中国发展出版社,1992.

[171]　申琳. 人民币实际汇率问题研究[D]. 华东师范大学,2007.

[172] 施建淮. 人民币升值是紧缩性的吗？[J]. 经济研究，2007(1):41-55.

[173] 施建淮，余海丰. 人民币均衡汇率与汇率失调:1991—2004[J]. 经济研究，2005(4):34-45.

[174] 苏多永. 短期国际资本流动研究[D]. 华东师范大学，2010.

[175] 孙东玥. 中日贸易互补性研究[D]. 辽宁大学，2009.

[176] 孙霄翀，刘士余，宋逢明. 汇率调整对外商直接投资的影响——基于理论和实证的研究[J]. 数量经济技术经济研究，2006(8):68-77.

[177] 孙雅璇. 资本项目开放与人民币汇率政策选择[J]. 山西财经大学学报，2006(S2):110-111.

[178] 唐旭，钱士春. 相对劳动生产率变动对人民币实际汇率的影响分析——哈罗德-巴拉萨-萨缪尔森效应实证研究[J]. 金融研究，2007(5):1-14.

[179] 滕昕，周源，王凯. 国际金融[M]. 西安:西安电子科技大学出版社，2011.

[180] 汪彩玲. 实际汇率对经济增长影响的理论分析与实证研究[D]. 厦门大学，2009.

[181] 王博. 外商直接投资对我国出口增长和出口结构的影响研究:1983-2006[J]. 国际贸易问题，2009:91-95.

[182] 王苍峰，岳咬兴. 人民币实际汇率与中国两部门生产率差异的关系-基于巴拉萨-萨缪尔森效应的实证分析[J]. 财经研究，2006(8):71-80.

[183] 王桂贤. 人民币汇率制度效率研究[D]. 辽宁大学，2010.

[184] 王海南. 我国国际收支失衡与人民币汇率的调节研究[D]. 暨南大学，2006.

[185] 王凯，庞震. 人民币实际有效汇率、FDI与中国经济增长-兼论巴拉萨-萨缪尔森效应在中国的适用性[J]. 金融发展研究，2009(6):7-10.

[186] 王凯，庞震，潘颖. 人民币实际汇率波动对中国贸易影响的实证分析[J]. 金融理论与实践，2011(1):52-56.

[187] 王凯，庞震，潘颖. 人民币汇率改革的困境及对策分析[J]. 兰州商学院学报，2011(1):93-99.

[188] 王曼怡，朱超. 国际金融新论[M]. 北京:中国金融出版社，2009.

[189] 王世华，何帆. 中国的短期国际资本流动:现状，流动途径和影响因

素[J]. 世界经济，2007(7):12－19.

[190] 王维. 相对劳动生产力对人民币实际汇率的影响[J]. 国际金融研究，2003(8):11－17.

[191] 王泽填，姚洋. 结构转型与巴拉萨-萨缪尔森效应[J]. 世界经济，2009(4):38－49.

[192] 王中华. 贸易收支与实际汇率——中美、中日比较研究[J]. 经济科学，2007(3):88－96.

[193] 魏巍贤. 人民币升值的宏观经济影响评价[J]. 经济研究，2006(4):47－57.

[194] 魏巍贤. 人民币汇率研究 [M]. 哈尔滨:黑龙江教育出版社，2008.

[195] 吴丽华，王锋. 人民币实际汇率错位的经济效应实证研究[J]. 经济研究，2006(7):15－28.

[196] 吴倩. 金融发展进程中的汇率制度变迁与选择[D]. 山东大学，2007.

[197] 严兵. FDI 与中国出口竞争力——基于地区差异视角的分析[J]. 财贸经济，2006(8):51－55.

[198] 杨雪峰. 人民币汇率升值的波动效应与稳定机制研究[D]. 复旦大学，2007.

[199] 杨长江. 人民币实际汇率长期调整趋势研究[M]. 2002.

[200] 易纲，汤弦. 汇率制度"角点解假设"的一个理论基础[J]. 金融研究，2001(8):5－17.

[201] 于津平. 汇率变化如何影响外商直接投资[J]. 世界经济，2007(4):54－65.

[202] 俞萌. 人民币汇率的巴拉萨-萨缪尔森效应分析[J]. 世界经济，2001(5):24－28.

[203] 原雪梅. 国际金融[M]. 济南:山东人民出版社，2010.

[204] 张斌. 人民币均衡汇率:简约一般均衡下的单方程模型研究[J]. 世界经济，2003(11):3－12.

[205] 张鹏. FDI 流入、出口贸易影响区域经济增长差异性的实证分析[J]. 国际贸易问题，2010(5):88－93.

[206] 张晓军，吴明琴. 巴拉萨-萨缪尔森假说的实证检验——来自亚洲的证据[J]. 南开经济研究，2005(5):74－81.

[207] 张晓朴. 均衡与失调:1978—1999 人民币汇率合理性评估[J]. 金融

研究，2000(8):13 - 24.

[208] 张新亚. 国际金融[M]. 北京:冶金工业出版社，2009.

[209] 张谊浩，裴平，方先明. 中国的短期国际资本流入及其动机——基于利率、汇率和价格三重套利模型的实证研究[J]. 国际金融研究，2007(9):41 - 52.

[210] 章丽群. 中美制成品产业内贸易与利益分配[D]. 上海社会科学院，2009.

[211] 赵进文，高辉，褚云皓. 人民币参考篮子货币的测定与实证分析[J]. 财经研究，2006(1):20 - 35.

[212] 赵西亮. 汇率变动与经济增长:面板协整分析[J]. 厦门大学学报(哲学社会科学版)，2008(2):93 - 99.

[213] 宗延. 关于热钱的几个问题[J]. 上海经济研究，2008(9):11 - 17.